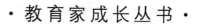

· 教育家成长丛书 ·

李升勇
与大教育

LISHENGYONG YU DAJIAOYU

中国教育报刊社·人民教育家研究院 组编

李升勇 著

北京师范大学出版集团
BEIJING NORMAL UNIVERSITY PUBLISHING GROUP

北京师范大学出版社

图书在版编目（CIP）数据

李升勇与大教育/李升勇著；中国教育报刊社人民教育家研究院组编. —北京：北京师范大学出版社，2015.10（2018.7重印）
（教育家成长丛书）
ISBN 978-7-303-19257-1

Ⅰ.①李… Ⅱ.①李… ②中… Ⅲ.①课堂教学—教学研究—小学 Ⅳ.①G622.421

中国版本图书馆 CIP 数据核字（2015）第 172855 号

营 销 中 心 电 话　010-58802181　58802123
北师大出版社高等教育教材网　http：//gaojiao.bnup.com
电 子 信 箱　gaojiao@bnupg.com

出版发行：北京师范大学出版社　www.bnup.com
　　　　　北京市海淀区新街口外大街 19 号
　　　　　邮政编码：100875
印　　刷：三河市兴达印务有限公司
经　　销：全国新华书店
开　　本：787 mm×1092 mm　1/16
印　　张：20.5
字　　数：360 千字
版　　次：2015 年 10 月第 1 版
印　　次：2018 年 7 月第 2 次印刷
定　　价：43.00 元

策划编辑：倪　花　　　责任编辑：赵雯婧　张　爽
美术编辑：焦　丽　　　装帧设计：焦　丽
责任校对：陈　民　　　责任印制：陈　涛

教育家成长丛书

编 委 会

总　序

　　教育是国家发展的基石，教师是基石的奠基者。古人云："国将兴，必贵师重傅。"兴国必先强教，强教必先重师。党中央、国务院高度重视教师队伍建设。2013 年教师节，习近平总书记在给全国广大教师的慰问信中指出："百年大计，教育为本。教师是立教之本、兴教之源，承担着让每个孩子健康成长、办好人民满意教育的重任。"2014 年，在第 30 个教师节前夕，习总书记到北京师范大学视察并发表重要讲话，指出："一个人遇到好老师是人生的幸运，一个学校拥有好老师是学校的光荣，一个民族源源不断涌现出一批又一批好老师则是民族的希望。"《国家中长期教育改革和发展规划纲要（2010－2020 年）》也明确提出，"有好的教师，才有好的教育"，要"努力造就一支师德高尚、业务精湛、结构合理、充满活力的高素质专业化教师队伍"。"倡导教育家办学"，要创造有利条件，鼓励教师和校长在实践中大胆探索，创新教育思想、教育模式和教育方法，形成教学特色和办学风格，造就一批教育家。"两个一百年"奋斗目标的实现、中华民族伟大复兴中国梦的实现，归根到底靠人才、靠教育，而支撑起教育光荣梦想的，是千百万的教师。

　　时代呼唤好老师。有一流的教师，才有一流的教育；有一流的教育，才有一流的国家。出名师、育英才、成伟业，是时代赋予我们教育战线的神圣使命。"大学者，非有大楼之谓也，有大师之谓也。"好学校、好教育的最重要标准，就是要有好老师。一所学校、一个地区乃至一个国家，如果教师有理想、有爱心、有学识、有高超的教育艺术，那么硬件设施即使有些简陋，家长、学生也会心向往之。教师是中国梦的奠基者。教师的重要使命，就是为每个孩子播种梦想、点燃梦想，并帮助他们实现梦想。每一间平凡的教室，每一节朴实的课堂，都不仅是知识的传递，更是人类文明精神的接续、人生梦想的起航。正是有亿万个孩子梦想的放飞、绽放，中国梦才更加光彩夺目。如果说中国梦最坚实的土壤是在学校，那么教师就是最伟大的"筑梦师"，他们用默默无闻、孜孜不倦的智慧劳动，让每一颗年轻的心灵都与中国梦激情相拥。

倡导教育家办学，造就一批好老师，首先要尊重、珍惜我们的本土智慧、本土创造。教育家不是凭空产生的，而是扎根于自己的民族文化土壤，同时吸收一切人类文明成果，从而创造出独特而生动的教育实践、教育智慧和教育文明。五千年源远流长的中华文明，不但形成了有我们民族特色的教育理论话语体系，而且涌现出了千千万万优秀的教育家，有被推崇为"大成至圣先师""万世师表"的孔子，有"匹夫而为百世师，一言而为天下法"的韩愈，有"捧着一颗心来，不带半根草去"的人民教育家陶行知，等等。改革开放30多年来，随着教育改革的不断深入，教育战线涌现出了一大批杰出教师。他们痴情教育事业，坚守理想信念和教育良知，在三尺讲台上默默耕耘、刻苦钻研，同时以敢为天下先的精神大胆创新，不断进取、不断超越，形成了各具特色的教育思想和教学风格。正是他们的成功探索和实践，创造了具有中国风格的教育经验，丰富了具有中国特色的教育理论宝库。原由教育部师范教育司组织编写，现由中国教育报刊社人民教育家研究院具体组织编写的《教育家成长丛书》，就是要向这些可贵的本土创造性的教育经验致敬。

当前，教育领域综合改革正在深入推进，考试招生制度改革的大幕已经拉开，立德树人、培育和践行社会主义核心价值观成为大中小学教育的头等任务。可以预见，中国教育将发生深刻的变革，将从"中国制造"向"中国创造"转变。"没有革命的理论，就没有革命的运动。"没有适合中国土壤、具有中国智慧的教育理论，就不可能为未来的中国教育改革提供有效的指导。我们的教育要向"中国创造"飞跃，必然要首先创造属于我们自己的教育理论，而不是"言必称希腊"或者老是贩卖欧美的教育理论。170多年前，美国思想家、诗人爱默生发表了著名演说《美国学者》，号召美国知识界："我们依赖旁人的日子，我们师从他国的长期学徒期时代即将结束。在我们周围，有成百上千万的青年正在走向生活，他们不能老是依赖外国学识的残余来获得营养。"由此，美国迈入精神立国阶段。

　　如今，我们也面临与爱默生同样的情形。随着我国GDP已从世界第二向第一迈进，我们的经济崛起已成为事实，但在道德文明、文化精神等方面，我们还需急起直追。没有文明的崛起，经济崛起就难以持续。当务之急，是我们需要化解内心深处的文化自卑情结、摆脱对他国文明的精神依附，自觉养成强烈的"中国意识"、独立的中国文化品格，并由此去俯视世界，去改造本土实践，去创造属于我们自己的精神养料——这在教育界显得尤为紧迫。《教育家成长丛书》，就旨在把我们本土教育实践中蕴含的中国智慧提炼出来，从而形成具有时代意义的中国特色的教育话语体系，再以此去关照、引领、改造中国的教育实践，为伟大的教育改革提供经验、理论支持，也为未来的教育家提供丰富、可资借鉴的精神养料。

　　让我们为中国教育的伟大未来一起努力吧！

程成志

2015年3月9日

前　言

　　见证着中国基础教育半个世纪的春华秋实，代表着中国基础教育教学成果最高成就的"首届基础教育国家级教学成果奖"中，闪耀着李吉林、窦桂梅、吴正宪、张思明、洪宗礼、唐江澎、邱学华、于永正、孙双金、薄俊生、龚春燕等一大批优秀教师的名字，而上述这些中小学教师的杰出代表恰恰都是《人民教育》"名师人生"栏目中最受读者喜爱的名师，都是《教育家成长丛书》的作者。

　　《教育家成长丛书》（以下简称《丛书》），是在第20个教师节前夕，"为了研究、总结、宣传和推广我国众多优秀中小学教师的先进教育思想和鲜活的宝贵的教育教学经验，培养造就一大批德才兼备的优秀教师和杰出的教育家，促进教师队伍整体素质的提高，根据教育部党组安排，由师范教育司组织编写"的一套凝聚着一大批教育家成长智慧的大型教育丛书。

　　《丛书》自2006年问世以来，不但得到国务院和教育部领导同志的高度重视，而且先后印刷多次尚不能满足广大读者的需求。这其中的奥秘何在？

　　当你翻开《丛书》，每一部著作都讲述着一位教育家成长的故事。这些著作主要从"成长历程""思想概述""课堂实录"和"社会反响"等方面全景式反映其教育思想、教育智慧、专业精神和专业人格的形成过程和教学实践过程，这是教育家成长的基本素质所在。

　　当你沿着教育家成长的足迹走近他们的时候，你会融进这些带有"草根色彩"，扎根中华教育实践大地，充满田野芳香的真实感人的教育故事中。

当你从《丛书》中，这些当年和自己一样的普通教师，成长为今天受人尊敬的教育家的成长过程中受到启迪，当你触摸着自己的爱心，把学生的成长和祖国的未来紧紧连在一起的时候，你会真切地感受到教育家离我们并不遥远。

当你用整个身心蘸着自己的生活积累去品味《丛书》中的每一部著作的"成长历程"时，在其浓缩着一位位名师在不断学习、不断超越自我、不断超越学科教学的求索足迹中，你会读懂"教育是事业，其意义在于奉献"的丰富内涵。

当你研读《丛书》中的每一部著作的"思想概述"，和每一位名师展开心灵对话的时候，都会深深地感受到，一个教师对教育独立的理解与执著的追求有多么重要。从思想成就一位普通的教师成长为受人尊敬的教育家的过程中，你会读懂"教育是科学，其价值在于求真"的深刻含义。透过《丛书》，你会看到一代代教师用爱与智慧塑造民族未来的教育理想。

随着我们从"知识核心时代"走向"核心素养时代"，教师教育教学活动的视野已拓展到人的生存与发展的方方面面。作为一名教师，要结合自己的教学实践去感悟"教育理念是指导教育行为的思想观念和精神追求"，应该把爱化为自己的教育行为，让爱充盈课堂、触摸到一个个灵动的生命，让爱产生智慧，让爱与智慧在学生心中留下岁月抹不去的美好回忆，让教育者和受教育者都感受到教育的幸福，这是《丛书》给我们的启示，也应是每位教师应有的胸怀和视野。

时代呼唤教育家。为了进一步把我们本土教育实践中蕴含的中国智慧提炼出来，从而形成具有时代意义的中国特色的教育话语体系，以此去关照、引领、创新中国的教育实践并在更大范围加以推广，《教育家成长丛书》将由中国教育报刊社人民教育家研究院继续组织编写，希望能够在更广大教师的心田中播种教育家成长的智慧，从而出更多的名师、育更多的英才、成就中华民族复兴的伟业，这是时代赋予广大教育工作者的神圣使命。如果广大教师能在每位教育家成长、探索教育智慧的过程中受到启迪，形成自己的教育智慧，则是我们编辑这套丛书的初衷。

《教育家成长丛书》
编委会
2015 年 3 月

目 录
CONTENTS
李升勇与大教育

[我的教育理想]

[我的教育实践]

他人眼中的风景

附　录

我的成长历程

一、环境是生命之源

1961 年，我出生在鲁西北平原马颊河畔德州乐陵市化楼镇李泗川村的一个普普通通的农村家庭。"一方水土养一方人"，任何一个生命的个体都不可抗拒地烙上生存环境和时代的印记，回首望去，成长的脉络与地域文化水乳交融，人生哲学、道德体系、精神构建无不根植于贫瘠而亲切的故土之中。

（一）自然环境孕育不同的地域文化

黄河地区在历史上曾是一个环境十分优美、经济发达富庶的产粮大区和朝廷主要的赋税来源地之一。宋朝以后，黄河夺淮 700 来年，严重破坏了这里的生态自然环境，也改变了黄河流域的人文环境。每次黄河决口，导致黄河地区千里沃野一片汪洋，百年村落随之消失，人们被迫流离失所，不得不迁徙外地。多年后，有些人定居他乡，有些人回来在村落的旧址上重建家园。物非人亦非，原有的村庄，熟悉的街邻，都已随洪水而去，一切都要从头再来。

德州地处华北平原，是齐鲁燕赵交汇之地，曾经多民族交汇杂居，政权易帜变换不定，社会动荡不安。这种状况不利于文化积淀，但是，这里却孕育了不屈不挠、蔑视权威的创新精神，所以，齐鲁之地不同时期都有令人称奇的故事或典型，梁山好汉、济南交警、杜郎口中学，等等。

与齐鲁之地不同，江南地区自然灾害较少，社会相对稳定，所以江南文化较黄淮文化相对稳定，所以，江南人比较重视历史传承，因此历史名人多、百年老校多，文化积淀也相对深厚。长此以往，不同的地域文化就形成了学校的发展特色。

（二）社会环境影响教育的的发展

教育是社会的自然组成部分，必然与地域文化、社会环境密不可分。很多城市里的名校，或历史悠久，或得天时地利，或得政策扶持，或得人才挖掘，或依傍名牌大学，形成各自的学校特色。而这些年来，在我国中小学教学改革中有一个奇特的现象：在各方面都落后于城市的农村学校异军突起、后来居上，比如，洋思中学、杜郎口中学、东庐中学、后六中学，等等，相对于这些农村学校的勇于变革，一些城市的学校反而显得保守。

城市有名校，偏远地区有典型，名校不等于典型。名校是占据各种资源优势的结果，有较高的社会知名度，但不一定有推而广之的普遍适用的价值经验。典型不一定具有悠久的历史或响当当的招牌，却拥有推动教育向前发展的历史性贡献。例如，洋思中学改变了百年不变的"教在前，学在后"的教学顺序，变"教后学"为"学后教，堂堂清"；杜郎口中学改变了教师一统天下的课堂教学局面，变"教为主"为"学为主"，把课堂还给了学生。这些学校不是因资源而名，而是因贡献而名。

不同的教育环境铸就不同的教育高地。山不在高，有仙则名，水不在深，有龙则灵，人的因素也是教育发展不可或缺的条件。我曾遇到一位河南省的校长，他对我说："李校长，你不要得意，我们河南也有许多会做教育的人，也有很多教育典型，可惜，我们没有陶继新老师那样的人帮助发现、挖掘、提升。"这话一点儿不假，山东教育获得大的发展，除了社会因素之外，还得益于两位著名的教育大家：一位就是教育名家张志勇副厅长，他高举素质教育大旗，鼓励山东各地的学校、教师不断地进行教育思想、观念、实践的创新；另一位就是山东教育出版社原总编、中国教育报资深记者、著名学者陶继新先生，他不断发现典型，帮助学校提升。榜样引路，典型示范，创新的品格不断提升，这些成为山东各地，尤其是一些农村中小学的教育典型不断涌现的重要原因。乐陵市实验小学就是在这样的大环境中孕育的，它既受齐鲁创新文化的影响，也受山东素质教育大环境的影响，既有张志勇副厅长创新教育理论的引领，也有陶继新老师的大力提携和帮助。

二、贫困的生活亦多彩

童年是人生最美好的珍藏。对于天真无忧的孩子们来说，多彩岁月里的每一天最终构成童年里重要的美好记忆。那一幅幅的生活场景，那一个个的欢快游戏，都是终生难忘的影像。每一次耳闻目睹的事件和亲身体验的经历，都会在幼小的心灵深处打下烙印。这一切必将成为影响未来的生命底色，也是教育不可或缺的基本元素与基石。

　　我的童年是在贫困中度过的，虽然生活中充斥着贫乏和苦涩，但是那些年复一年日复一日的岁月，却成为我的生命中最诱人的磁场。我的家在距离县城 30 多公里的农村，在那个年代，生活很贫困，能填饱肚子就不错了，家里有 8 个孩子，生活无疑更加艰辛。

　　我那时的衣食住行极具时代特色。有三个姐姐和一个哥哥，哥哥比我大 10 岁，他的衣服非常大，不可能拾来穿，我基本上都是拾姐姐们不再穿的花衣服。10 岁以后要到公社驻地去上学，母亲这才专门给我做了一身又肥又大的粗布衣服，期望能够多穿两年，顽皮好动的我从来没有让衣服"寿终正寝"过，穿不到一年，不是这里有窟窿，就是那里有口子，所以，那些年没有穿过一件合体的衣服。

　　说到吃，那时生产队条件较好，我没有沦落到食不果腹的境地，但主食不外乎是玉米面和地瓜干，偶尔也会啃几天高粱饼子。蔬菜以夏天的茄子和冬天的白菜为主，没有蔬菜的季节就用咸萝卜条接应。

　　在我 15 岁以前，我们一家人住的是平房、南屋，虽然当时农村的经济条件不太好，但一整家人还住南屋的，在我们村我家是独一无二的。直到 1975 年才翻盖成现在的土坯平房。

福兮祸之所倚，祸兮福之所伏。我虽然没有穿过时尚衣服，没有住过砖瓦房，吃的是仅能填饱肚子的粗茶淡饭，但是，今天回过头来看，恰因家境的贫寒，才成就了我的人生，我觉得受苦受罪是上天对我的垂青。"天将降大任于斯人也，必先苦其心志，劳其筋骨，饿其体肤，空乏其身，行拂乱其所为。所以动心忍性，增益其所不能。"时至今日，我不但把吃苦耐劳看作一种生活的能力，而且也把比别人能吃苦看作自己超越他人的基本条件。我至今还在穿的一件衬衣，是1987年大学函授期间买的，它比我儿子的年龄还要大，妻子多次劝说我把它淘汰，同事也经常以此开玩笑，而我对此却不以为然，我始终认为，衣服的功能就是遮体保暖，除此之外的要求就是舒适干净整洁，至于品牌、新旧等，都无关紧要。

现在经常到全国各地去讲学，有时赶上旅店条件不好，饭菜质量差等，我从没有觉得什么，或感到不快，因为随便一间房就比我小时候住得好，随便的饭菜就比我小时候吃得好。贫困的童年经历某些人可能羞于启齿，对于我而言，却成为终身受用不尽的财富。贫困的童年生活造就了我崇尚节俭、知足常乐、抵御诱惑、吃苦耐劳、坚韧不拔、勤奋好学等品质。穷则思变，为改变命运必须比他人更加努力，儿时干瘪的生活变成了终生追求向上的恒久动力。

现在虽然我年龄大了，经济条件好了，但是有时自己吃点苦，也从来不会感到有失尊严与面子，而是看作一种荣耀。我现在使用的办公桌，还是6年前教育局搬家时淘汰下来的50年代的写字台。它不但笨重，而且许多地方油漆剥落，还有三个抽屉找不到了，落下三个大窟窿。有人看到后说我是装，也有人说我是作秀。别人怎么看怎么说对于我来讲都无所谓，只要用着称心，样式与新旧都是形式方面的问题，完全可以忽略不计。

我还有一个习惯，无论在家里还是在车上，夏天我都不开空调，我的办公室里没装空调，天气热的时候，为了不影响写东西，就在小臂处垫一条毛巾。当年贫穷时我没觉得低人一等，今天生活比较宽裕了我也没觉得高人一等。这种心态源于从小接受的家庭教育，在内心已经成为一种积淀，现在已形成一种习惯。

当前社会颇为流行的一句话是：再苦不能苦教育，再穷不能穷孩子。这口号听起来振奋人心，但是我认为，这些话从行政的角度理解，政府要重视教育、向教育多投入，绝对是正确的；如果从教育的角度去解读，就应该慎重行事，应该有所选择和侧重。学生自己完成的任务就要让学生自己动手去完成，千万不要越俎代庖；否则，就会在某种程度上抑制学生的自主意识，扼杀孩子的发展内驱力。越俎代庖是在培养弱者，这是一种教育的犯罪。今天的孩子不是吃苦太多了，而是生活太安逸了，我们要有意识地让学生认识、感受生活的艰辛与复杂，提高学生的生存能力和抗挫折能力，这是当务之急。因此，我们学校开展"一元钱活动""察父母之苦，体父母之劳""感恩之旅"等社会实践活动，让学生切身体验与历练，唤起孩子们的忧患意识，促使学生学会吃苦，懂得节俭，培养良好的生活习惯。

感恩周——尝父母之苦

三、生活本身就是教育

家庭结构也是一种教育环境。和当地其他家庭一样，我家兄弟姐妹很多。父母忙着参加生产队劳动，家里的大孩子就负责照顾弟妹们的饮食起居及日常生活，等级分明，分工合理，俨然一个小社会。长兄不仅是家庭生活的组织者，也是我们的游戏规则的制订者与监督者。正因为有了次序，大家做事都能按部就班，日子便过得有条不紊。长者后面有支持和动力，幼者前面有参照和引导，同心协力，形成一个健康的群体。这种家庭结构对孩子的成长起着举足轻重的作用。

现在"六加一式"的独生子女的家庭结构，已经成为教育的严重问题。一家人围着一个孩子转，这样容易造成孩子自我中心的思想习惯，生活上有严重依赖，行为上我行我素。无论从认识上还是阅历上，成年人与未成年人之间都客观地存在着很大的落差，成年人有意无意地对孩子造成一种心理的压迫感，因为在孩子眼里，父母都过于强大，无所不能，而自己却如此渺小。长期在这样的环境里生活，孩子心理就会产生错觉：我什么都不懂，我什么都不行。而当自己的欲望经常得不到满足时，内心就会变得孤独寂寞，从而走向另一个极端：自我封闭，把精神的寄托转移到网络游戏等虚幻的世界中去。这是独生子女家庭结构带来的一种次生伤害。

劳动是教育的基本课程。春耕夏种秋收冬藏，我身在农村，从小就跟着父母下地参加农业生产，现在看来，这些不仅没有影响我的发展，反而成为我生命成长、事业发展的不可或缺的基本元素。

在我上小学的时候，星期天、节假日不是放羊就是推石磨，年龄稍微大一点就参加生产队专门为孩子们准备的农活，赶着牛拉水车，牵着牛耕地等。放学后就和小伙伴们去挖野菜，把刚刚返青的苦菜、灰灰菜、荠菜、婆婆丁、蕨菜、马齿菜、水芹菜等带回家喂猪羊鸡兔，为家庭做一些力所能及的贡献。记得小时候，道边沟沿儿里的野草野菜遍地都是，我和它们每天打交道，不用诚心去记，一些植物的名字与特性都能脱口而出。这种记忆的方式在心理学上应该属于无意识记忆，更长久、更深刻，且影响深远。在这种情况下建立起来的知识体系会更加牢固，甚至会终生难忘。儿时的亲近自然，增长知识，健康身体，发展技能，那种风霜雪雨、日出日落，在童年成长的岁月里都沉淀成一种永恒的品德。

游戏是儿童不可缺少的成长因素。童年时代虽然物质生活非常贫困，但是，精神生活并不缺少快乐。田野里、大街上、沟渠边、房前屋后，到处都是游戏的场所、游戏也是五花八门：打翘儿、投沙包、丢砣子、投坷垃、捉迷藏、滑冰等游戏是男孩子的专项；跳房子，贴饼子、踢毽子等游戏受女孩子们钟爱。自然，游戏的道具全是就地取材、因陋就简，像缝沙包、削翘儿等，自己亲手制作。虽然现在孩子们玩的滑板、滑雪、街舞一类很新潮，台球、马术、钢琴等项目是过去家庭的孩子很难接触到的，这些比我们那个时代的玩具进步了很多，但是，也有其不足的一面。现在孩子们玩耍的游戏，都是家长从商店里买来的现成的玩具，玩的时候可以站在一个地方不动，只需遥控操作即可，这样的玩具尽管包装精美，也很先进，但是其效果并不理想，本质上不是孩子玩玩具，而是玩具在玩孩子。孩子是在看那些玩具自己（指玩具）在玩儿，孩子自己没有参与，更没有同伴之间的交流与合作，他只是一名生活游戏的旁观者。

游戏也是一种社会化教育行为。水塘里捞鱼摸虾，岸边爬树掏蛋，无论哪一种游戏都不是一个人在玩，而是一种集体活动。即使最常见的捉迷藏，现在想来，它不仅是一项童年游戏，也是有规则、有智慧、有诚信的一种教育活动。无论守方还是攻方，都要严格遵守游戏规则，任何人破坏了规则，就出局。胜败里有合作、有

寻找父辈童年——自制柳哨

智慧、有诚信。天真无邪的儿童游戏，浸透着最真实的启蒙教育，也是后来的社会游戏规则的缩影。为什么伟大的领袖毛主席能把一些目不识丁的农民培养成天下无敌的将军，"在战争中学会战争"。孔夫子弟子三千，七十二贤，谁授予过他们本科、硕士、博士学位？生活就是老师，有什么样的生活，就有什么样的人生体验。

　　游戏的过程既是肌体运动，又有思维活动，在心智成长的同时，孩子们也在不断演习由自然人向社会人过渡的过程。没有规矩不成方圆，游戏必须遵守一定的活动规则，久而久之，孩子就会在心中建立规则意识，做到心中有他人，从而提高自我约束能力。孩子们想到他人，也就懂得与人和睦相处，心态也会变得平和，也只有这样，以后才能更好地融入群体，融入社会。

　　家长里短是道德底线的社会基座。过去的农村没有电视，没有网络，没有茶楼咖啡厅，更没有舞池、卡拉OK，漫长的夏夜，人们消遣的方式就是聚集聊天。每到夜晚，村里的男女老少总喜欢到户外乘凉。或坐着自家带来的凳子，或坐着新打的谷草高粱叶，有的干脆就席地而坐，三五成群围成一圈，手里摇着芭蕉扇，叙述着田间农活，数说着东家长西家短。我那时也会听个一言半句，但就这一言半句，使我受益终生。谁家孩子不着调了，谁家爷爷奶奶咋样了，谁家爸爸妈妈怎么不孝顺了，等等，"小偷针，大偷牛""吃人家嘴软，拿人家手短"，从大人们看似粗俗的话语中让孩子不经意间懂得：什么是对的，什么是错的，什么是假恶丑，什么是真善美。家长里短无形中给孩子塑造了完整的道德体系。

冬天的夜晚虽然不能在户外聚集，但人们的生活并不寂寞。在我们村的西头住着一位老人，他年轻时曾在天津为外国人做过饭，一辈子走南闯北，他知道的事特别多，脾气也很随和，我们一群孩子没事就爱围在他身边，听他讲《三国演义》《西游记》《水浒传》《封神榜》《杨家将》等故事。从这位老人的讲说中，我认识了精忠报国的岳飞、惩恶扬善的梁山好汉、巾帼英雄杨家将、既能降妖除魔又能上天入地的孙悟空，印象最深的是封神榜上的那些人物，也搞不清他们到底是人还是神。从老人那里，我还了解到，在这个世界上还有外国人，他们住在很远很远的地方，长着很奇怪的样子，很长的黄头发，蓝眼睛，大大的鼻子，他们不吃窝头咸菜，吃一种叫作面包的东西，面包是用糖做的，很甜很甜。当时不明白的是，为什么这么好吃的东西，还要在上面抹上一种黄色的油，百思不得其解。那时我也分不清这些外国人与神仙到底谁住在天上，还是他们本来就生活在一块儿。那时我的内心对外面的世界充满着好奇与向往，想着将来我长大了，一定要亲自去看看。

如今，农村文明的衰落，村落观念的淡化，农村舆论体系的毁灭，农村精英的流失，农村村落建筑的消失，农村管理组织的异化等一系列问题，对儿童启蒙教育越来越不利了。

四、家庭教育是人生的基础

严格的家教与道德启蒙。做校长十几年，很多人不理解为什么我做事能如此顺利，老师、家长、社会一片赞誉之声，没有半点经济作风方面的传闻，也没有强力部门找麻烦。我想，这与父母对我的影响教育有关。父母用言传身教在我幼小的心灵里深深地埋下了善良、教养、执着、廉洁、操守、感恩的种子，这些优秀品质让我受用一生。

父亲是一位农民，也是一位勇于改革、正直无私的村干部。在新中国成立前，他组织成立了德平县第一个互助组，接着又成立了第一个初级社，后来成立高级社，

最后又成为河流区的党组书记。1954年"五一"劳动节去北京参加共青团全国代表大会，受到周总理的亲切接见。由于行政区划的变动，浮夸风日益严重，父亲不堪忍受相关行政部门严重的官僚主义作风，便毅然辞职回家务农，担任我们村的党支部书记，虽然在连续两年的时间里不断有领导把每月工资送到家里，并做思想工作希望他回去，但他始终不为所动。"不为五斗米折腰""不肯摧眉折腰事权贵"这些恐怕只有书上的古人才会有的行为，在父亲看来是最平常不过的事情，道不同不相为谋，所有的富贵荣华都是过眼云烟，都是他人眼中的幻象，都不是自己真实的生活。在父亲看来，如果为了物质生活而放弃自己的追求和尊严，那是对生命的亵渎，与人格、尊严比起来，所有的金钱地位都不是重要的东西。父亲的原则性非常强，他经常拿农村文件和公社干部说事，经常争论得面红耳赤，甚至拍案而起，在原则问题上没有丝毫让步。他把人品放在首要位置，把名誉看得比生命还重要。这一点对我影响深远。

父亲工作时期照片（第二排左七）

善良。父亲是农村老干部，多少年，不管谁家有困难，只要有能力，一定会全力以赴地帮助别人。因此，他在当地有很好的口碑。在我的印象中，父亲的眼里从没有坏人。他常说：人好比是一面镜子，你对别人善良，别人也对你善良，你对别人不友好，别人也用不友好的眼光看你。善待别人就是善待自己，帮助别人就是帮助自己。

我印象特别深的一件事。"文化大革命"期间，凡是思想有问题或犯过错误的人都要被公社组织去参加学习班。村里有位村民当时已经五十多岁了，也参加了学习班。他年轻时做过许多荒唐事，到老了又被如此反复地"教育"，觉得在孩子与邻居面前无颜抬头，精神压力很大，他就想寻短见自杀。他第一次自杀被人发现救下了，但是他寻死的决心没有变，还是伺机自杀，学习班的负责人不得不连夜派人看着他。父亲听说以后，就专门去学习班找到这个村民，做他的思想工作，告诉他，假如他死了，人们不光不会同情他，反而还会有更多更难听的帽子戴在他头上；更重要的是他的死将会给自己的孩子带来心灵上的莫大的痛苦、精神上的创伤；以前的事过去了，还是看以后吧，现在好好活着，忍一忍就过去了。父亲的话打消了他自杀的念头。在农村只有小辈给长辈拜年，但比父亲年长的他从此每年春节都要到我家坐坐，视我父亲为恩人。后来他年岁大了走不动了，每年春节都派他儿子带上自己舍不得吃的鸡蛋或者苹果来看我父亲。

类似这样的事情还有许多，在我幼小的心灵里种下了与人为善、知恩图报的种子。后来我做老师，当校长，始终把感恩当作人生的信条。感恩不仅是一种美德，更是一种做人的智慧。带着感恩处世、工作、生活，人生就会幸福，就会快乐！

教养。我们家的家教非常严，站有站相、坐有坐相、先给老人盛饭、吃饭不能说话这些都是必须要遵守的。不仅在家如此，出门走到街上还必须主动跟邻居乡亲打招呼，哪怕辈分比我小的，只要年龄比我大，父母就要求我们兄弟必须像对待长辈一样去尊重他们，不能没大没小的。我家住在村子东头，参加工作以后每天上班都要穿越整个村庄，自然免不了不断地下车跟乡亲打招呼。久而久之，乡邻们很远看到我走过来了就赶紧躲，他们怕我下车打招呼耽误时间，总是喊着："别下来，你忙，我们都闲着，快走吧。"尊老爱幼，是在父亲的严格要求下形成的良好习惯和美德。

执着。了解我的朋友都说我最大的特点是执着，其实这份执着也源于父亲。在我很小的时候，父亲就在农村当干部，直到1992年他老人家去世，几乎不分严寒酷暑天天在忙碌，每天召集村干部们开会，亲自安排工作。

视野。虽然家庭收入不高，父亲却坚持自己订报、听广播，国内国际的新闻就成为他给农民开会的话题。我常听他在村民大会上讲：我们当农民要有眼界，不能只盯着自己的村子，还要关注村子之外的国家大事，这样看问题才能站在全局的立场去看，而不至于钻牛角尖。耳濡目染，在父亲的影响下，我懂得了：无论身处的环境多么落后，都不能没有视野和境界。这种认识对我后来的工作和生活都产生了至关重要的影响。

廉洁。父亲的廉洁是出了名的。父亲当村支书多年，从没占过公家一分钱的便宜。记得在 20 世纪 70 年代，村办的工厂从东北请来专家指导，他和几个村干部轮流陪客。每次他陪客的时候都要上交五角钱、半斤粮票。我很不理解，为此事还和父亲争论过，我说他迂腐，这样做，让别的村干部怎么办？他却说，他和大家说好了，其他村干部都不用交，只有他自己交。无论怎么说，他就是坚持自己的做法。这一点对我的影响太大了，洁身自好，不是什么道德标准，而是与生俱来的生命铁律。当了校长之后，从没想要占学校或老师一分钱的便宜。学校越办越好，学生越来越多，自然少不了家长来找我。但我从没吃过家长请的饭，偶尔遇到家长托人或趁机送来的礼品，我就和爱人一起租车把礼物一件一件退回去，实在找不到当事人的，就送给中间人，反正就是不能拿家长的礼物。"吃人家嘴软，拿人家手短"，不是自己劳动所得，心里不安。

父亲常常说的一句话是"鸟随鸾凤高飞远，人近贤良品自高"，这使我知道交什么样的朋友。我很庆幸自己从不喝酒、不打麻将、不进娱乐场所，我的朋友都是志同道合、共谋事业的战友，没有酒肉朋友。

其实，回想起父亲对我的教育，他从没有直接对我说过应该怎样不应该怎样，但是他的言传身教却给了我潜移默化的影响，他的一举一动塑造了我心中永远的丰碑，他是我一生的楷模。

五、输在起点并不等于输掉未来

我 1967 年冬天上小学，1977 年高中毕业，求学的十年基本上与"文化大革命"同一时间。十年的学习经历基本没有学到什么，用今天的话说完全输在了起点上。小学一至四年级是在本村上的，教室是古老破旧的三间土坯房，阴暗潮湿。课桌是用泥土垒成的土台子，上面放了一块用旧棺材破解而成的木板。老师是一位本村的民办教师，四个年级挤在一间教室里，老师交叉着为各年级上课，在为一个年级讲课时，其他年级的学生自己看书或做作业。当时所开设的只有语文和算术两门学科。到了五年级便转至邻村上学，教室比过去宽敞了点儿，仍然由三位老师为四五个年级复式教学。除了语文课、算术课之外，还增加了常识、音乐和毛笔写字课。小学阶段这五年，虽然没有体育课，但赶上"批林批孔"浪潮，每天红卫兵排着队满大街喊口号，身体活动倒是不少。幸运的是在这四年间认识了很多字，自己可以读简单的文章和小说了，记忆最深刻的是五年级时可以与同学互换小说看。到了初中，反潮流英雄黄帅、白卷大学生张铁生开始影响教育，我们做得最多的作业是写批林批孔的文章。高中时，又赶上上山下乡，每个学期都要到附近村子参加劳动：春天深翻土地，夏天割麦，秋天播种，冬天挖河修渠；回到学校还有很多农活，每个班有自己的责任田，或者种菜，或者种豆，每周都要抬水浇地，除草捉虫。我们班的老师在学校比较受校长赏识，可以负责学校的养猪工作，我们也有幸经常轮流负责六头猪的三餐。除此之外，学校还经常安排一些临时性劳动：有一年夏天学校放假一周割草晒草；秋天时，有一次学校突然停课，要求每人在 10 天内上交 20 斤茅根，用作学校勤工俭学的收入。我们想尽一切办法寻找茅根，学校附近没有，我们就跑到 30 公里以外的某个同学家里住着，在河滩里刨茅根。

1986 年在六中

苍白的经历，懵懂的人生。直到有一天走上讲台当老师，我傻眼了：不知道怎么教学，不会备课，也不会上课，学生只比我小一两岁，个别学生年龄比我还大一两岁，偏偏学校还安排我当班主任。工作以此开场，真是让我措手不及。

好在化楼联中是我的母校，很多我原来的老师还在这所学校，我再次拜师学艺，一切从零开始。我找学校教务主任把我的课统统调换成比别的老师晚一天，这样我就可以第一天听课学习，晚上回家备课，第二天再依样画瓢般教授。并非是所有老师的课都天天让我听，也不是所有老师的备课都时时愿意给我看。我只好趁着别的老师上课时偷偷溜到人家教室外面蹲在窗户下听，还要时不时地在课本上记下他们对某个知识点的处理方式。即将下课时，我再赶紧溜回办公室。那时偷看别人备课更是乐此不疲的学习方式，我经常在放学以后，天完全黑下来了，偷偷回到办公室找到其他老师的备课本拿回家看，学着他们的样子备课、写教案，次日早早赶到学校悄无声息地还回备课本，再走进自己的班级授课。公开听课、请教，偷着听课、看备课笔记，这样的学习持续了一年多的时间，才算初步入门，但我依然找机会听课学习。

因为我喜欢老师这份工作，所以领导怎么安排我就怎么做。5 年民办教师做下来，竟然教过初中英语之外的所有课程：数学、语文、青少年修养、历史、地理、物理、化学……

除了自己不会备课、上课外，当时最深的感受是自己学识的浅薄和知识的匮乏。于是，我就从每月 30 元的工资里拿出一部分用于买书。每逢周末，我都跑到书店去，看了这家看那家，凡是见到和教学有关的书，就买回来读。当时读书的狠劲用"拼命"来形容一点儿也不为过。

记得有一次，在一家大书店看到了一套海淀区的复习资料，我如获至宝，全部买回来一节不落地读，连同知识要点、训练题、例题全部用心研读，可以说熟练掌握了本学科的专业知识，能够做到心中有数、统揽全局，不再为自己学科知识的欠缺而发愁了。但教育专业的书籍我却不曾读过，我总希望能买到关于教育的书籍来学习。有一次看报纸，我无意间看到《青年心理学》这本书，当时眼前一亮，心想若是能买到这本书，那就可以帮助自己做好班主任、管理好学生了。于是，我利用周末时间跑书店，但跑遍了宁津、庆云、临邑、商河等附近几个小县城的所有书店也没有找到这本书。后来想起父亲的一位初中同学在北京工作，我就写信告诉他这本书是哪家出版社的，多少钱，请他帮助买来，没想到他真的买到了。《青年心理学》成为我认真研读的对象，一遍一遍地读、写、画，那本书几乎被我翻烂了，也被我画得满满的。当时很多学生的问题我不知该怎么处理，就从这本书上找答案，可以说这本书很好地指导了我当时的教育工作。

除此之外，我还订阅了很多杂志。《啄木鸟》《小说家》《十月》《小说选刊》《芙蓉》《读者文摘》《青年文摘》等杂志走进了我的生活，极大地丰富了我的文学世界，开阔了我的视野，也让我的教育教学语言逐步丰富起来。当时每天中午我还雷打不动地收听中央人民广播电台的"阅读与欣赏"栏目，对唐诗、宋词、元曲等古典文学的学习就是从那时开始的，而且我连续听了三年多。

当时读书真的很疯狂，用如饥似渴来形容一点儿也不为过。那时没有电灯，用的是叫"泡子灯"的一种煤油灯。点了一晚上，灯罩里面就被油烟熏黑了，每天傍晚要做的第一件事就是擦灯罩。

因为我和当时的教育组住在一个院儿，每天晚上老师们与领导散步、聊天，我自己就躲进职工宿舍开始学习、备课。冬天虽然没有取暖设备，穿得厚一点儿也能应付；夏天就惨了，蚊子太多，只能在蚊帐里看书，泡子灯距离远了看不见，距离近了容易着火烧着蚊帐，我只好离开蚊帐穿上两层衣裤让蚊子叮不透，想不到脚却成为蚊子的美食城了。我往身上涂肥皂、搓酒精，想过很多办法，还是不能解决问题，于是就把袜子穿在凉鞋外，在脚腕处裹上一圈纸。后来想到，鲁迅读书把脚放进坛子里防蚊咬，我自己也找了解决的方法：把雨天用的长筒雨靴穿上，虽然有些不透气，但蚊子也进不去，于是就可以平安无事地沉浸在书本中了。

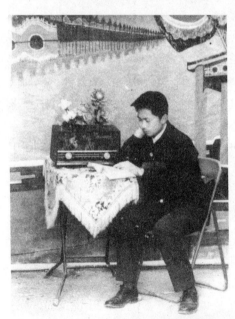

1978年做民办教师

其他老师在院子里纳凉、闲聊，我则躲在宿舍里看书，看到好文章时就兴奋不已，自己擂着小桌子大叫，惹得同事跑过来看我在做什么。有人觉得我当时读书很辛苦，其实我自己一点儿也没觉得辛苦，反而觉得那是一段幸福的时光。

书分两种，一种是有字书，另一种是无字书。虽然自己喜欢读书，也并非天天埋在书堆里，也适当地安排一些其他学习内容，做到劳逸结合、张弛有度。当时天津人民广播电台每天晚上有半小时的戏曲节目，我也是雷打不动地收听，以至于现在我一听到戏曲就能准确地说出它是什么剧种，它的流派、唱腔有什么特点，甚至能判断出是哪一位名家唱的哪一段。我从当校长的第一天起就提出，要站在社会的大背景下看教育问题，要站在教育的大背景下解决课堂教学的问题。回头再看，假如没有当时的广泛阅读与涉猎，就不可能有我今天开阔的视野。

这段经历刻骨铭心，从那时开始，一直到走进师范，走到县直中学，再到城里高中，市教研室，实验小学，一路下来，似乎顺利了好多。

现在很多家长把"不让孩子输在起跑线上"当作真理崇拜，其实这是一个伪命题。人生是长跑不是短跑，输在起点并不可怕，可怕的是生命中缺少了学习的兴趣和人生的追求。苍白的学校经历始终让我有一种紧迫感，时刻不敢放松自己的学习和追求，从而养成了终身学习的好习惯，这使我受益无穷。读书是我的爱好，甚至成了一种享受。读书已经成了我生活和生命的一部分。读书不能功利，读书要庞杂，尽管现在五十多岁了，除了正常的学校工作外，既要面对很多突然而至的各级领导和全国各地的来访者，还要经常到外地开会、讲学，但是，无论多么忙，我都会积极寻找时间静下心来读书，每年都在 60 本左右。下面是我 2014 年读书的部分目录。《中国往事》《美国实际的终结》《大国游戏——看中国如何嗑赢世界》《美国与世界——关于美国外交政策未来的对话》《看懂世界格局的第一本书》《传统文化与心理修养》《看日本》《一本书看懂日本人》《杀气腾腾的美国史》《文明的交锋》《世界是平的》《中国社会各阶层分析》《大国崛起之痛》《中国策》《大国崛起》《西方文化地图》《石油战争》《货币战争》《顶级战争》《中国不高兴》《中国可以说不》《后现代战争与世界新秩序》《战略演讲录》《国情备忘录》《第一言论——战略思考》《中国人的思维批判》《大儒王阳明》《道尔顿教育计划》《谁来为教育买单》《当中国统治世界》《转轨中国》《美国的崛起》《不战之困》《c 形包围——内忧外患下的中国突围》《对话教育》《转向教育的背后》《隐蔽的秩序》《多元文化陷阱》……

人生是一个长跑的过程，成功与否的关键不在于起点，而在于过程，要想发展，天天都是新起点。以我个人的经历来看，我曾输在起点，但并没有影响我在教育队伍里的成长和发展，甚至我还取得了很多学历高过我的人都没有取得的成就。

六、爱岗才会敬业

我 1977 年高中毕业，开始了人生一次重要的选择。当时还没有恢复高考，我面临着三种选择：一是回乡做农民，一年以后可以有机会被推荐上大学；二是去城里当工人；三是到化楼联中当民办教师。父母比较倾向于我去做工人，因为父亲人品好，远近乡邻都比较敬重他，当时公社和机关部门的负责人听说我高中毕业了都主动帮忙推荐我去做工人，其中大家一致看好的工作是到电业部门做工人，收入可观，年年还能发些生活用品。我则想，和活生生的人打交道总比和冰冷的机器打交道好得多，就对父亲说我想当民办教师。好在父母都开通，尊重我的选择。于是，我参加了乡里的民办教师选拔考试，乡考、县考，一路下来，就理所当然地成了一名招聘的五名民办教师中的一员。

教育是一个清水衙门，教师是一种清贫的行业，很多人唯恐避之不及。尤其是一些男老师，可能因为许多方面的原因"被"当上了老师，所以无时无刻不在想着跳槽。从教育部门调动到党政部门是当年多少人梦寐以求的事情。其实我也曾有过两次转调的机会，但是，我都毫不犹豫地放弃了。第一次是在1987年，有一位过去在我们村蹲点的领导从另一个乡镇调到六中所辖的乡镇当副书记，当时乡镇缺少一位秘书，他就首先想到了我，我婉言谢绝了，并向他推荐了学校的另一位老师。第二次是在1995年，我在教研室工作的时候借调到宣传部做文明城市创建工作，得到了领导的赏识。创城结束后，市委副书记宋华专门把我叫到办公室征求我的意见，问我是否愿意留下来在宣传部工作，我最终还是选择回到原单位。

步入仕途，名利双收；坚守教育，一生清贫。对这一点我还是能看清楚的。我不是圣人，之所以能够坚守教育，不是自己装清高，而是自己确实喜欢教育，更重要的是觉得自己更适合教育这份工作。现在很多老师没有职业幸福感，不是教师职业没有幸福，是自己从来没有喜欢上教育，没有真正走进教育，没有享受到教育工作的职业尊严。

生命的意义在于成长不在于竞争，人生幸福感的多寡并不完全取决于成功与否，在平常的生活中如何抵达心灵的平和与宁静是教师幸福感的基础和前提。现在很多老师的职业幸福感不强，而职业倦怠很严重，究其原因不是教师这份职业本身的问题，而是老师自己缺少爱心与投入。在化楼联中当民办教师的几年，由于自己水平低，再加上缺少教学经验，虽然自己投入了很多，但是，我只解决了自身成长问题，并没有走进教育，走进学生心灵。师范毕业之后，无论是知识水平，还是教育理论水平，都有了很大提高。等我再次走上讲台，对教育的理解和实践便都发生了很大变化，我能够更加认真地对待工作和学习，真诚地对待每一名学生。几十年过去了，那时的学生也都步入不惑之年，但仍有学生无论是工作上还是生活上遇到问题，总会找我聊一聊。每当我的学生们聚在一起，他们常常说起很多我自己早已忘记的生活细节或做法：影响改变一生的某次谈话，"病倒"在学校宿舍里的一碗面条，不被歧视的深刻记忆，等等。有不少学生做了老师，经常以能模仿李老师的声音、神态为荣。每到重大节日，总会收到学生从全国各地寄来的卡片和礼物。这些年我在学生心里的分量，不但没有随着岁月的流逝而减弱，反而历久弥新、举足轻重。去年春节收到了一位学生的问候短信，及时回复过去，她竟然激动不已。

　　虽然自己这些年收入不高，也没有多么高的行政级别，却从来没有影响职业幸福感。我是一个理想主义者，除了拥有浪漫主义情怀，还拥有职业认同感，能正确地对待教师这种职业，这是我事业成功的一个重要因素。即便教师不是太阳底下最光辉的事业，起码也是一份有价值有尊严的职业。他人可以不尊重教师，但我们自己要尊重自己。客观看待教师社会地位的变化也很重要。从新中国成立初期一直到20世纪80年代，教师都属于"四十斤猪肉的干部"，工资基本与四十斤猪肉的价格差不多，工厂工人的社会地位也比教师高，男教师不好找对象。改革开放三十多年，教师社会地位有了明显提高。从宏观上看，教师职业今天比以前确实有了很大提高，然而很多人习惯于横向比较，却并没有认真思考教师职业的纵向发展。

　　无须讳言，确实有很多人是"被老师"的，不是自己喜欢教师这份职业，而是急于跳出农业门口的一种无奈选择。如果把职业比喻成婚姻，过去有"先结婚后恋爱"之说，职业也是如此，既然不能再做其他选择，就应该认真对待自己的教师职业。如果不喜欢就不热爱，不热爱就不投入，不投入就没有成就，没有成就就没有职业尊严，没有尊严哪来幸福体验？

　　虽然全社会都在高喊"尊师重道"，但现阶段还远远没有得到落实。在社会还没有把教师职业放在应有的地位之前，我们应该怎么办，是等待，是抱怨，是加倍努力证明自己，还是自暴自弃？我们完全可以努力创造个人的教育高地，靠个人的努力和成就赢得社会的认可与尊重。幸福没有标准，仅是一种感觉！不是我们的生活中没有幸福，而是因为过分关注他人的成就，忽视了自己对幸福的发现和体验。

七、校长之道——管理篇

（一）路上抓来的校长

1999年12月的一天，作为市教研室副主任的我正带领部分教研员在一个偏僻的乡村学校搞教研，传呼机上突然接到教育局办公室的通知，说教育局要开会，让我们马上赶回去。一个多小时以后我急匆匆地赶回教育局，才知道需要"开会"的只是我一个人——"局长找你有事，在三楼办公室等着"。

我在二楼的拐角处遇到三位副局长一起下楼，见了我就说："走，我们一起去实验小学。"去干什么？我丈二和尚摸不着头脑，只好跟着领导们一起走。走在路上，靳局长才跟我说："实小校长被免职了，你去接任校长一职，老师们已经集合好了，我们先送你上任，回头杨局长再跟你谈话。"我一下子蒙了，自己一点思想准备也没有，对学校情况不了解，也从没想过当校长，并且自己当时职务很低，按照行政级别来说是不够格的。回到局里，杨文峰局长找我谈话，我当时心里很忐忑，怕自己做不好，提出能否换其他人去。杨文峰局长却满怀信心地说："不用担心，你的人品和业务能力我们都清楚。"接着他说让我去实验小学当校长是局党委的集体决定，并把问题和具体想法开诚布公地告诉我。

此时，我才了解到一些真实情况：实验小学理应在全市小学队伍中起"龙头"作用，是全市教育系统的"窗口"学校，但现在问题很多，派谁当校长已经成为教育局领导们很头痛、很棘手的问题。经过局党委再三慎重考虑，必须派一位得力的"大将"才能扭转实验小学的颓废局面。大家一致认为我人品好、境界高、业务能力强、为人诚信、工作认真、干事执着，是最合适的人选。

事后我听说，当时有很多人盯着校长这个位子，尤其是托关系、找门路的人不少。

说实话，在这之前我对实验小学（以后简称"实小"）的事情并非一无所知。相比乡镇学校，实小算是条件好的——学校历史悠久，办学时间（在当地）最长；地理位置优越，距离教育局很近，周围是市政府各机关办公场所。然而，独具的"地利"并没有带来"人和"——正因如此，学校中不少老师是机关干部的家属，官太太比较多，管理工作很难做。因为难以有效管理，学校教学质量一直处于倒数名次。在教育局最近一次抽考中出现集体舞弊事件，轰动全市，教育局由此开展了全市中小学关于考试纪律大整顿和相关讨论的活动。

虽说是"受命于危难之际"，却丝毫没有"降大任于斯人"的豪情，拥有的只是突如其来的懵然和肩上沉甸甸的压力，我不敢有丝毫的懈怠。这些年来杨文峰局长语重心长的样子一直萦绕在我的脑海挥之不去，"希望你用三年的时间，让学校像学校的样子、让老师像老师的样子、让学生像学生的样子"！经过十几年的不懈努力，学校虽然不敢说完全达到了杨文峰局长的希望，起码已经在全国小学中站了出来，有了一定的社会影响力。同时，另一个问题盘旋在我的脑际：校长应该是个什么样子？

坐到校长位子上就是校长吗？当上校长不一定能做好校长应做的工作。能完成上级指定任务、对学校进行有效管理而不出事就是校长吗？当校长与做教育是两回事，执行上级指示、完成上级任务的校长只能算作一个称职的办事员、公务员，只有那些拥有教育情怀和人生理想，忘记个人荣辱得失，勇于为教育献身的人才能称得上是真正的校长。

什么是好校长？能勤勤恳恳、兢兢业业做事的人是好校长？能把一个薄弱学校办成一所名校、强校是好校长？有的校长把学校办得风生水起，离开岗位不久，学校就开始下滑，有人以此来证明这样的校长是位好校长。其实不然，真正的好校长是那些为学校留下了作风过硬的队伍，留下了先进的思想，培育出优良的学校文化的校长。

虽然误打误撞的"被校长"了，并且一下子在校长的位子上待了十几年，我对自己的评价应该比较客观：自己只能算作一位校长，离好校长的距离还很远，好校长是自己一生努力的方向。

（二）路队驱走小摊

刚上任时，正是冬季。课间，我到各个教室去转转，看着孩子们在冰冷的房子里，小手缩在袖子里不敢伸出来，我心里一阵阵发紧。

再到校园四处走走。不看不知道，看了还真吓一跳——

这哪里像学校啊！刚一下课，学生就疯了似的一窝蜂跑到各个地摊前争先恐后地买东西吃，吃完把包装袋、饮料瓶随手一扔，校园中到处都是果皮、废纸、垃圾袋、塑料瓶，就像赶集之后的场景。课间活动时，学生跑到校园中间的小广场上滚打在一起，个个像泥猴一样，整个校园像是被突袭了的"马蜂窝"——乱作一团！

放学的景象更是惨不忍睹——

校园内外共有七个个体摊贩堵门经营。每当学校放学时，孩子们跑出教室就聚集在这些小摊贩周围买小吃，在很窄的缝隙里，钻进钻出。接学生的家长有的直接在教学楼下甚至是教室门口等孩子，大多堵在大门两侧，教师推着车要等学生走完才能出入。

上学的情景也好不到哪里去。因存在多种混乱情况，学校大门无法关闭，家长就直接将摩托车或自行车骑到校园教学楼下，送那些上学迟到的学生。因此，上课10分钟以后，三轮车、摩托车仍然轰鸣作响。整个校园如同集贸市场一样，混乱不堪，严重影响正常教学秩序。

看到这些我终于明白，为什么局长给我布置"三年让学校像学校的样子、让老师像老师的样子、让学生像学生的样子"的任务。此时此刻，我才真切地体会到局长说这些话的分量，学校就像一块荒芜已久的土地，长满了杂乱无章、肆意疯狂的野草。要改变这所学校的确不是一件容易的事情！

学校环境虽然不是学校工作的中心，却直接影响着学校形象和师生身心健康，更重要的，学校是神圣的育人殿堂，岂容如此胡来！所以，我决定先从治理小摊开始。

赶走摊贩，显然难度很大。因为学校地处东关村，摆摊设点的都是学校周围的农民，这些人因城市发展已经失去了土地，小本经营是他们家庭的主要收入，要让他们主动放弃是根本不可能的。对此我向前任校长虚心地请教过，他说为此事曾经做过很多工作，伤透了脑筋，请过保安，动用过工商管理所，甚至惊动过派出所，但是效果都不好，还因此得罪了这些村民，经常有人在路上指桑骂槐地对着他叫骂，所以他建议还是不要触动他们。

怎么办？不能直接与村民冲突，难道不能管好我们自己的学生？于是我决定就从上学和放学抓起。

正式上任是星期三，周六就临时召开了班主任会，提出了具体规定：以后每班学生必须站队放学，在学校 200 米以内任何人不得离队，家长要退到 300 米以外去接孩子，学生自己走路回家的必须结队而行，走到自己家门口才能离队，入学时必须在接送线下车，在入学通道中行走，不得停留。

星期天，我和副校长在学校门口划出上行线、下行线和接送禁区。周一我又和王校长提前 30 分钟到校，在禁区外拦截家长、监督学生自动列队而行。放学时要求班主任把学生按居住地分为东西两队，两位老师亲自把学生送出"禁区"，将孩子交给家长。对于不按规定路线走的学生，要一一登记；学生到校就做好记录；放学被家长接走也做好记录，每天查找问题进行总结。

因为掐断了学生买小吃的机会，没有了买东西的空隙，摊贩们只好眼巴巴地看着孩子们整队放学入学。第一天摊主还在门口挺着，到了第二天，有两家摊位开始向"禁区"外转移，第三天又走了三家。原来位置最好的两家没有走，认为这不过是我"新官上任三把火"，也就三分钟热度，坚持不了多久，学校"三板斧"过后，自己的财路依然畅通无阻。到了第五天下午，这两家一看大势已去，再等下去也不会有什么生意了，最后也就卷起摊子悻悻地离开了。

第二周，学校进一步规划，在门口"禁区"内设立了"学生执勤岗"，规定校内禁止带零食、吃零食，违反规定者要在升旗仪式上曝光。每个路队都指定离校最远的同学为路队长，路队长要举着小红旗坚持走到家门口，学校每周抽查两次。

从此，学校周边环境得到了彻底清理。现在，校园 500 米以内，凡是针对学生开的商店，都是开了关，关了开，没有一家生意红火的。

校门口内外的"热闹"与脏乱消失了，久久不能关闭的学校大门终于也能按时关闭了！

看似和教育无关的路队，驱走的不仅是地摊，还有学生的不良习惯，换来的是学生高雅的气质，学校安静的学习环境。更重要的是学生不仅收获了自信，还确立了自我意识和独立人格。

学生路队成为学校一道亮丽的风景，接送孩子的家长和南来北往的路人无不啧啧称奇。社会开始对学校有了正面评价，老师们也看到了希望的曙光，开始树立了信心！

被人砸了饭碗，换了谁也不会满意，然而，后来在我遇到那些摊主的时候，他们对学校的举措从内心是拥护的。其中，有一位老人坦诚地对我说："说实话，我们

校外路队

自己心里也有愧，在学校门口摆摊设点卖不合格产品，不仅影响了孩子的健康，也影响了学校的正常管理秩序。谁家没有孩子，可是，因生活问题我们也没有办法，但是从心里还是希望学校这样做的。"和那位老人一样，那些摊主都和我成了朋友。

学生是学校的教育管理对象，只要内部教育、管理到位，社会相关问题就会迎刃而解，路队这件小事抓好了，交通安全、网络游戏等问题就不再是难题。社会上流行的"只要思想不滑坡，办法总比困难多"的观点是有道理的，只要你想做事，就能想出无数个解决问题的办法。可以说，我们学校最初的形象就是靠路队走出来的。

教育是事业，但并不轰轰烈烈，教育实践就是点滴小事不断积累的过程。做小事不难，难的是坚守。至今，学生走路队已经坚持了15年。这期间，我们不断提高标准，要求学生路队"线外下车，三人成行，走直线，拐直角"。走路的标准是："抬头、挺胸、收腹，自然摆臂，轻声快步。"当时很多人不理解，认为这是作秀，但我认为，走路不仅是一种形象，更是一项教育。人和动物的区别就在于，人的意识是可控的，而不仅仅是出自本能。教育就是培养人的自我意识。这种意识一旦养成，就会对自己的行为做出客观评价和反思，就学会了自我控制，就能主动地规划自己的生活和学习。走好路队不仅仅是教育过程，也是一项教学内容。高效的教学应该是以学生拥有自我意识和自我管理能力为前提的，一个没有自我意识和自我管控能力的学生，上课不可能做到认真听讲，下课不可能做到认真独立完成作业。

走路之"相"与学生的发展有着很重要的联系。相学上云："行如急火者，居人之下。行急如奔，富贵难享。此为财散之相。"不难看出，人走路的姿势和气质可以给他人一种直观印象，从而判断人的内在品质。现在社会中，人的外在形象非常重要。通过对走路姿势和性格的研究发现：走路上身平稳，步履轻盈，必为正人君子，而且能够克服遇到的困难。耸肩走路的人多数一事无成，这类人通常尽力掩饰内心的懦弱和胆小，无法把事情办妥。习惯弯腰走路的人，一般对自己关注较多，对身边的事物、环境视而不见，没有视野哪来境界？没有境界怎么能做大事？

教育无小事，事事皆教育！不要小看学生走路，这里面有成绩、有品德、有规则、有素质、有涵养、有文化……如果一所学校连走路这样的"小事"都抓不好，还能谈教育吗？

楼内路队

（三）忽略后进树典型

关上了学校大门，恢复了基本秩序，教师管理问题又摆在了面前。学校中层以上领导没有一人兼课，而且不参加学校考勤，基本上想来就来，想走就走。就拿教务主任来说，他每天夜里打麻将，白天则躺在教务处沙发上睡觉。教务处的其他人都是女教师，只好躲到别的办公室聊天。干部如此，学校管理就可想而知了。有的教师拿着工资不上班也没人敢管。干部和人事关系问题导致奖罚制度难以落实，考勤制度形同虚设。部分教师也随行就市，迟到早退、上班中间外出成为常态。

一所学校如果考勤制度无法落实，那么其他工作就更无从谈起了。怎么办？"新官上任三把火""治乱世要用重典"……这样的管理思想都是行政式的，是高高在上型的俯视管理，教育有其自身的规律和行走方式，我采用的是另外一种策略。

工作中我始终坚持用表扬优点的武器。每天我都是第一个到校，虽然教导处有人专门负责考勤，但我自己还是另外拿一张点名册，准确地记下每一位教师提前到校的时间：××41分到校，×××46分到校，××53分到校……周一例会我就面对全体教职工读一下8点上课以前到校教师名单，顺便表扬几句："我们实验小学的老师真让我感动，学校8点钟上课，有不少老师每天都是提前到校，这些同志也是为人妻、为人母的，能够以事业为重、工作为重，能够高标准严格要求自己，值得大家敬佩，值得大家学习……"一周、两周、三周，第四周例会一散，就有教师跟进我的办公室。"李校长，我实在是不能早到校，你让我加班多晚都行，就是早晨不能提前到校，家中有老人、孩子，家务事太多。"

"刚才我有没有要求都必须早到校？你不是也没有迟到过吗？"

"没有。"

"每个人的情况不一样，只要不迟到就行，你说，对早到的同志表扬几句不对吗？"

"不是你不对，是我觉得自己不对。是这么回事，每一次你表扬早来的老师，我自己不能够提前到校，心里就觉得不是滋味，你一表扬别人，我心里就有压力。"

"大可不必，工作好坏不都表现在早到校上，不可能都强求一致。"

"开会表扬早到校的同志，不是要求老师必须早到校，只是让大家对工作积极的老师有所了解，学校不是还给了老师们可以迟到十分钟的权利吗？对哺乳期的女教师学校不是也给予晚到校半小时的照顾么，只要认真工作都是好同志，不一定只表现在早到校上。"

我欣慰地看到，过去不在乎批评的人，现在却希望得到表扬，这说明老师内心是具有被肯定的渴望的。教师感到了来自会议上的某种心理压力，这种感觉就是价值取向的变化，学校的舆论场、文化场都在向好的方面转化。

趁热打铁，接着又推出了"每周星座"栏目，每次周例会都要对工作表现突出的三位老师进行表扬。第一周挑选了三位年龄比较大的老师：苏美华——无私奉献；刘振荣——任劳任怨；王秀贞——勇挑重担。苏老师任毕业班班主任，刘振荣是位56岁的女教师，王秀贞在德育处工作，每天早来晚走，查卫生、查路队，一个人干着两个人的工作。第二周表扬的是三位带病工作的女同志：杨富兰——双腿重不如事业心重（患严重脉管炎）；田纯芬——血压高不如工作热情高；宋兰芬——生命重要不如工作重要（甲亢病到了放疗的程度，经常心率过速，几次虚脱在课堂上）。第三周：常春霞——苦干实干出实效；王兴兰——勤学勤问勤进步；张晖——舍家舍女不舍教（从不因为孩子小或孩子生病耽误课）。第四周：王书静——勤奋常怨工时少；李英——主动不怕乱事多；赵雪峰——无语有功（教务处一位特别没有话的女同志，自己担起了办公室大部分工作）。以后依次是高庆兰——忙闲无人知；胡书芳——曲直自然明（后勤员工原则性强）；边冬梅——事多事少（自己找事做）；韩玉珍——爱岗敬业有憾事；焦云英——境到高处无语时（不善表达）；盖凤鸣——辛苦谁知；郭英——病肩挑担常奋进；祁军——逆水行舟勇创新；李静——只手擎天（幼年得病，右手残疾，每天用左手工作）……

忽略后进。只要有人群的地方就有上中下、左中右，尽管多数教师在换了新校长之后开始约束自己的行为，但是，个别人惯性使然，总有几个人经常迟到。我每天都会提前到校，在大院里迎接师生的到来，一直等到上课铃响起，我有意等待那几个迟到的老师，远远地看到他们走过来了，就悄悄地踱到一边，从不给他们解释的机会。

从人的内心来说，没有任何一位老师有意迟到，上班迟到被校长看到了总会感到尴尬、没面子，所以我不会正面去问老师为什么迟到，而是给老师留下自我感悟、自我反思、自我成长的空间。因为老师们都有自省能力，也都是积极上进的，面对面说教、批评反而会产生逆反心理，疏离校长和老师之间的关系，不利于老师成长。

如果教师确实有原因，解释不解释都没有必要。如果没有什么原因，就是因为家务事或晚起而迟到，随便编一个理由给你，你信还是不信？无论校长信不信，这个理由使她自己就没有心理负担了。如果她没有解释的机会，自己迟到又让校长看到，必然促使她反思和自我调整。

一个学期过去了，竟然再没有老师迟到，好的风气慢慢形成了。

从此以后，我再也不用记老师的到校时间了。而随后引起的结果是另外一种景象：不是校长等着教师到校，而是要等着教师离校了。提前到校、准时上课已经成为教师们的习惯。而且，放学以后，必须等我催促多遍才能净校。

管理是科学，必须依据自身规律来运作。管理的本质是对人性的理解与定位，对人性不同的认知就会产生完全相反的管理思想，不同的管理思想必然会影响到不同管理方式的选择。荀子主张人性本恶，孟子主张人性本善，2000多年来人们围绕这个问题争论不休，其实，我觉得，这不是两个问题，而是一个问题的两个方面。我认为，人性本恶，是指人的自然属性，人的天性是自私的，在动物的进化过程中，一切都以生存为主要目的，自私、贪婪是动物在恶劣环境下进化而形成的本能，人作为高级动物，必然带有动物的某些属性。人性本善，是高级动物，与普通动物的根本区别就在于人有向上向善的一面，具有动物所没有的更高层次的需要，有理性，有情感，有精神价值追求。管理的本质就是，针对人具有自然属性和社会属性这一特点，选择各种方式方法，最终达到弃恶扬善的目的。

管理也是艺术。四大国粹之一的国画，有一种留白的技法，即画家匠心独运地在画面上留以空白。画家的神来之笔，画中最能引人冥思遐想的地方恰恰于斯。"留白"用到管理上就是"无为而有",它体现的就是"道以无为大,大而无所容"的管理境界。

管理更是文化。学校管理的对象是人,管理的重点是人的思想,这就要求校长用"心"去管理。"管"是方法、是手段、是过程,"理"是引领、是目的、是结果。学校的发展、提高和文化建设,不是各项制度的加强,而是制度的虚化与弱化。管理的最终目的和最高境界就是创建、培育人人向善、向上的文化。

(四) 占领思想高地

"登高而招,臂非加长也,而见者远;顺风而呼,声非加疾也,而闻者彰。"思想的田野上,若真理不去占领,就会杂草丛生;心灵的空间中,若阳光不去播撒,就会霉菌疯长。一个人的头脑如同一片肥沃的土地,假如不及时播种积极上进的种子,就会被低俗、邪恶的思想占领。针对当时教师群体中疲沓散漫的思想现状,我决定先从转变教师的思想观念抓起,于是启动了长达 6 年之久的"洗脑工程"。每个周一下午放学后,从 5 点到 7 点,是我们雷打不动的例会时间,会上很少谈具体工作,讲的大多是宏观上的内容。话题从国际形势、教育趋势,到人生观、价值观;从国家的教育方针到学校的办学理念;从各地教育先进经验到目前学校存在的问题等,不一而足。《美国强势的背后》《中国文化的过去与未来》《从南联盟战争、伊拉克战争看中国外交战略》《911 后的世界格局》《GDP 增长与环境污染》《经济全球化对教育的影响》《中国加入 WTO 与中国教师素质的关系》《素质教育对教师提出的新要求》《新课改的历史地位》《西方文化侵略与学校德育文化建设》《国有商店、国有企业起落给学校教育的启示》《人生百年》《成才与成功》《读书与人生》……通过对各种问题的关注与交流,促进教师认知上的统一,引导教师学会从宏观层面看待世界,从主观上提升自己,从根本上培育文化。

开始时老师们根本坐不住,一边听一边发牢骚,盼望着快点散会。因为老师们从内心抵触开会,每次会议都有人在后面偷偷地开小会,又不敢大声说话,于是就干脆传纸条——"这 WTO、太阳黑子跟我们有什么关系?""没关系""你听得懂吗""云山雾绕的""校长也太能吹牛了吧?让我上去讲也行,吹牛谁不会呀""就是! 就是!""嘻嘻""哈哈"

虽然老师们不情愿听,但我还是要讲,目的就是让老师们能抬头看看学校外面的世界，看看乐陵之外的世界，看看山东之外、中国之外的人们在干什么，听听大背景下的教育改革、新时代的课改是如何做的……

由于老师们没有开会记录的习惯，我就让后勤买来记录本发给老师们，每次会后都要留下教师的会议记录，然后逐一翻看。一段时间后，老师们基本上能抓住要点进行记录了。慢慢地，老师们交流的时候也会关注国际国内大事——美国总统竞选成功了，对中国会有什么影响；日本政坛动荡不安背后的因素；中国神舟五号飞天成功，带来的国内外积极影响；国内课改已经3年了；潍坊有个语文老师发明了"海量阅读"……甚至老师们也能对WTO、纳米技术与教育的关系"说三道四"，张口闭口也知道素质教育的新观念了……

看到老师们一点点地进步，高兴之余我就会转移话题，周一全体教职工的例行大会，就不再给老师们讲"外部世界的大理论"了，开始讲学校发展前景，讲古今中外一些人的成功案例。设立校园风采专栏，成立学校广播站，每周评出一个感动校园人物，表扬一周内学校的好人好事，以此婉转地提醒老师们该如何先做人、后做事。

"古之欲明明德于天下者，先治其国；欲治其国者，先齐其家；欲齐其家者，先修其身；欲修其身者，先正其心；欲正其心者，先诚其意；欲诚其意者，先致其知。致知在格物。"人常说"除旧布新"，"不破不立"，会议上向老师们灌输一些正能量的东西，不可能解决所有人的思想问题。长期积淀在教师内心深处的灰色阴暗的东西，不会因为听了校长会议上的几次讲话就随风飘散，必须要有真正触及心灵的内容才会让老师们觉醒。于是，我在灌输的同时，又进行了思想引导工作。对学校存在的某些问题和不良现象，通过剥葱式的分析推演，让每一个人都对号入座，既让老师们感到校长说的无懈可击，是人间正道，又感到惶恐不安、羞愧难当。每一次周一例会都是一次灵魂的洗礼，一个精神炼狱。每一次会后都有半数以上的老师吃不好饭，睡不好觉。很多老师说我是魔鬼校长，虽然会上没有具体批评哪一个人，只是对学校存在的现象进行了剖析。但是，字字诛心，让人感到整个灵魂暴露在大家面前，仿佛思想深处所有的东西都被校长洞悉，校长所分析批判的那个人就是自己，几乎每一个人都感到无地自容。

创建势能场。这些年在学校发展过程中，本着"小智谋事，中智谋人，大智谋势"的原则，从不在权术上动心思，而是取法乎上，用各种方式创建良好的舆论氛围和学校文化。我校的教师总结大会也是学校管理的一大特色。每学期都要在学生放假离校后，拿出 2 天多的时间召开"教师总结大会"，让每个教师在全体教工会上讲自己一学期工作学习的收获和进步。

第一次不做具体要求，每位老师按各自的理解向全体教职工读自己的书面总结。目的就是帮她们克服畏难心理，跨越人前不敢说话的心理障碍，改变过去敷衍应付的习惯，促使他们认真对待总结这件事。只要能够真正静下心来做一下回顾，就能起到查漏补缺的作用。对过去的工作做的是梳理，对未来的发展做的是铺垫。表达的是态度，提炼的是思想，展示的是学识，升华的是水平。

第二个学期换成自我评述。会后有的人沮丧，因为自己做得好却没有说出来；有的人洋洋自得，平时没人看得起，这一次却有了表现自己的机会；有的人愤愤不平，对夸夸其谈者大有意见……

第三学期又换了方式。架上摄像机，放上录音机，非常庄重地让每个教师面对全体教职工和摄像机，说出自己的缺点和不足。

这几次总结，从建立人的内心反省机制入手，开始了教师灵魂的洗礼和塑造。各说优点成绩，虽然开始不好意思，但每个人都能讲出些长处，让听者有所感；老师们各说缺点和不足，虽然挖掘不深，但毕竟要面对领导和同事，对灵魂深处的东西不能不有所触及。

经历三次总结，第四学期又换了另外的方式。为了进一步增强教师的向心力、凝聚力，让全体教师彼此互说优点。如果自寻优缺点能在心灵中激起涟漪的话，那么这次则在教师心里掀起了情感巨浪。同事多年，很少有心与心的交流，真情与真情之间缺少沟通的桥梁，而当评说他人的优点是一项工作、一项任务时，教师们谁不真诚地夸赞他人几句？

一个人、两个人、多数人都在重复、肯定某人的优点长处，他的心中自然是不会平静的。不少教师激动得满脸红光，见到我就说："我哪有老师们说得那样好！"其实，在我们的生活中，人们习惯于看自己的长处，容易忽视他人的优点，看在眼里记在心里的往往是他人的缺点和短处。让教师学会自省，学会发现，学会赞美，这是学校文化建设的基础和起点。

经常述说身边的鲜活事例，个人的成功感悟，使老师们越来越喜欢开会了，两周不开会，大家就感觉生活中缺少点儿什么，开会成了工作、生活的一部分。不少老师讲，每一次开会都是一次灵魂的洗礼，都会感到热血沸腾。

教育是一个特殊的行业，教师是一个特殊的群体，他们有着独立的思想。学校工作是人的工作，人的工作首先是思想工作。教师的世界观、人生观、价值观不仅对自身的事业心、责任心有影响，而且对学生的人生观、价值观也产生潜移默化的作用。这些年一提到"思想工作"就有人害怕，就想到"文化大革命"，这是从一个极端走向了另一个极端。共产党靠什么夺取政权？靠什么把一些目不识丁的农民引上了革命道路，并培养出大批的军事家、革命家、战略家、政治家？靠的就是过硬的政治思想工作，这既是历史，也是被无数事实证明了的真理。所以，校长自身能做好榜样远远不够，还要对教师进行思想的引导。

教师是学校发展的核心。没有学生的发展就没有学校的发展；没有教师的发展，学生的发展就无从谈起。学校风气初步扭转之后，我就又盯上了教师培训工作。校本培训刚开始时，我感到最困难的，不是教师的学历和能力问题，而是那种教师的封闭心态——在一个小县城里，大多数教师没有常年读书学习的习惯，没有外出学习的机会，更难了解到教育领军人物，不知道外面的教育是个什么样子，个人感受到的，只是比乡镇小学的条件相对优越的部分。学校仅有的骨干三分之一是中专师范生，其中有一半还没有拿到专科学历，而大多数没有继续学习的打算和欲望。

榜样的力量是无穷的。在校本培训过程中我们采取了"一高一低"的原则。"走出去"开会听报告、参观学校，我们选择高端会议、教育大家和特色著名学校。在"请进来"的专家名师中，我们有意识地选择那些从基层走出来的接地气的人物，苏静、黎志新、武凤霞、孙明霞、王香兰、韩兴娥、于丽霞、郑立平等，他们都是从基层成长起来的，他们的经历和经验具有可复制性，所以，对老师的启发意义也最大。教育大家的理论确实高深，但是对于普通老师的培训来说可能是杀鸡用牛刀，效果不一定好。请明星般的教师到学校培训，虽然光环耀眼，但是，他们的成长环境和经历可能是个性化的，特殊性的，只能让普通老师望洋兴叹，供人欣赏，令人羡慕，不能对教师产生推动效应。

十几年如一日，从沧州的"名师课堂"到济南的"泉城之韵"，从"教育之旅"到"万人千课"，从每周一次的"读书沙龙"到每月一期的"智慧大讲堂"，从"星光论坛"到"车上教研"，从听报告不敢提问到去全国各地讲座，一步步走来，教师成长的步伐是坚实的，有力的。一个偏远县城里几年间能同时走出二十几位专家型教师，走上讲台能授课，坐下来能做半天报告，既有理论高度又有实践深度，这在全国确实是比较罕见的。

（五）严于律己做表率，做事先做人

向我看齐。学校长期以来形成的懒惰、懒散的工作作风，主要根源还是在干部身上：中层以上的领导没有一个人兼课，更不参加考勤，想来就来，不想来就不来，个别干部经常晚上打一夜麻将，白天到办公室睡觉，搞得教导处的老师无法正常工作。由于正气不张，干部之间钩心斗角、争名夺利，他们在教师心中威信扫地。有时教工会都开不下去，会上说不定哪个老师就要站起来"义正词严"地说道说道。这种校园风气非一朝一夕的事，而是长期痼疾难改，形成的一种校园不良风气。要想改变这种不良现象，不是靠开几次会、提一些要求就能做到的，而是一项长期的工作。喊破嗓子不如做出样子，要想从根本上转变，自己必须带好头。于是，我给学校全体干部和老师们公开提出一个口号："向我看齐。"

我不但在出勤方面带头，工作、学习、做人时时处处都走在教师前面。不仅是说到做到，而且一坚持就是十几年。孔子说："其身正，不令而行；其身不正，虽令不从。"这样，老师们的思想观念和行为方式在一点点改变，学校风气一点点好转，最终形成优良的学校文化和精神特区。

为他人让出道路。学校发展不仅需要内部小环境，更需要外部大环境的和谐与优化。不少学校在追求发展的道路上没有正确的认识这一点，只是一味地与其他学校竞争，说到底，竞争的本质就是与他人争夺有限的教育资源！发展是成长不是竞争，我校在发展的道路上不仅没有考虑如何与他人竞争，而且主动替他人着想，为兄弟学校让出发展的道路，谋求教育的共同发展、和谐发展。

有一年，市里召开中小学运动会，要求四个小学分别出一个彩旗方队。彩排时，有的学校统一服装，但我们第一实验小学没有统一服装。体育老师不愿意了，他们几番要求，我没有答应。后来副校长也强烈要求统一服装。我问："组委会要求统一服装吗？""这个倒没有，只要求队列整齐、精神饱满。但我们实验小学不能输给他们。"我严肃地告诉大家："统一服装几千元钱的事，就是为了和兄弟学校争高低，值吗？严格按照组委会要求去做就行了。我们为什么事事和兄弟学校争高低？让别人好些，难道不行吗？"

　　顶住压力。"木秀于林，风必摧之。"一个人或者一所学校只要在一个区域冒出头来，必然引来人们的关注和评论，这很正常。由于每个人看问题的角度、水平、观点不同，因此对你的评价褒贬就不同，就会有不同的声音出现。实质上多数评议者是随意的、无意的，是人们对社会现象的一种本能反应。当事人没有必要去削足适履，过分在意那些因某一时期的不理解、误解而产生的不同意见。只要你认为你是正确的，是在做着有益于社会、福泽于他人的事，别人怎样看、怎样说，这些都不重要。

　　我虽然像圣徒一样要求自己，苦行僧般地苛求自己，但仍有人暗中与我较劲：我们学校抓养成教育，他说"那是哗众取宠"；我们学校教学质量好了，成绩上去了，他说"那是事出有因"等。好多朋友听后都愤愤不平，要求我予以回击，或到局长面前评理，每一次我都是好言相劝，或者一笑了之。在工作、生活中，我对散布谣言者都是客客气气，有些事还要通报一声，商量一下。搞得此人丑态百出，一会儿说我什么都不好，一会儿又说我是天下第一好人。

　　宽容大度。无论是在事业上，还是在家庭中，分歧是必然的、永久的，一致是偶然的、短暂的，做人做事都应有胸怀和肚量，起码要包容一时反对或伤害你的人。能与意见不同、为人相左的人维持一种正常的同事关系，成为表面上的朋友，这不是虚伪，而是一种生活必备的能力和艺术。多年来，我按自己的做人原则与人相处，虽也有不和谐音符，但从没有培养出势不两立的敌人，都保住了同事的底线，在表面上与个别人维持着"和谐"。在不知内情的人看来，仍像朋友一般，我把此种关系称之为"伪朋友"。

　　学会将将。为了学校的局部利益和整体发展，校长如何对待上级？这是一个无法回避的问题，也是一个不可能绕开的话题。"其为人也孝弟，而好犯上者，鲜矣"，世上没有人不愿讨领导喜欢，更没有人本意上愿意得罪领导，我因秉性耿直，"常常犯上"。其实，我深知领导是一种资源，对于公办学校来讲，学校的人权、财权、发展权几乎都在上级手上，领导甚至是一种重要资源。我坚守"对下负责就是最好的对上级负责"的信条，以做好工作为前提，以工作成绩来报答上级，谋划学校的大发展。

　　以改革谋发展。我到任不久就制定了学校十年发展规划，"一年乐陵一流，三年德州一流，五年山东一流，十年全国一流"，当时此言一出会场一片哗然，都认为校长在吹牛。经过五年的不懈努力，学校由乱到治，2004 年被山东教育报社陶继新总编发现，在"现代教育导报视点"栏目为我们做了长篇专题报道，一下子引起多方关注，基本实现了五年山东一流的目标。接着我又用一年的时间思考规划，如何实现全国一流的目标，通过对近百个学校的发展典型案例的分析，到全国 20 多所知名学校深入考察，最终得出"一个学校走向全国必须走教育教学改革之路"的结论。于是，从 2006 年 8 月开始，学校启动了语文大课堂改革。经过一年多的实践性研究发现，只局限于课堂教学的改革根本无法解决当前教学中存在的问题，必须在教学目标、教学依据、教学材料、课程设置、课堂结构、课堂性质、课堂评价等方面进行全方位的系统改革，才能让学校教育适应时代的需要。2008 年起又开始学校课程改革，从研读课程标准开始，教学目标由"会学"到"想学"，教材由课本到生活，课堂结构由有限时空到无限时空，课堂性质由传授知识、培训技能到展示荣耀、创建学习势能场。小组合作由单一的课上讨论到组织化学习，学校课程由对国家课程的补充到对国家课程的内化与整合等。

我，生于饥荒年代，大脑先天发育不良，教育天分不高；而后求学于"文化大革命"期间，知识学养几乎空白；后来以民办教师为起点，已经输在起跑线上；然后来到薄弱学校，面对的是无数问题；处在偏远县城，缺少发展的基本资源……回首走过的人生历程，既有感慨，也有无数感动。感慨于天道酬勤，一分耕耘一分收获，只要你想干事、干实事，就一定会有所发展；感动于上苍的垂青，每一个时期都会让我遇到贵人的帮扶，感动于命运的偏爱，让我拥有一个无私向上的教师团队；寄希望于未来，我不知道我们处在历史中的什么位置，我们还能走多远，但是，我们始终在路上，在教育发展的道路上努力成长。

我的教育思考

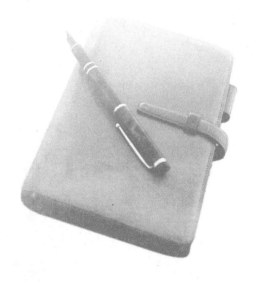

一、教育发展的历史问题

学校教育的先天不足。人类教育从篝火旁的手舞足蹈开始，主体内容多是生活生产经验，包括方法、技巧、经历、体验等。随着人类的发展和社会的进步，教育形式和内容不断丰富多样，从老师单独地言传身教到私塾教育的集中讲学过程中，看待问题的不同视角、不同的思维方式、对待事物的不同态度，以及氏族文化和社会行为规则的传承等，都逐步走进教育，成为人类历史发展的佐证和基石。在西方，当宗教发展到一定阶段时，由于地域文化和传播渠道的不同，同一信仰出现了不同的流派，流派间为了保持自身的纯洁性和不断扩大影响，开始在固定的场所宣讲教义，于是出现了最早的学堂。由此不难看出，学堂教育是从传播信仰开始的。

工业革命时期，为了适应机器化大生产的需要，大批量地培育有一定的知识能力基础的专业工人，这才有了今天学校教育的雏形。随着技术和社会的不断发展，学校教育不断丰富延展，终于成为人类发展不可或缺的社会的重要组成部分。令人遗憾的是，学校教育虽然解决了社会发展的人才问题，但却慢慢背离了学校教育的初衷。教育目标和内容中的信仰部分逐步被知识技能挤占，最后成为次要的甚至可有可无的东西。

我国的学校教育没有经历宗教学堂这种形式，直接由私塾教育过渡到学校教育。"师者，传道、授业、解惑也"，我们的先辈是以育人为主要目标的。随着西方的坚船利炮撞开中国的国门，学校教育作为一种西方的先进的东西被引入中国，在古今中西的多方反复磨合下，中国的学校教育没有保留多少民族历史的教育特性，基本上是全面复制了西方学堂教育模式。特别是新中国成立以后，政府倡导学习苏联模式，从那时开始，学校教育形成了千校一面的局面，本土教育的传统和特性便荡然无存。除教育之外，其他领域的学习发展，基本保留了中华民族开放包容的传统，批判性的继承，借鉴性学习。而教育是一个与文化挨得的最近的领域，在向西方学习的过程中本应理性的拿来，遗憾的是，这些年的教育改革没有充分挖掘传统和本土的教育优势，离教育的本质越来越远。

中国传统教育是把育人放在第一位的，教学内容里的《百家姓》《弟子规》，既包含了民族的历史，也传授了基本的社会行为准则，四书五经更是民族文化的精髓。全盘西化是缺少文化自信的表现，对传统照抄照搬是学习力缺失的表现。我们强调发挥教育本土优势，不是对传统教育照单全收，也要秉持理性的态度。本土教育最大的问题是，对自然和科学技术重视不够，不能为工业化大生产提供大量技术工人。如果本着取长补短的原则，在发展学校教育的过程中汲取民族教育精华，把"传道"始终放在首要的位置，在这样的原则之下大力发展学生的知识和技能，那么，今天的学校教育还会是这个样子吗？

教育成为时代弃儿。随着现代技术的迅猛发展，网络信息技术几乎颠覆了整个社会生活。网络购物颠覆了传统的商业运作模式，人们由传统的集市购物到商场超市购物，不再受时间、交通条件的限制，无论是深更半夜还是清晨早起，不用去坐车，不用去排队，不用到银行取钱，更不用在商店里跑来跑去，坐在家里就可以把自己需要的东西选购出来，不仅有人直接送到家门，还可以货到付款，如果不满意短时间内还可以退货或换货。电商的出现与发展不仅方便了个人，也减少了很多社会运行成本。支付宝、余额宝的出现，不仅为金融行业带来巨大变化，也在规范和重塑着社会信用体系，其由商业行为拓展为社会文化发展的推助器。智能手机、平板电脑等智能终端的普及，已经把人们的阅读带进碎片化时代，接受信息的渠道、方式都发生巨大变化，这不仅影响改变了人们的阅读方式，也对人们的思维方式、行为方式产生很大影响。随着网上购票、滴滴打车、网络快餐等网络产品的发展，人们的生活方式也随之改变。自媒体的兴起不仅对平面媒体形成巨大冲击，也在悄然影响和改变着国家的执政理念和行政方式……

教育对现代信息技术的反应和使用可以说远远落后于社会的发展，不要说教育已经严重落后于科技、经济、军事、企业等领域，就是餐饮、出租车行业，对现代技术和网络的反应也远远超过教育。从这样的时代视角看过去，教育俨然成为时代和网络的弃儿，几十年一成不变，如同一位发髻高挽、穿着布衣长袍行走在高楼林立、霓虹闪烁的现代城市里的汉晋古人。为什么教育对现代信息技术的反应如此迟钝？是现代技术不适用于教育，还是学校教育对信息技术缺少必要的敏感度？原因是不言而喻的，既有社会、经济、体制、观念等多方面的因素，也有学校教育自身的原因。无论什么原因，这样的问题不得不引起我们的高度关注。

不是高考惹的祸。有的人不是依据教育的根本性问题来思考规划和改革的，而是把改革难以深入的原因简单地归罪于高考制度。他们认为，一考定终身，把高考制度作为选拔人才的唯一途径是有问题的。但是，高考制度是现阶段保证社会阶层有序流动的重要方式，在权利监督不到位、拜金主义盛行的社会背景下，高考制度是最大的社会公平原则。如果社会阶层固化，底层民众没有向上流动的渠道与可能，那么必然会引发各种社会问题，社会就会出现震荡或动荡，甚至动乱。

所以说，不是高考制度本身有问题，而是教育评价出现了问题。问题不在于是否利用高考选拔人才，而在于不应该把高考作为评价办学的唯一依据或主要依据。错误的评价机制把教育引向歧途。由于评价的依据是高考升学率而不是人才质量，因此导致各个学校片面追求高考升学率，一切以升学率为标准，忽视了教育教学的质量，最终也使高考变了味。

义务教育本来与高考没有必然的联系，由于评价机制的缺陷，义务教育也沦落为高考的附庸。一切以高考升学率为中心，使得教育本质的、人性的东西没有了，只剩下高考这具外壳。为什么义务教育也坠入片面追求升学率的怪圈？除了高考制度和家庭教育目标偏失之外，还有学校管理机制的问题，行政主导下的教育管理必然导致评价简单化。教育是科学，是一项复杂的社会性工程，其定性的东西多，定量的东西少，评价起来比较难，只有分数是看得见摸得着的东西，所以，用分数评价学校虽然不科学，但是主管部门最省力、最安全，下级不会出现矛盾，也不会出现大的纰漏。

高考问题绝不仅仅是教育内部的问题。社会用人机制让高考变得更不理性，多年来社会都是以文凭为依据取用人才，而不是以实际能力为依据取用人才的，谁有了高学历谁就抢占了就业的制高点，基层民众是最讲实际的，因此，千军万马挤独木桥的中国式高考现象就成为必然。所以说，高考制度问题看起来是教育问题，本质上是一个社会问题，是社会的用人机制把教育逼进了应试的死胡同。

除了上述原因之外，更大的问题还在于，教育内部的社会责任和人性良知的缺失。即便是上述教育、社会问题都存在，如果所有教育人都按教育规律办事，负起自己应负的责任，中国的教育也不会是今天这个样子。我们可以说社会的用人机制有问题，可以抱怨高考制度不完善，也可以指责上级主管部门的评价机制不科学，但是，我们每一位校长和老师就没有一点责任吗？为什么我们屈从了上级的压力？表面上是管理体制的问题，深层次却是个人价值取向的问题，我们总是关注个人利益或局部利益，缺少了民族大义和社会责任。知识分子是社会的良知，如果每一位校长想的都是改革从我开始，失败了大不了失去校长的位子，每一位教师都"坚持真理"，严格按教育规律办事，出现问题大不了少拿奖金，或者是丢点面子，那么没有什么人会因为改革而丢掉饭碗；如果教育人都这样想，这样做，那么教育应试问题还会这样严重吗？

二、教育改革的怪圈

百年改革无归处。教育改革是这些年中国教育非常热的一个词语，实际上，自从学校教育走进中国以后，我们的改革一刻也没有停止过。20世纪初，我们受美国的教育影响比较大，特别是杜威的教育思想。新中国成立初期我们主动向苏联老大哥学习，苏霍姆林斯基、赞克夫等很多世界级的教育家成为中国教育的导师，"五步教学法"几乎涵盖从城市到山村所有的学校。在向苏联学习的过程中也不断强调"因材施教""启发式教学"，在教学手段、教学方法等方面我们做了很多探索与尝试。改革开放以后，我们又把目光再次投向欧美。30年前发起了轰轰烈烈的素质教育运动，"烟台教育""汨罗教育"曾经名噪一时。10年前国家又启动了新课程改革，可以说，从中国有了新学堂教育之后，我们一天也没有停止过改革创新。

从有学堂开始我们就热衷改革，改到今日结果又如何？陶行知先生当年针对教育存在的问题说过以下几句话："在现状下，尤须进行六大解放，把学习的基本自由还给学生：一是解放他的头脑，使他能想；二是解放他的双手，使他能干；三是解放他的眼睛，使他能看；四是解放他的嘴，使他能谈；五是解放他的空间，使他能到大自然大社会里去取得更丰富的学问；六是解放他的时间，不把他的功课表填满，不逼迫他赶考，不和家长联合起来在功课上夹攻，要给他一些空闲时间消化所学，并且学一点他自己渴望要学的学问，干一点他自己高兴干的事情。"今天距陶行知那个年代已经过去了将近100年，人类已经走进信息时代，为什么陶老先生指出的问题，我们今天不但没有解决，反而渐行渐远呢？

改革是什么？不是理论的花样表述，也不是经验做法的机械照搬，而是基于实际问题的探索性研究。尽管我们高举教育改革的旗帜，不停地高喊教育改革的口号，但是学校教育究竟改变了多少？20世纪学校教育存在的问题，今天解决了多少？陶行知说解放学生的头脑，使他能想，我们给予学生应有的独立思考的时间了吗？学生对待事物能客观理性的分析吗？对待某个问题能通过理性分析得出科学正确的判断吗？"解放他的双手，使他能干"，今天学生的双手除了答题和玩手机之外，还能做多少？会整理房间、洗衣、做饭吗？如果一个人连基本的生活技能都不具备，那么他的生存能力还有吗？如果是为了集中精力学习其他技能而暂时放弃了生活技能，那么我们的学生到底掌握了多少其他实践操作的能力呢？比陶行知那个年代更可怕的是，今天的学生不仅没有了基本的生活能力，而且身体的基本素质也受到了严重影响。"解放他的眼睛，使他能看；解放他的嘴，使他能谈。"除了书本试题之外，我们的学生还能看到什么？"两耳不闻窗外事，一心只读圣贤书"，把一个鲜活的生命从6岁到26岁一直关在一个不超过100平方米的教室里，目光死死地被限制在书本上，他能看到什么？他的视野能宽到哪里去？世事洞明皆学问，人情练达即文章，人情世事都不知道，他能说些什么？"解放他的空间，使他能到大自然大社会里去取得更丰富的学问"，这样的教育理想今天不仅没有实现，而且越来越遥不可及。教育是为学生以后走向社会服务的，脱离生活的教育是没有生命力的，这样简单的道理，为什么中国教育100年都没有搞明白？

新课程改革走过场。刘利民副部长曾经指出："课改也存在着一些问题，比如，改革的重心有时偏移，过于关注教学改革，以致有人认为'课改'就是'改课'；支持课改深入推进的理论还不充分，以致一线老师缺乏方向感，并容易引起人们对课改的误解；一标多本的教材多样化编写机制尚需完善，等等。科学把握课程改革与教学改革的界限，把重点、重心放在课程改革上。引导大家认识到，'教什么'比'怎么教'更重要。"刘部长一语中的，这些年虽然涌现出不少课改典型，但是，基本上都处于"改课"的层面上，大都在教学的顺序、教学的关系等方面有所改进，但并没有触及课程改革的本质。

是我们教育人不想改革吗？为什么几代人苦苦求索的教育改革不能像经济改革那样在世界面前给国家和民族带来自豪与荣耀呢？为什么我们的教育改革让所有国人都不满意？正如刘部长所说，问题出在顶层设计方面，是我们改革的思路出了问题，引领教育改革的理论不但没有给予基层教师以方向性的指引，反而空洞杂乱的理论说教搞得一线教育工作者无所适从。新课程改革提出了"自主、合作、探究"

的教学理念，实现了"一标多本"的教材改革，确立了以"三维目标"为主的教学目标体系。自主、合作、探究的理念提得非常好，符合教育规律和时代的需要，但是，就三维目标而言，在具体的实施上它还有很多需要完善的地方。

三维目标颠倒了教书育人的关系。古人早就明确了教书育人的关系："师者，传道、授业、解惑也"，"传道"是立身之本，属于做人层面的问题；"授业"为生存之基，属于技能就业问题；"解惑"是知识的传承与传授，属于学问学术问题。古人把做人放在第一位，就业技能放在第二位，知识学问放在第三位。现在三维目标完全颠倒了传统教育学的关系，它把"知识、能力"放在了第一维度，把"过程、方法"放在第二维度，把"情感、态度、价值观"等育人目标放到了第三维度，这样的顺序排列不难得出这样的结论：知识的掌握和能力的培养是第一位的，人的生命培育和价值观的确立是次之又次的东西。

是古人教书育人的关系落后了，还是"三维目标"的提法存在问题？新课程改革一再强调"以人为本"，要求教师在教学过程中关注学生的生命成长，做到目中有人，而三维目标所包含的教育教学思想却与新课程改革提出的以人为本的理念相矛盾。教育教学过程中如何处理教书育人的关系，这是教学中的大是大非的问题，先教书后育人是错误的，既教书又育人也是不妥的，教书育人既不是递进关系，也不是并列关系，而是因果关系，"教书是为育人服务的，教学应服从、服务于教育，要站在教育的高度去看待、处理教学问题"。三维目标把"知识、能力、方法"这些"术"的东西放在首位，把"情感、态度、价值观"这些"道"的层面的东西放在最后，这与教育规律、现代教育理念是相违背的。

三维目标违背了新课程改革的宗旨。改革的过程就是一个发展创新的过程，"三维目标"中知识的内涵和外延几乎没有什么变化。"知识、能力"的提法与20世纪80年代的"双基教学"没有多少区别，知识能力的内涵与过去相比，也没有多少发展和变化。但是，在信息技术迅猛发展、知识更新呈爆炸式几何状发展的今天，知识教学的内涵理应做出调整，要由过去的"陈述性知识"向"方法性知识""创新性知识"转化。遗憾的是三维目标里面的"知识"在理论层面缺少论述，在实践层面依然停留在教授陈述性知识的水平上。三维目标对生活实践要求不明确，甚至与生活有点渐行渐远。能力有多种：考试的能力、学习的能力、生活的能力等。各种能力还可以细化出更多种类。虽然在课程标准中各个学科都对能力做出一定的要求和规划，但是，形成能力的渠道和方法，各种能力之间的关系等问题，缺少具体的规划要求。在实践层面，重点突出的多是应试技能，真正的学习能力涉及的很少，基本生活技能更是无从谈起。三维目标忽视了兴趣的培养。如果说"知识、能力"维度的问题主要出在实践操作层面，那么，把它拿到"自主、合作、探究"理念下分析，似乎缺少更重要的东西——"兴趣"。知识能力是学习生活的基础，这毋庸置疑，但是，如果只是一味强调知识的积累、能力的训练，而忽视了学习兴趣的培养和维护，让学生产生不良的厌学情绪，这样不仅让学生的"自主学习"失去内动力，甚至让一部分学生连基本学业也完不成，过早的失学、辍学。

三维目标缺少生成性。方法的内涵需要界定。"教是为了不需要教""授之以渔而不是授之以鱼""方法的知识是最重要的知识"，这样的教学理念并不是什么新东西，三维目标提出的"过程、方法"目标，其中的"方法"是指哪些方法？是学习方法还是思维方法？是记忆方法还是创新方法？方法维度缺少生成目标——习惯。方法的重要性无须赘言，问题在于"方法"的生成目标是什么。方法的本质是内化的习惯。如果一种好的学习方法或思维方法，学生已经了解，只是，课上用课下不用，学校用家里不用，现在用将来不用，那么这样的方法又有何用？学习方法不是目的，目的是形成良好的学习思维习惯。方法的内化需要过程。"三维目标"虽然提出了过程，关注到了方法，但是，并没有明确两者的关系。为什么在第二个维度加上了"过程"？知识的吸纳，方法的掌握，能力的训练，习惯的形成都不是一蹴而就的事情，都需要一个不断积累反复训练的过程。课堂教学过程中不少人一味追求效率，从完成教学任务的角度预设教学流程，不给学生留下成长的时间和思想的空间，结果导致不少应有的教学中生成目标的流失。强调过程就是要把学习的时空还给学生，一切从学生学习实际出发，一切以学生的实际生成为目的，不虚高，不浅薄，让学生在关注中自然健康的发展成长。

"情感、态度、价值观"缺少明确的标准。"情感、态度、价值观"是生成目标，不是学习目标。这一目标的提出，本意就是强调教学的育人功能。但是，理论上并没有交代清楚，这最终导致在实际教学过程中不少老师也搞不明白它是学习目标还是生成目标，结果有人把它直接当作教学目标，把教学目标定位在"理解文本中作者的思想情感，体会作者对待事物的态度，领悟作品中所蕴含的价值观念"上。"情感、态度、价值观"不是单一的教学目标，而是一个生成性目标。"情感、态度、价值观"不是文本的,也不是作者的,而是让我们在教与学的过程中,不断培养学生健康向上的情感,不断优化提升学生对待学习、对待生活、对待人生的正确态度,从而使学生形成正确的人生观、世界观、价值观。

中国教育虽历经改革,但传统教育仍然占主导地位。自 20 世纪 80 年代我国提出了素质教育,至今已经历了 30 多年的不断探索,全国有教育担当的工作者进行了无数次课程和课堂教学模式方面的探索改革,都试图跳出传统教育的窠臼,探寻更科学的教育方式与途径,但收效甚微。原因是什么?归根结底还是因为我们的教育改革缺少必要的视野和境界。这表现在,教育教学改革只在"术"的层面做技术性的改良:改变教学手段和方法,变化教材版本,改变课堂教学顺序……满足于修修补补的局部改良,缺少适应时代和引领社会的教育视野和气魄;理论者躲在象牙塔里埋头进行理论创作,一会儿传统,一会儿国外,找不准理论研究与教育实践的对接点,创建的理论不够正确,由于他们远离教育实际,他们的理论失去了对教育实践的指导意义,不能真正解决学校教育的实际问题,因此,专家理论价值多数体现在学术刊物与学术报告上,结果导致高校教授竟然不如一名偏远地区农村学校的校长对教育的影响力大。澡盆里出不来游泳健将,任何局部的改良都不能从根本上解决中国教育的实质性问题。

教育改革经验不成熟。中国教育改革成效不大,教育改革现象却空前繁荣。理论满天飞,经验遍地长。尽管没有几所全国名校是在某位专家理论指导下发展起来的,但是,并不影响教育理论的百花争艳;尽管应试教育在大行其道,但是,并不影响教育经验的遍地开花。理论从哪里来?从国外搬到国内,从书本搬到书本,"作家"式的教育理论研究者很少下基层,研究的内容很少针对实际问题,结果是百花满园而果实却没有几粒。全国这么多高校,这么多教授,却培育不出一所符合教育发展趋势的让全国教育同仁都认可的改革典型。

理论在改革实际中的缺位,导致学校改革的另一种现象——摸着石头过河。教育是科学,不是艺术,不可以艺术操作。任何教育改革必须尊重教育自身的规律,符合教育、社会发展的大趋势,简而言之,学校教育改革必须在科学的先进的教育理论指导下进行,要先做好顶层设计,再根据学校实际情况逐步推进。基层学校无法找到适合自己的改革理论,于是就八仙过海各显神通,在不同的方向上探索前行。因为没有统一规划和典型引领,一旦某所学校改革有点起色,在某一方面获取点创新经验，就会引起大家的共同关注，竞相效仿。

三、教育均衡的悖论

教育差异是自然现象，不是人力可为的。教育均衡发展本身就是一个相对的概念，如果站在全国的角度以行政化的手段推动，效果不可能太好，甚至还会产生很多新的问题。中国是一个由多民族组成的大国，全国各地区位交通、资源地貌、经济基础不尽相同，新疆、西藏、云南等少数民族集聚地区文化差异较大，城市、乡村，甚至同一个地区家长的文化水平、对教育的重视程度差别也很大，家庭文化环境和对教育的投入必然在学生身上有所体现，因此，不同学校的学生之间也有很大差异，不同学校之间师资水平也有很大差距。比如，北京十一学校有特级教师 28人，高级教师 175 人，来自北大、清华、中科院、耶鲁等名校的中国博士 60 人，市区级学科带头人和骨干教师 104 人，还有来自世界各地名校的外籍教师 69 名。不要说西部山区的学校无法望其项背，就是省会一级大城市里的学校也未必能与之比肩。只要区域经济、教育基础、师资水平、硬件设施、生源状况等差异客观存在，真正的教育均衡就无从谈起。

教育差异是动态多变的，是多种诱因的结果，不是硬件水平的评比。学校的发展是多种因素不断发展变化的结果，很多是文化、精神、管理等非人为因素造成的，其过程基本上是自然生长，是不可控的。比如，一所优质的学校因管理不善很快滑落为薄弱学校，一所薄弱学校来了一位有思想、能干事的校长，用不了几年时间就会成为全国名校。物质资源可以靠投入而快速发展，人才的成长是有其自身规律的。如果简单地推行"教育均衡"，让校长教师相互流动，这样可能在一定程度上实现了"均衡"，但是，其本质却是对教育的一种伤害，并不能促进教育的健康发展。

行政式的推行教育均衡，不仅不能解决教育均衡问题，还会派生出更多新的问题。教育均衡带来的最大好处是，薄弱学校可能借此机会让学校硬件获得较大发展，教育均衡问题在某一时段可能得到缓解，但真正彻底地解决恐怕是一种虚幻的梦想。教育均衡问题首先是一种客观存在，之所以被广泛提及并成为社会热点，除了教育自身存在差异之外，更大原因是家庭教育焦虑症，依据一个"不让孩子输在起跑线上"的伪命题，全国各地城市乡村掀起一股寻求优质教育资源的狂潮，这种非理性的教育追求，不要说是中国，就是当今唯一的世界超级大国美国也难以做到，美国学校之间、区域之间的教育差距并不比我们好多少，但是，美国就没有人鼓吹什么"教育均衡问题"。

当下教育均衡的措施主要有两种做法。一是"削峰填谷式"，让优质学校的校长、教师定期到薄弱学校支教，或者双方校长、教师定期轮换。从教育本质上讲，这种做法并没有促进优质教育资源的增长，只是进行了短时期的平抑。二是捆绑发展方式，走学校集团发展的道路，以一所优质学校为龙头，与几所薄弱学校捆绑在一起，表面上看这是一种扩大优质教育资源的途径，其实不然。理论上可以依托一所优质学校和好校长带动其他薄弱学校的发展，但操作起来难度很大，问题也不少。如果实行"联邦制"，保留薄弱学校校长的法人资格，这种联合必然成为一种形式，只能解决一些联合教研、联合培训等浅层次问题，实质性问题照样解决不了。如果实行"共和制"，把几个学校捆绑在一起，交给一个校长去管，一个人的时间精力是有限的，这种违背教育规律的做法其结果很可能事与愿违，不但薄弱学校没搞好，原有的优质学校也会受到影响，因为这是一种把优质资源稀释的做法。

教育是科学，有其自身规律，不以人的意志为转移，所以，教育改革遵循的应该是其自身发展规律，而不应该屈从于世俗的社会压力。努力解决教育自身的问题，从本质上提高学生的综合素质，使其适应未来社会的发展需要，这才是教育最迫切的问题。

四、学校教育环境的恶化

教育是一个系统工程，家庭教育、学校教育、社会教育是教育的三个自然组成部分，这几年，特别是改革开放之后，独生子女家庭增多，就业压力越来越大，家庭教育的目标开始迷失，教育功能逐步丧失。社会教育也受各种社会思潮和不良文化的影响，对学生的负面影响越来越大。

教育构建失去根基。父母是孩子的第一任老师，孩子的基本生活技能、良好的生活习惯、做人的基本素养、正确的是非观念等，主要在家庭中培养。而现在不少家长不但放弃了应有的教育，而且实行的是反教育。北京某权威机构在幼儿园做过一次调查，问孩子能不能把自己的衣服借给没带衣服的小朋友，有的小朋友说妈妈不让借，有的小朋友说妈妈说其他人有传染病，有的小朋友说为什么她不带，活该挨冻。生活中，如果两个小孩子打架，家长不是去劝阻双方，借机教育自己的孩子，而是激化矛盾，"你怎么不打他"。孩子正在教室扫地，家长冲进教室拉着孩子边走边说，"你怎么这样傻"。孩子看到红灯就停下，父母看到没有人禁止，拉起孩子就闯红灯……

家庭教育功能越来越差。家庭必要的教育过程和内容越来越少，家庭教育呈荒漠化趋势：有的家长白天忙事业、忙挣钱、忙发展，晚上忙放松、忙休闲；有的家长几天也见不到孩子的面，没有时间和精力教育孩子，为寻求心理上的平衡，就在物质上给孩子补偿，要什么给什么，吃什么买什么，缺少与孩子的正常交流。平时关注的只是考试的分数和名次，忽视了心理、性格、品质等方面的教育和培养。生活节奏加快，道德不断多元化，家长在为人处事、言谈举止方面，传递给孩子的正面信息越来越少，负面信息越来越多。

家庭教育目标的偏差越来越大。家长无论懂不懂教育，总希望按自己的意愿要求学校，对教育的要求过分理想化，有时其理想甚至是自相矛盾的。一方面，家长要求学生轻松快乐，在校时间不能超过 6 小时，要求学校尽量多的开设综合课程，多开展各种实践活动，晚上不能留作业。另一方面，家长要求学生的成绩要优秀，各科都要得满分。学生喜欢玩儿游戏，喜欢上网，上课不听讲，教师要像家长一样，哄着孩子，要顺着孩子做工作，不能批评，否则就伤了孩子的自尊。谁都知道，如果一个人同时追求几个自相矛盾的目标，那就等于没有目标，没有明确目标的教育，那不是教育。

5＋2＝0 的悲哀。教育有很多自身问题，但是，也有来自社会的诸多因素。社会教育环境恶化，已经是一个非常严重的问题。首先是媒体的失衡。媒体有引导和监督双重作用，有些媒体一味追求效率，大搞西方"人咬狗是新闻，狗咬人不是新闻"那一套，放弃了社会责任，放弃了教育引导功能，一味迎合一些人的心理，对教育的个别现象大肆炒作，变成压迫、削弱教育的急先锋。教育是一个漫长艰难的过程，没有一蹴而就的事，教育是一门科学，有其自身的规律，不可能同时满足所有人的要求；更不可能完美到让媒体无懈可击的程度。媒体对教育既要有监督，又要有引导，还要对不懂教育的社会群体进行科学的引导。当今媒体俨然成了上帝，代表一切真理，对教育不断提出熊掌和鱼都要兼得的要求：既要减轻学习负担，还要确保教学质量，更要有很高的升学率；既要实施素质教育，多开展各种实践活动，还要保证学生绝对安全。当今媒体有的多是"误尽苍生皆语文"的声讨，缺少对社会的教育与引导。

其次是舆论失准。主体舆论应该有其客观性，只有公平公正的社会舆论，才能引导教育、社会向前不断地发展，如果舆论不断世俗化，甚至使用双重标准，就可能制造时代悲剧，阻碍社会发展。现实生活中，判断是非时舆论在学生与学校教师之间，总是偏向学生一边，因为他们是弱者。同情弱者无可厚非，这是中华民族的传统美德，可是，在政府与学校之间，舆论却总是站在政府一边，这就让人百思不得其解。学校对学生"乱收费"是错误的，理应受到监督和批评，当政府对教育投入严重不足时，却没有人站出来为学校讨个公道。没有投入的不足，哪来的乱收费？面对这样一个1+1=2的简单问题，舆论媒体的板子几乎总打在学校教师身上。个人教育经费的增加和国家教育经费的投入都集中在哪个方向？谁在主导家庭教育经费的增长？是谁在制造和牟取暴利？为什么媒体不给百姓一个明确答案？

再次是舆论教育功能的缺失。教育力的滑坡，社会执行力的缺位，所有问题都靠政府来解决，一切都源于社会运行机制的不健全。由于社会太庞大、太复杂，致使违法乱纪者得不到应有的惩罚，投机取巧者容易获取社会资源从而成为成功者，他们很少以失败者的形象出现在大众面前。面对纷繁的社会现象，基层民众不可能都去认真思考，结果就依据现象得出做好人吃亏的错误结论。

最后是社会教育文化环境的恶化。50年前，如果小孩子偷他人瓜果，或者大一点的孩子欺负小一点孩子，随便哪一个路人发现都会过来制止，孩子的父母如果看到一位陌生人在指责自己的孩子，不但不反感，还会向那人道谢，回过头来就要教训自己的孩子，有时甚至拳棒相加。现在还有这样的情况发生吗？事不关己高高挂起，有多少人还在关心与自己无关的"闲事"？即使有爱管闲事的人出面制止，如果孩子父母发现还会上前道谢吗？不但不会道谢，很有可能冲上去指责别人多管闲事，因此发生冲突。当整个社会都处于这样的状态之下，社会的教育功能会起到什么效果？

社会教育责任的缺失。过去孩子在学校被老师批评、体罚，家长首先想到的是教育自己的孩子，现在如果学校老师出点差错，全社会就来谴责教育，很少有人从社会责任的角度来看待处理问题，家长、媒体只会站在一边对学校指手画脚，从来不想一想自己的责任。

无限责任压迫学校教育空间。家庭教育的基本任务没有完成，社会教育责任几近丧失，家庭和社会对自己的应有的教育问题避而不谈，却对学校提出无限完美的要求。如果学生成绩不好，家长不去反思在学前教育阶段是否自己泯灭了孩子的学习兴趣，是否自己养成了孩子不良的学习习惯，而是把所有责任推给学校、老师；家长在家不让孩子参与劳动，不鼓励孩子锻炼身体，却总希望一切都由学校来解决，当学校开展正常的室外活动或体育课时，学生自己不小心受伤，家长从不认为自己孩子的问题给学校和老师带来了麻烦，而是想尽一切办法追寻学校老师的责任，即使学校老师在事故中毫无责任，家长也要用尽一切手段，把学校老师推到被告席上。令人恐怖的是社会与媒体对这种现象的反应，对家长的这种不理智的行为，法律没有限定，舆论没有是非评说，整个社会系统把教育逼向了死胡同，然后再与家长一起掀起另一轮批判指责教育的热潮。

五、教育创新的问题

当代教育家在哪里？钱学森之问、诺贝尔之痛，成为社会拷问教育的焦点。教育自身也在不断做出反省，泱泱大国为什么几十年没有培养出教育家？于是，全国掀起一股造"家"运动，各种培训、各种宣传甚嚣尘上。教育家是培养出来的吗？教育家是一种自然的生长，是有教育理想、充满教育情怀的教育工作者生命价值的一种自然绽放。教育家一定是自己从教育实践中成长出来的人，绝不是上级领导悉心培养出来的人；教育家一定是把资源价值最大化的人，绝不是靠消耗资源打造出来的人；教育家必须是创造社会价值并留下历史遗产的人，绝不是靠媒体追捧宣传出来的人；教育家一定是解决教育问题最多的人，不一定是发表论文出版书籍最多的人；教育家一定是思想深刻勇于担当的教育人，不一定是创造话题、引领时尚的名人。社会可以浮躁，教育不能轻狂。只要有健康优质的国民教育，有没有教育家并不重要，重要的是教育要守得住清贫，耐得住寂寞，在准确把握时代发展趋势的情况下，抛弃名利，凝神聚力，埋头实干，既有为教育真理而献身的英雄主义气概和浪漫主义情怀，又有改变教育现状的勇气和智慧。

为什么新中国成立几十年以来没有教育家？20世纪二三十年代是中国产生教育家最集中的时期，陶行知、张伯苓、蔡元培、晏阳初、陈鹤琴、胡适、梁漱溟等，这些人的办学思想至今仍然闪耀着智慧的光泽。在那个军阀混战的动乱年代，北洋政府能对教育有多大支持？只有一点可以解释，恰恰是军阀混战政府无暇顾及教育，才使教育部门能独立地行使教育的职权，才使教育家能按照教育规律和自己的意愿兴办教育，才会有南开、北大、清华等一流的名校诞生，从而创造了中国教育的黄金时期。自新中国成立以来，我们的国家非常重视教育的发展，在一穷二白的基础之上逐步建立并完善了教育体系，在短短几十年内扫除了文盲，普及了九年义务教育，这是一项非常了不起的教育成就。但是，这样的管理机制也有其不利的一面。教育是社会的一部分，作为社会最活跃的领域，在新中国成立后成为国务院的一个部门，教育基本丧失了独立性，没有了教育的主导权。在一级管一级的行政机器里，一步步由专业化走向行政化，一部分教育人逐步官僚化。制定政策、生产理论的不是教育家，大部分是高校毕业以后直接到高校研究机构或教育机关工作的人，他们少有基层教学或管理的实践经验，关注的只是教育部门上级的意图或个人研究的课题，他们对基层学校的问题和社会实际需求不甚了解。即使有少部分人来自基层，在里面待久了，思维方式、行政方式也会慢慢同化，于是教育行政化成了教育办学的体制。是让那些行政官员办学，还是让那些懂教育、有教育情怀和办学经验的教育家办学，这是中国未来教育的走向问题。

我的教育理想

一、大教育观

（一）教育是什么？

打开百度，搜索这一问题，有关教育的词条很多，真可谓仁者见仁，智者见智。"教育"一词在《说文解字》中的解释为，"教，上所施，下所效也"；"育，养子使作善也"。古人说："大学之道，在明明德，在亲民，在止于至善。"鲁迅认为："教育是要立人。""儿童的教育主要是理解、指导和解放。"蔡元培指出："教育是帮助被教育的人给他能发展自己的能力，完成他的人格，于人类文化上能尽一分子的责任，不是把被教育的人造成一种特别器具。"陶行知理解为：教育是依据生活、为了生活的"生活教育"，培养有行动能力、思考能力和创造力的人。……

古今中外，对教育有着不同的定义，归根到底就是"人"的教育，教育的终极目标就是"立人"，这一点毋庸置疑，但是，在如何看待生命个体这一问题上，东西方还是有很大区别的。简单点说，东方的教育哲学认为生命个体本源是无知的，需要教育去引领教化、灌输培育。中国教育认为孩子就是一种动物，对自然和社会没有任何认识，人类区别于动物的所有东西都要通过后天的传授来完成，所以，教育过程是一个从无到有的过程，是一方对另一方对接式灌输。以苏格拉底为代表的西方教育哲学认为，人在出生之前已经具备了人类发展的所有基因，具有了人类所有的知识经验，只是在降生过程中暂时失去了记忆，教育的作用就是"唤醒"，每个生命个体的基因密码各不相同，教育要用不同的方式去唤醒每个生命的潜能。

从这样的哲学背景上去审视思考教育，就不难找到教育问题的根源所在，我们的教育理念、教育方式方法，无不与教育哲学思想密切相连。生命是无知的，自身不具备教育的潜能，需要外力去塑造、推动，教育的源头、主导必然就是老师。学生本源无知，又不具备学习的潜能，成为知识灌输的容器就是一种必然的结果。教育不是学生的教育，而是社会成人的教育，学生只是成人手中的泥巴，可以根据成人的需要和喜好任意塑造，学生在教学过程中成为老师的提线木偶，一切没有自主性，一切都听从老师的安排，等等。如此现有的教育问题也就不难理解了。

教育发展到今天，我们反思教育的现状及问题，又该具有怎样的教育观呢？对于教育是什么的问题，虽有很多不同的表述，但是，其本质是不变的。我个人认为教育的本质在于教化，换句话说，教育是促进生命个体由自然人向社会人高度转化的过程，其中有三个关键词：生命、过程、成长。

第一，教育是生命的唤醒。我倾向于苏格拉底的教育认知，教育既不是知识的灌输，也不是道德品质的塑造，而是生命精神的唤醒。教育的对象是人不是物，人来到这个世界上，虽然拥有了人类亿万年进化的各种基因，但是，每个人都有自己独一无二的基因密码，所以。这些基因密码需要后天的教育来激活。

教育是人性的回归。明确了教育的本质问题以后，还要明确人的本质，即人性本善还是性本恶的问题。2000 年来，古今之人对这个问题争论不断。荀子主张人性本恶，孟子则强调人性本善，这两个观点对于教育而言有着非常重要的关系。如果认为人性本善，那么教育就是对人性的唤醒；如果认为人性本恶，教育就是对生命意义的重新建构，教育就是一种外铄式的灌输与塑造。

人性善恶是一个问题的两个方面。人性本恶，人质本善。"人性"是指人的自然属性，人的自然属性就是指动物的本能。动物在进化的过程中要生存下来，必然要有竞争性，竞争性必然带来自私性和排他性，所以，人的天性是不具备善良意义的。然而，人是高级动物，与普通动物有着本质的区别。人类区别于动物的意义在于生命个体的群体性和自我认知性。教育的意义就在于有意抑制、疏导人的自然属性，不断强化、激发生命个体的社会属性。教育既是对人的自然属性的引导、升华，也是对社会属性的激活与弘扬。

学校不是开放的监狱。传统学校教育没有充分体现教育社会属性的特点，学生被完全限制在一定的空间里面，生活方式仅限于家庭、学校两点一线，学生几乎不能与社会接触，不能和大自然接触。除了书面作业就是各种辅导班，个人生活基本是一片空白。学生在老师眼里不是具有各种潜能的、有待于发展的、有感情有意识的人，而是一张白纸或者是一种容器。教师不管学生有多大差异，一律按自己的认识和习惯在学生的大脑里恣意描画，从不考虑学生到底需要什么，一律按照教学任务强行向学生灌输有用或无用的知识。学校的学生很少有身体的自由，几乎没有多少思想的自由，甚至也没有学习的自由，学什么、怎样学、学多少，一切由老师说了算。

第二，教育是生命成长的必要过程。人生是一项由生到死的单向旅程，生命的意义就在于经历人生的整个过程，所以，人生的每一次经历，无论是春夏秋冬，还是风霜雪雨，都是人生的风景。人生的曲折坎坷，就如同访问名山大川一样，越是奇险艰难，就越能体验出世界的美好。少儿和青少年时代是人生最美好的阶段，是生命的自然组成部分，这个时期既是为中老年奠定生活基础的重要时期，也是体验和追求人生美好的重要过程，我们决不能为了以后的生活而舍弃当下最重要、最美好的日子。

每一个人的生命基因不尽相同，人生的目的追求也有差异，教育在其生命中的价值意义也不可能完全一致，所以，教育过程的长短、体验也各不相同。学校是学生走进生活的一种必然过渡，在这里要学习掌握必要的生活生产经验，为今后走进生活、享受生活、创造生活奠定基础。从这个意义来看，教育是生命的一部分，教育是为提高学生的生命质量服务的。因此，教育必须是基于生命的教育，不能追求功利。考个好大学、有份好工作固然重要，但是，从小学到大学的学习经历，不仅是生活的一部分，而且是人生最美好的阶段，其间学生是否幸福快乐并不亚于今后的工作，工作是生活的手段，幸福快乐才是人生的最终目的。

教育从哪里来？到哪里去？教育是人自我完善的社会化过程，是基于促进人类个体不断发展的实践活动，它从人类已有的生活经验中来，又要到服务于学生未来发展和人类健康发展中去，教育必须满足两个方面的需求，教育要为人类个体提供生活、生存发展的经验，要满足人类自身的需求，教育要确保人类能做出正确的选择、能利用已有的经验，从而促进人类社会的健康和谐发展。

教育在促进生命个体发展的同时，还要兼顾社会的利益。现在比较流行"以人为本"这种提法，在教育过程中关注人的发展性，尊重人的主体性。这都是必需的。但是，人是群体性动物，人类个体的发展与人类社会是密不可分的，个体的发展必须以有利于人类社会的整体发展为前提。如果教育片面强调个体发展而忽视、影响了人类社会的和谐健康发展，教育就失去了存在的意义和价值。

个人素质的提高是提高民族整体素质的基础，但是，个人能力的提高并不是一定就能促进民族素质的提高。有道德而没有能力的人是平庸的，没有道德只有能力的人是危险的。培养一个没有民族意识的人才，并不一定对中华民族有利。教育培养不当，对民族而言不但无益，反而可能有害。高学识、高技能的罪犯比一般人的破坏性更大。所以，学校在贯彻素质教育方针的过程中，不能只局限于学生的成才和学校的发展，而应从提高全民族素质的角度入手，教育学生在以民族最高利益为重的前提下，去求得自身的发展，不能违背国家和民族的利益而去追求自身价值的最大化。教育决不能片面地理解为素质教育，把教育看成对生命个体的素质培养，而忽视民族素质和利益，把学生引导到自由主义、个人主义的道路上去。所以，教育的功能就是教化，就是改变人的自然属性，使学生把个人欲望控制在社会行为准则之下，成为一个于社会有益之人。

教育是促进生命个体健康向上发展的过程。教育在促进生命个体社会化的过程中，能否体现社会公平性原则，能否允许和保障社会各阶层的有序流动，是教育社会化功能的一部分。学生和家庭追求卓越，渴望向社会上游流动，这是推动社会发展的原动力。家长和学校鼓励学生通过提升学业水平来摆脱阶层束缚，这无可厚非，所以，教育教学质量是教育的永恒主题。但是，保持社会阶层的有序流动，重视教育教学质量，绝不是把追求卓越和提高个人素质对立起来。在素质教育这个问题上有人陷入非此即彼的思维定式，把素质教育与教育质量、追求卓越对立起来。素质教育从来没有说不要升学率，更没有哪一位专家或领导说素质教育不要教学质量，问题焦点不在这里，而在于向谁要质量、如何要质量的问题。

第三，教育是成长不是竞争。教育是生命的自然成长，不是外铄式的塑造和改变。当下的教育已经不再是生命成长的需求和涌动，也不是一种心灵的对话与沟通，而是已经成为一种寻求实用性的急功近利的工具，成为传播知识、传授技能的工具，教育的本源被抛到了一边。教育的目的不是竞争，人生的关键在于成长而不在于成功。教育是生命价值和精神世界的提升，不是人与人之间的拼抢比赛，不是对某些资源的争夺和占有。成长是自己的事，是生命潜能的开发与释放，是人性的修复与完善，通过成长完成对自然和自身的认知，并使之和谐统一，从而实现精神世界的构建。竞争不是让人关注自身的完善，而是关注如何与周围的人抢夺有限的各种资源，抢夺优质教育资源、抢夺就业机会，抢夺比较好的工作岗位，抢夺各种发展资源等。

成功是阶段性成果。现在有人高举"不能让孩子输在起跑线上"的旗帜，把孩子赶到人生的快车道上去，把人生看作是一场比赛，比分数、比学历、比工作、比房子、比车子……此时的孩子汗水比别人多，跑得比别人快，但是，有一天孩子真

的跑到生命的终点，怅然回首，那时
才会发现，自己的人生除了金钱、地
位，其他什么都没有，个人的拼命奔
跑只不过是他人眼中的一道风景，自
己的生活中却从来没有风景！

教育是生命的教育，人生全过程
的教育，不是职业的教育、学校的教
育。教育工作者在教育教学过程中要
渗透社会规则，在学生成长、分化、
竞争、激励中，促进学生对生活、对
社会、对人生的理解和感悟。如果教

组织化合作 实现共赢

育不能促进人类个体的生命成长，不能给人类个体带来幸福和快乐的体验，无论受
教育者占有多少物质财富和社会有利位置，对个体和社会而言，这都是失败的教育。

（二）我们需要什么样的教育

网络技术进一步强化了后现代教育概念。后现代教育是以信息社会、大数据时
代为背景产生的一种教育思想，通过对大工业化生产时代产生的教育理论和实践体
系的反思，是试图探索构建的一种适合数据时代的，强调发展和维护个性的，具有
多样性和差异性的教育方式。后现代教育概念是相对现代教育而言的，它有着突破
与超越性的意义。后现代教育重视教育的全民性、终身性、主体性和通识性，倡导
教育关注个体生命，强调教育的微化与活化，主张将教育还给教育、还给学生，后
现代教育是一种彻底人性化的教育。后现代教育具有创造性、差异性、多样性、复
杂性、不确定性和建构性等特征。

1. 教育的开放性与系统性。 教育的系统性。教育是人类社会的一部分，是一个
完整的科学体系，是家庭教育、学校教育、社会教育组成的一个完整的系统。但是，
过往的教育破坏了教育的系统性，把家庭教育、社会教育、学校教育割裂开来，三
者之间的连贯性、互补性、一致性不断被弱化，进而形成相互抵触、相互推诿的局
面，甚至三者之间对立起来，形成"5＋2＝0"的现象。

家庭教育既有生活知识、方法、习惯、品质等方面的内容，也有生活技能、社

会规则的传授和训练。遗憾的是，今天很多家庭教育舍弃了主要功能，而只剩下升学考试的教育和训练。

学校教育也是一个相对完整的系统，无论是品德教育还是课堂教学，不管是学校管理还是教师成长，都是学校教育体系中的子系统。但是很多学校缺少系统观念，把学校教育体系当成点对点的线性的实用性工作，就教育论教育、就教学论教学、就管理论管理，工作都是以点为单位的计划实施，缺少整体规划和顶层设计。

当把教育割裂成三个体系之后，家庭教育、学校教育、社会教育就会形成各自的封闭空间，大家在自己的体系内各自为政，教育的实效性就会被削弱。网络时代的教育正在逐步淡化三者之间的界限，因而，教育更加具有社会性、开放性、一致性。教育的开放性让教育的内容、渠道、形式更加多元化，所以教育的过程、效果也变得更加复杂。再也不像以前那样，教育目标和效果基本上是可以预设的，过程是可以操控的。由于教育在网络背景下脱离了直线发展的模式，教育的目标、内容、主体始终处于动态之中，教育的随机性在逐步增强。教育的特性在发生颠覆性变化，所以，学校教育必须进行大变革，在保持教育体系完整性的同时，开放目标、内容和过程，让教育跟上时代的发展步伐。

2. 教育的精英性与全民性。几千年的中国教育基本上属于"精英教育"，"书中自有黄金屋，书中自有颜如玉"，虽然也有受教育者自我实现的成分，但是，教育的主要功能还是为统治阶级培养高级管理人才。新中国成立之后，先是开展教育扫盲运动，然后又普及九年义务教育，在提高国民文化素质方面教育取得非常大的进步，但是，教育发展的侧重点还是以社会需要为主，考虑的是如何把人口包袱变为人力资源，并没有从生命的价值和意义角度设计实施教育。

后现代教育所说的"全民教育"，是一个相对概念，是针对传统的"精英教育"式教育而言的，它强调全体公民都要接受教育，而不是只针对少数精英的教育。现代教育不仅仅是一种社会发展需要，更是一种生命发展需要。教育的目的不仅仅是学习生活生产经验，传承思想和文化，更重要的是生命自身的提高和完善。教育的根本目的是让人认识生命，理解生命，享受生命，完善生命，要做到这些，就必须认识自然，了解自然，尊重自然规律，积极寻找生命与自然社会的最佳结合点，最终实现人与自然的和谐统一。

3. 教育的社会性与个性化。学生社会化是教育的基本内容，过程中要尊重个性化。教育是人类独有的社会现象，是人类发展进步的结晶，是推动人类快速发展的基础和前提。教育是把简单的劳动力加工，转化成发达的、专门的劳动力的有效途径，是人的基本社会活动之一，它既是人的自身再生产的基本途径，又是社会的"遗传"和发展的基本要素，只有通过教育"中介性"的要素，才能实现人类的世代社会"遗传"和发展。教育的本质是社会主体与个人主体间的文化传承，通过社会与个人之间的精神文化的传承，来加速个人社会文化和社会个体文化的融合，从而解决社会与个人的矛盾。教育的价值就在于为社会发展和个人发展提供必要的服务。教育是促进人类由自然人向社会人转化的媒介与载体，就人类个体而言，其社会化程度越高，教育效果就越显著。由此不难看出，教育的根本目的不是单一地传承生存技能，而是不断丰富、提升人类主体与个体的生活文化内涵。教育主要是对人进行心智的开发、个性的培养、理想的构建、文化的熏陶，是对智慧的启迪和激发，缺少了智慧的教育，教育必然成为一种僵化、机械的训练。

生命个体在社会化的过程中，不是完全取消个性特征，恰恰相反，教育在促进生命个体由自然人向社会人转化的过程中，要充分考虑个体之间的差异性。尊重个性，保护个性，促进个性化发展，这是教育的基础和前提。

4. 教育主体性与科学性。网络时代知识的更新呈几何状增长，始终处于动态之中，教育主体的发展目标具有鲜明的个性化色彩，教与学的主体也不再是固定不变的。教学主体不再是具体的某一个人，而是生活中所有能带来所需知识的载体，学习的主体也在师生之间互相转换，学生在学习过程中所扮演的角色也不是一成不变的，同时具有接受者和传播者的功能。

强调教育主体性，不是不要教育的科学性。无论教育主体如何变化，教育的基本规律是不可改变的。网络时代的教育更应该研究教育规律，尊重教育规律。尊重社会发展规律，把教育放到应有的位置上去。依据学校教育自身特点，科学设计管理方法，制定具体的行为标准，把教育教学的目标、内容、途径、方法、过程、评价纳入科学范畴之中，借助大数据推动教育科学的发展。

强调教育的科学性不是不要人文性。学校教育不仅要注重科学知识的学习、各项技能的训练，还要关注学生思维方法的科学性、实事求是的态度、追求真理的精神，更要重视人文情怀的培育，人生信仰、价值追求、道德标准、合作意识等。

5. 过程性与体验性。教育具有过程性。知识的吸纳、智能的转化、方法的掌握、思想和世界观的形成等，都是一个漫长艰苦的过程。在机械重复的教育成长过程之中如何保持健康向上的学习动力，既是教育的重点，也是一个难点。在如何激发学习动力这个问题上，过往的教育犯了一个认识上的错误，忽略了教育的体验性。老师激励学生学习一般只是从结果性评价和过程激励入手，在评价和激励手段上挖空心思地做文章。

教育是生命的一部分，人的生命具有强烈的自我体验性。人质本善，学习成长的过程中会产生一种愉悦性体验，这种内心的强烈体验就是学习发展的动力之源，是促进学生学习成长的永恒动力。

6. 教育的传承性与批判性。 教育是科学，主要属于社会科学，具有更多的社会属性，所以，继承传统是不二选择。但是，继承并不意味着全盘接受，要有一定的选择性，要批判性的继承。今天的教育过于强调教育理性的一面，过分迷恋权威，对专家学者形成依赖，基层教育工作者基本放弃了思想理论研究。专家权威高高在上，站在自然科学的角度，以一个冷静观察者、分析者、评判者的角色对待教育实践。教育具有互动性、多元性，所有教育工作者都必须参与到教育发展过程之中，去感受、体验，去发现、挖掘，去分析、比较，去扶持、帮助，而不是远离教育实际，站在教育之外对教育指手画脚，评头论足。教育定性的成分多，定量的成分少，动态的东西多，静态的东西少，不能过分依赖自然科学的确定性。

7. 世界性与民族性。 网络技术的迅猛发展，已经让地球变小，智能终端把世界连接在一起，使信息的传播方式越来越多，传播的速度接近于零。在这样的社会背景下，国家、民族的界限逐步被超越，各种思想文化之间的交流越来越多，也变得越来越具有世界性、开放性。教育也不例外，教育再也不能像过去那样在封闭的环境里传承和发展，教育的不同地域相互之间的交流、融合成为一种不可阻挡的趋势。但是，教育具有世界性、开放性并不等于彻底放弃原有的基础，不顾国情和发展的需要而急于与世界接轨，恰恰相反，在教育不断国际化的过程中，我们不但不能割断自己的教育历史，还要更加注重本民族和国家的教育实际，保持自己历史和文化的特性，继承民族教育的优良传统，通过学习借鉴世界教育经验来丰富完善民族教育。

8. 教育的权威性与多元性。 教育是科学，有其自身发展的规律，而教育规律并非人人都能认知和把握的，所以，教育必然具有一定的权威性。但是，生活中的教育却失去了应有的权威性，无论是否从事过教育研究，或者甚至有的人小学都没有毕业，或者从没有读过多少教育方面的专业书籍，或者从来就没有接触过教育，都从不认为自己不懂教育。结果在国内有了一个非常奇特的现象，任何人都可以对学校教育指手画脚、说三道四，在国人眼里教育和吃饭、睡觉一样，是与生俱来的本能，都可以成为教育领域的专家。

与之相反，教育内部的人却没有外行们的自信，教育内的人把教育研究发展的责任全部推给专家学者，校长、教师完全成为教育理论的消费者，他们把专家学者奉为神明，当作权威来崇拜。在理论和实践领域，教育具有多元性，理论工作者和教育实践者各自有各自的优势。不同的人受自身经历、文化层次、理论素养、思想立场、兴趣态度的影响，观察事物视角不可能完全一致，所以，每个人观察、分析客观世界的现象、过程及其关系的切入点等也各不相同。受个人视角条件的限制，每个人观察到的结果都不可能完全如实地反映社会现实，它必然带有一定的片面性。理论工作者要多下基层，多了解学校和课堂教学实际，从而丰富和完善理论体系。基层教育工作者要注重理论学习和实践性研究，用理论指导自己的教育实践，减少工作的盲目性。

9. 教育的终身性与通识性。网络技术的发展把教育带进一个全新的时代。为了适应工业化时代的机械化大生产，培养大批量的专业化技术工人，人类历史上出现了学校教育。在学校某个时段的集中统一的定向培训，为社会提供大量掌握一定知识和技能的劳动者。传统学校教育具有以下几个特点：劳动者的基础知识、基本生产技能主要来自学校，因为学校之外的学习渠道很少；学校传授的知识技能基本能满足一生需要，因为知识技术的发展相对缓慢；学校教育的目的性、专业性相对集中，因为工业化生产职业变化不大，多数人一生从事一个专业。

网络时代与工业化时代有巨大差别，知识呈几何方式增长，每两年就要翻一番，知识的爆炸式增长又促进了技术的迅猛发展，技术设备的发展变化必然影响到职业的发展变化，技术设备的更新促使他们不断学习。所以，终身学习是技术发展的必然，是时代的大趋势。每个人一生中都要接受教育，学校里接受的教育根本不能满足实际需要，如此教育的外延和内涵必然发生根本性变化，促使学校教育发展成为"终身教育"。

网络技术对学校教育的影响不仅局限于教育过程和教育方式上，也体现在教育内容方面。如果一生从事一个行业，只要具备相应的专业知识和专业技能就可以了。如果一个人一生注定要从事不同专业，有限的专业知识与技能就会影响人的发展和生存。所以，今天的学校教育不能再强调知识的专业性，要强调知识的综合性和学校教育的基础性。传统的学科教学是工业化时代的产物，网络信息时代需要的是"通识教育"，要打破学科之间的壁垒，实现学科之间的渗透与整合，为终身学习奠定广泛的发展基础。

（三）做教育

中国最具有重视教育的传统，每一位家长都在关注着学校教育，每一个教育工作者都在思考探索教育的未来，各级领导都在关心着教育，举国上下都在期盼着教育改革的成效。然而现在教育存在的问题依然不少，家长片面追求分数，学校片面追求升学率。学非所用，学而不用，学校教育与社会脱节，教材与生活脱节，学生读死书、死读书，导致很多大学生乃至研究生毕业后难以找到工作，或者仍需要再培训。这些毕业生大多高学历，低能力；有知识，无文化，信仰缺失，精神空虚，民族文化底蕴不足。正如杜威批评当时美国的教育那样"注重专门性的和技术性的东西而漠视了美好的生活"，没有成为美好生活的审慎的创造者和培育者。

所以，当前的教育不是如何创新的问题，也不是如何追赶西方教育的问题。而是如何回归的问题，要回到教育的本源，从解决自身问题入手，向教育规律靠拢。

1. 教育回归于生活。问渠哪得清如许，为有源头活水来，教育起源于生活。学生学习的一切内容都是人类发展过程中不断积淀而成的生活、生产经验，学习的最终目的就是通过学习前人的实践经验来实现自然人向社会的快速转化。所以，教育教学活动必须放置于现实的生活背景之中，从而激发学生作为生活主体参与活动的强烈愿望。教学过程中将教学目的要求转化为学生作为生活主体的内在需要，让他们在学习中了解熟悉生活，在生活中学习生活经验，从而获得有活力的知识，并使他们的情操得到陶冶和提升。

教育服务于生活。教育回归生活，注重培养学生的动手实践能力，最终目的是让教育服务于生活，促进学生由自然人向社会人的快速转化，为学生的终生幸福奠基。教育就是学生对生活知识的学习、吸纳和丰富，然后在生活中用知识解决生活的实际问题，用知识拓展生活及科技视野，最终达到了解生活、把握生活、享受生活、热爱生活的目的。教育的基本策略就是基于学生已有的知识和生活经验，引导学生关注生活，透过自然、社会、科学中的各种现象，探索发现其中的规律，从而提高自身认识自然、适应自然的综合能力，理解社会与自然的紧密联系，丰富自己的精神世界，实现自身的和谐发展。

亲近自然

2. 教育回归于农业。学校教育是工业化大生产的产物，自然也打上工业生产的印记，工业大生产将不同基础、不同个性、不同气质的学生强行纳入一种范式中，学生有统一的目标，统一的教材，统一的进度，并有大一统的评价标准。工业生产漠视学生的个性和不同学科的特点，它以工业化生产的形式把生命注入灌输式教育模式中，把孩子雕塑成统一的产品。

工业化生产制造出产品是比较容易的，而育人却是个复杂而漫长的过程。教育不是流水线式的产品加工，而是对鲜活生命的培育。教育的本质是农业不是工业。人的个性千差万别，每一个学生就像一粒种子，有的是大树的种子，有的是玉米的种子，也有的是小麦的种子，教育只能为各种不同的生命种子提供适宜的温度、湿度和养分，满足生命的需要，促进生命的成长。树有树的使命、草有草的尊严，不应该改变种子的本性，不能把小麦变成大树，把花生变成棉花。教育应让学生在生活中体验生命的成长，而绝不应该试图改变学生的个性本质，使不同的人变成千人一面的工业产品。

3. 教育回归于儿童。现今的教育不仅存在工业化倾向问题，也有成人化倾向的问题。从教材的选定到教师的教学，从课堂流程到教学评价，很少是站在儿童角度考虑的。更多的时候是我们拿成人的标准来要求孩子，而忽视了孩子的认知规律。孩子眼里的世界和大人眼里的世界完全不同，教师却很少关注学生的视角。儿童的思维方式不严谨、不完整，老师往往忽略学生思维的发展性。教材本应是学生学习的材料，编纂者考虑的不是学生的爱好，而是成人的意愿和需要。

教育回归于儿童，反对站在成人的角度对学生进行灌输，反对思想意识的强硬引领，反对不顾学生感受的功利化教育。让学生站在教育的中心，将过程还给学生，让孩子体验生命的成长。将课堂还给学生，让孩子生活在他自己的世界里。

4. 教育回归于游戏。学习是儿童的天性，对于儿童而言学习本身就是游戏，学说话、学走路、学吃饭、学做事，生命之初所有的学习都是自身的需要和追求，在幼儿眼里学习同游戏没有任何区别，都是自然的、愉悦的。教育最初也是这样理解学习的。早在3000多年以前古希腊的苏格拉底就提出了"寓教于乐"的思想，我国大教育家孔子也曾说："知之者不如好之者，好之者不如乐之者。"教育走到今天，却远离了教育的本质，为了强化教育的"效果"，实现家长的良好愿望，教育内的人不顾教育的规律和孩子的感受，从成人的角度进行"强化"，一味拿"头悬梁""锥刺骨"的吃苦精神激励孩子学习。苦读书，读死书，孜孜不倦地学，苦苦不停地练，家长以为这样就能使孩子成为人上人。其实，这样的教育不仅培养不出创造性思维的人才，还可能要毁掉孩子的未来。

为什么儿童学习的天性弱化甚至消失了？因为教育功力化的学习泯灭了学生学习兴趣。教育回归游戏就是要大胆改变教育教学方式，使儿童在游戏中快乐学习。学习过程是辛苦的，成长体验是快乐的。在认知领域中，如果认知主体对认知对象产生了浓厚的兴趣爱好，他将会乐此不疲，会把更多的时间精力投入相应的认知活动中，并且在学习、练习、探索和创新的整个过程中获得审美体验，还会感受和体验到快乐。

钓鱼是快乐的，但是，如果钓鱼是一个任务，他认为你规定了必须完成的目标，钓鱼的性质就改变了，钓鱼不再是个人爱好，钓鱼的过程也会变得不再有乐趣，而只剩下能否完成任务的焦虑和恐惧。学习也是如此，学习是人的天性，教育顺应了

看谁转的多

人的天性，教育活动就是游戏，反之，教育就是辛苦的劳作，就是不情愿的付出，就是命运对人生的惩罚，学校自然也就成为监狱或劳改农场。回归游戏不是让学生放弃学业而是以玩为主。这里的游戏既不是网络上的电子游戏，也不同于生活中的玩耍，而是儿童内心对教育的追求与渴望，对教育过程的理解与接纳。抛弃强加给学生的那些功利性的东西，恢复教育本来的面目，让学生在学习中收获体验成长的喜悦，不再把学习当作负担。

5. **教育回归于本土。**从崇洋媚外到相互融合。有些专家、学者出国参观回国后就大谈国外的教育如何民主、如何尊重学生的个性，把中国本土教育批判的一无是处。正当中国的妈妈们纷纷学习西方的爱和自由的家庭教育理念时，2011年美国一位自称"虎妈妈"的华裔教授提倡的教育方法在美国引起了轰动，众多美国妈妈纷纷把目光转向中国，开始反省美国的家庭教育，中、美教育究竟孰优孰劣，并不是一个简单的教育问题，其中既有社会历史原因，也有经济基础因素。

美国教育与中国教育各有所长，不能进行简单化比较。多数美国现代家庭对孩子采取"放养式"的教育，秉持以更加"仁爱""平等"的方式对待孩子，孩子们被鼓励拥有"高度自尊"，却没有学会应对挑战的本领，甚至无力克服微小的障碍，现在的美国孩子过于娇惯，对孩子的"纵容"使他们无法应对日常压力。孩子们在这种成长环境下认为自己有选择、玩耍等的"权利",但不知道为自己的未来负责任。在某种程度上,这种放养式的教育方式也可被视为"懒惰"和"溺爱",结果导致美国儿童在专注力、体重控制、心理健康等诸多方面都暴露出了问题。其实,美国的教育方式并非从来如此,在早期拓荒者和欧洲移民时期,他们秉持的是遵守纪律、保持专注、高标准、不自满等传统理念,强调教育的社会功能,也正是这些特质使美国成为世界强国。所以,适当的教育管理,更有助于孩子的健康成长,使他们专注于管教方的意图,拥有自我控制能力,使孩子变得更加乐观和坚定,能够勇于面对困难并克服它,掌握一开始并不喜欢的事情,并把它变成乐趣,坚持重复训练,在过程中完成知识向能力的迁移,从而获得一定的学习经验,逐渐形成深入严谨的思维品质。

教育回归本土不是闭关锁国,更不是夜郎自大,而是立足于国情和教育实际,正确地对待西方教育,批判性的学习、借鉴美国教育。中美教育各有千秋,与美国的基础教育相比,我们的基础教育占有一定优势,但动手实践能力做得相对差一些。教育回归本土就是正确对待自己的不足,取长补短,把本土教育搞好。

6. **教育回归于传统**。从 20 世纪初开始,传统教育一直是众矢之的,是被批判改造的主要对象。尤其在素质教育喊得震天响的今天,更是有人把传统教育视为罪魁祸首,他们认为中国出不了诺贝尔奖获得者全是传统教育惹的祸,认为传统教育压抑了学生的个性发展,培养不出具有创新精神的人才。更有一些专家学者动辄说美国教育如何好,恨不得把美国的教育模式统统拿来。但是,事物是辩证的,传统教育也有可取的一面,传统的课堂教学为学生提供了完整系统的知识,培养了学生良好的组织性、纪律性和吃苦耐劳的精神,这是不能摒弃的。"温故而知新""有教无类""因材

20 世纪 90 年代照片

施教"等传统的教育教学方式方法是值得发扬的。

回归于传统绝不是简单的复古，而是第一要不断吸纳现代文明及教育成果，第二要吸纳世界各民族优良文化和教育特点，第三对传统教育批判性的继承，要有所扬弃。例如，传统教育过分强调人文性，忽视自然科学技术，把自然科技称作是"奇巧淫技"，这也是近百年中国被西方欺凌的原因之一。近代中国落后于西方，不是中华文明的没落，仅是西方工业革命带来的技术发展对我们不重视科学技术的一次惩罚，中华民族的哲学思想和文化内涵是其他民族无法比拟的。

二、我的校长观

（一）校长是教育工作者不是行政官员

在中国，不论是部长、省长、县长、乡长，甚至是村长（村民委员会主任），但凡一个人名字后面带上一个"长"字，在人们的眼中他就是一名不折不扣的行政官员，是官员就意味着手里掌握着行政资源，就可以呼风唤雨，颐指气使。校长是什么？校长是教育工作者，是学校的带头人、领路人，虽然工作上也受政府部门制约，手中也有一定的行政支配权力，但是，归根结底校长不是行政管理者。由此生活中校长就有了两类角色，一种是当校长的人，另一类是做教育的人。

当校长的人把自己看作上级领导部门政策的执行者，而不是教育教学的推动者、研究者。朝九晚五、按部就班，上级的规定与要求也能不折不扣的按时完成，除此之外毫无建树，不求有功但求无过，学校基本能够正常运转，你也找不出什么毛病。思想上明哲保身，保的是自己的位子，自身的利益；工作中推诿应付，只要各方面工作都说得过去，让上级领导挑不出什么问题，学校不发生安全问题或重大事故，就得过且过。也有校长工作积极，敢于负责，把主要经历花在学校发展上，找市长，跑市场，为学校争取各种资源。校长必须具备一定的社会协调能力，但是，校长的本职工作是教育教学，不是社会活动家，设施的齐备，规模的扩张都有其必要性，但内涵发展才是学校发展的必经之路。

做教育的人把教育当作事业而不是职业、当作自己人生的目标和理想，他最大限度地追求社会认可和自我价值的实现，具有强烈的事业心与责任感，无论周围环境多么喧嚣浮躁，自己都能够静下心来，努力探寻并尊重教育的规律。不计较个人得失，不以领导的意志为转移，秉持严谨的态度和锲而不舍的精神，以一种神圣的心态献身于教育事业。

（二）校长是教师专业发展的引领者

校长是教师的老师，是教师专业成长的服务者、引领者。首先校长要成为一名潜心治学的学者，严谨务实的管理者，凭着严谨治学的态度与锲而不舍的精神，在专业上成为教师的榜样。其次校长要做教师专业发展的服务者、推动者，为老师的发展搭建平台，创造一切条件促进教师的专业发展。

（三）校长是学校师生的道德标杆

学高为师，身正为范。校长不仅要在学问层面广闻博览，为教师树立学习榜样，还要在思想行为方面做到高标准、严要求，以成为教师的道德模范。干正事，养正气，树正风，以点带面，做思想道德方面的引领者，拿出向我看齐的气魄，营建高尚的道德高地。要从思想与文化方面不断地完善自己，不断地增加自身的人生阅历，开阔自己的眼界，提升自己的境界，以此来回报社会，福泽他人。

（四）教育能人不等于是好校长

校长把一所薄弱学校发展成名校，但是，在校长从岗位上调离或退下来以后，学校很快出现滑坡，有人把这样的校长当作好校长，这是一种浅薄的认识。这样的校长只能称作能校长，不能算作好校长，二者之间虽然只有一字之差，但是本质上却有着很大区别。真正意义上的好校长，不仅在校长岗位上时促进学校健康发展，即使在他离开学校以后，学校还能继续向前发展。好校长必须具备三个因素：一是为学校带出一支优秀的教师队伍，二是为学校留下一种前沿的思想，三是为学校培育出优良的文化。

（五）做一位好校长

不同的人有不同的解读，我认为好校长要具有以下几个特点。第一，有远大的教育理想和教育情怀。教育是一项事业，校长必须是一个理想主义者，要有远大的教育理想和人生抱负。有了理想就有目标，有了目标就有激情，有了激情就会有不懈的动力。教育是未来的事业，理想的实现不能靠三分钟的热度，要靠持之以恒地不断坚守，校长必须具有浪漫主义情怀，不能一味迁就世俗，讲求实惠，要守得住清贫，耐得住寂寞。

实验小学时期照片

第二，有开阔的社会视野和责任意识。校长是学校发展的总体设计师，要宏观把控，全面布局。长远谋划，要充分考虑教育发展的大趋势，从大处着手，要把学校放在社会的大背景下进行顶层设计。要有市场意识，跳出计划经济的思维怪圈。有人一提到市场就想到"经济""赚钱"，其实市场意识的本质是"需求导向"，教育要跟上时代的发展就必须充分考虑社会对教育的需要。要有产品意识，课程是满足学生需要的产品，学生是满足社会需要的产品，学校要根据自身实际和社会未来需要创建促进学生需要的教育品牌。要有科研意识，有人一提到科研就想到科学技术，认为教育是人文学科，离科学研究很远。教育科研不是开发什么教育"新名词"，而是要尊重教育规律，研究教育规律，校长需具有科学思想，掌握科学的思维方法。学校科研是基于实际问题的研究，针对自身问题寻找解决问题的最佳方法。要有资源意识，领导、专家、家长、学生以及生活等，都是有待学校开发利用的宝贵资源。积极参加各种社会活动，创造并珍惜一切与他人交流沟通的机会与渠道，充分挖掘周围有利资源，调动一切教育积极性，形成合力，让学校高效运转。

作为校长，还要有强烈的责任意识。我们学校的办学宗旨是"为学生终生幸福奠基，为教师持续发展服务"。校长不能只对上级负责，更要对教师学生负责，把学生当作学校发展的主体，把教师的发展放在重要的位置。作为校长不能把目光局限于学校，还要负起民族社会发展的历史责任。

有渊博丰厚的知识底蕴和专业素养。教书育人是教育亘古不变的主体，教育的本性决定了教育者必须具有很强的专业素养和丰厚的文化底蕴。校长是教师的老师，无论在思想上还是在理论水平上，无论是在学养上还是在技术方法上，都要领先于教师。广读博览，增加自身的学养与内涵；海纳百川，拓宽自己的视野；精益求精，提升学术水准。

与学生读书交流

有教育定力与发展智慧。无论是个人发展还是学校发展，都会面临事业高度与生活宽度的选择问题。人的时间和精力是有限的，校长埋头于教育事业的研究就必然会放弃部分社会应酬，校长热衷于社会活动也必然会影响到专业素养的提升。所以，校长在发展方向的选择方面必须有所取舍。认识事物不难，难的是理性正确的选择。

"上士闻道，勤而行之；中士闻道，若存若亡；下士闻道，大笑之，不笑不足以为道"。任何一项改革，在过程中都会招致一些非议，或嘲讽，或诋毁，这都是正常的。如果改革之初的任何措施都被理解和支持，这项改革的先进性就值得警惕。校长在改革的路上，特别是当自己走在追求真理的路上而招致他人不理解的时候，能否顶得住压力，不言弃、不放弃，这才是事业成功的重要因素。

有较高的人生境界与道德自律。马克思曾指出，"道德的基础是人类精神的自律"。我国古代先哲强调"吾日三省吾身"，把"反求诸己""自律改过"作为道德修养的基本态度。作为校长，经常会面对各种各样的诱惑，抵制诱惑绝不是靠外部制度就能做到的，关键在于校长自身的价值取向和道德操守。做事先做人，校长必须具备良好的道德习惯，提高道德认知，树立道德信念，锤炼道德意志，并自觉地将道德意识转化为道德行动，无论何时何地，都会慎独、慎微、慎始、慎终，最终达到随心所欲而清正廉洁的道德境界。

不贪慕虚名，不追求功利；任人唯贤而不是唯亲，唯才是举不避亲疏。在大是大非面前，不去计较一城一池之得失，不被眼前的利益迷住眼睛。面对诱惑，始终保持一颗清醒的头脑，不滋生贪欲，不存在侥幸心理。

三、我的课程观

（一）学校课程建设的误区

1. 课程理论的偏差。提到课程，多数老师就会想到课程表里的内容，或是认为课程是学校开设的数学、语文、外语、音体美等学科课程，其实这是对课程的一种误解。不仅普通老师对课程一知半解，就是专家对课程的理论定义，也存在一定的问题。有专家说"课程是一个精心设计的教学计划，借以向学生传授社会认为重要的学识及传统的价值观"。美国学者罗纳德把课程定义为"课程是学习者在学校的帮助支持下，获得知识方法、优化思维、发展技能、转化态度、形成审美观和价值观的所有正式和非正式的教育内容和过程"。

罗纳德的课程观和国内专家的课程观有明显的区别：其一，课程是教育，而不是教学；其二，课程包括内容和过程两个方面；其三，内容和过程又有正式和非正式之分；其四，课程的主体是学生，不是老师。与罗纳德的课程观相比较，传统的课程观就显得太狭隘了，传统课程只关注了内容而忽视了过程，只关注了规定的教学内容和学校内的教学过程，而忽视了生活中那些对学生成长具有重大作用的内容和过程，关注了教学而忽视了教学的目的——育人。这样的课程理论必然导致课程实践的偏失，教学效果很难达到课程标准的要求，更谈不上让国家课程落地。

2. 三级课程的误读。国家、地方、学校三级课程是个管理系统，不是操作评价系统。有人把国家课程、地方课程、校本课程三级课程的关系搞混了，将三者并列起来，把学校课程建设做成了简单的加法，这是对三级课程建设的误解。国家课程是国家为选拔人才而设定的教育方针，它具有权威性、多样性和强制性，其职能主要体现在学制划分、学科设置、制定学科课程标准、规定学科课时等。换言之，国家课程只提供方向性、法规性的框架结构，不具备操作功能。学生学习的具体内容应该由学校自主确定。遗憾的是，在实际操作中，国家在完成了自己的课程规划职能的同时，还负责了学生教材的设置、编写、选择等具体工作，使国家课程的管理职能演变为操作职能。

地方课程是指地方各级教育主管部门根据国家课程政策，以国家课程标准为基础，根据地方经济、政治和文化的发展水平及其对人才的特殊要求，充分利用地方课程资源而开发、设计、实施的课程。比如，一些国际化大都市，无论是经济还是文化都处于前沿，居住着来自世界各地的人群，为了便于和外国人沟通交流，可以提前开设英语课。相反，对处于偏远内陆地区的省市使用英语的概率很低，则可以延缓开设英语课的时间。总之，全国各地可根据自己的实际情况弹性掌握设置英语课的学段。新疆、西藏、云南、广西等少数民族地区出于对本民族语言文化的继承和发展，应该专门开设具有自己民族文化的语言课。但不是所有地域都必须开设地方课程，在现实生活中很多地方曲解了地方课程的原意，他们不管本地是否具备地方特色，是否有设置地方课程的需求与必要，把国家允许开设地方课程理解为必须开设地方课程，东拼西凑的填满地方课时。这些课程既与国家课程标准没有什么关系，也与学生的个人需要搭不上界，仅是地方历史、经济、文化的罗列堆砌，其实，大数据时代地方的文化历史根本不需要用专门的课程来学习，完全可以结合学科教学用实践的方式来解决。

校本课程是对国家课程和地方课程的内化与整合，而不是对国家课程的补充。当前学校课程设置的理论是基于"校本课程是对国家、地方课程的补充"的观点而展开的，这样的观点导致学校课程走向歧途，它把国家课程、地方课程和学校课程三者对立起来。校本课程的开发是对国家课程文本的"解释"，这是一种多元化的、开放性的课程理念。特别是当国家建立起课程的"大目标"结构时，国家课程事实上已经包含了能够进入学校的所有课程目标，学校层面的课程落实既不是特色化，也不是补充论，因为"补充论""特色化"看似在放大学校课程管理权限，事实上是窄化了国家课程的价值。学校应该是从课程标准里长出来的，是国家课程意识的具体体现，绝不是在课程标准之外再搞一些"特色""特长"之类的东西。

（二）学校课程建设的三大流派

由于人们对三级课程的理解不同，学校的社会背景及课程资源相差悬殊，所以课程建设的路径和操作方法也不相同，目前比较有代表性的学校课程建设主要有三大流派。

一种思路是当前全国绝大多数学校课程建设的主流思路，其理论支点是专家倡导的"校本课程是对国家课程、地方课程的补充"，课程设置是国家课程＋地方课程＋校本课程。他们把课程建设理解为：国家课程就是依据教科书开足、开全各门课程；地方课程就是把地方特色当作地方教材；校本课程是在国家课程和地方课程以外开设的学校特色课程和学生特长课程。这样的思路有几个问题。

其一，学校课程泛化。简单地把学校特色和学生特长当成校本课程，本来像毕业典礼、升旗仪式、书香校园等活动属于学校的常规工作，却把这些正常活动穿靴戴帽硬说是学校课程。课程必须有目标，有教材，有师资，有过程的规划与管理，还要有评价与生成，没有这些基本的元素，这些活动严格意义上只能称作活动，不能算作课程。

其二，学校课程功利化。学校自身具备开设足球队、游泳队、军乐队等学校特色的能力，以凸显自己的办学特色，这本无可厚非。但是，为特色而特色，在国家课程并没有完全达标的情况下，把人力、物力、精力集中投入特色活动之中，严重违背了学校教育的本意，满足的仅是某些人的面子或虚荣心。

其三，校本课程冲击国家课程。学校为有特长的学生开设几个活动小组，是理所当然的，也是多年来国家一直提倡的。把校本课程独立于国家课程之外，具体落实起来就会出现相互矛盾的问题，因为教师、学生的时间精力是有限的，学校特色课程开设的越多，抓得越实，对国家课程冲击的可能就越大。如果把国家课程放到核心位置，所谓的学校特色类课程和学生特长类课程就可能流于形式，甚至成为摆设。

另一种思路走的是国际化的路子，从理论到课程实践基本都是依照美国来设计的，其理论支点是，学校课程满足学生个性化需要，课程设置的方式基本上也是国家课程＋学生个性化课程，除了学校开设国家规定的学科课程之外，学校又根据学生的兴趣爱好开设千百门选修课程，学生实行走班制。

国际派的课程理念是，学生喜欢什么学校就为他开设什么课。只要学生需要，哪怕只有一个学生，也为他专门开设一门课程，学校可以为一名学生请导演、画家、作家到学校为其上课。这样的课程设置能充分满足每个学生的个性需求，真正实现分层教学，这种课程具有一定的先进性，也是人们都向往的。但是，这样的学校课程设置也有一些问题值得关注。

第一，不具普遍性。学校课程的国际化倾向对学校的校舍、师资、社会资源等方面提出了很高的要求，不要说农村、城镇学校无法达到，就是北京、上海这样的国际大都市也不是每个学校都可以做到的。受经济条件的限制，国家教育均衡还很难实现，全国80％以上的学校存在师资紧张的问题，保证正常的教学运转都很困难，一个人上两门课，也有的学校教师学历低，专业教师匮乏，连最基本的音体美、信息技术等国家课程都开不全，他们最需要解决的是如何把国家课程落实的问题，现阶段还谈不上满足学生个性化的需求问题。所以，国际派不具有普遍性，个别学校根据自己学校的生源、资源等优势还可以搞点特色实验，如果在全国大面积推广恐怕很难实现。

第二，防止过早专业化。重视学生的特长培养没有错，但是，学生的特长培养是在达到国家课程标准之上的个性化发展，还是超越基础的专业培养？如果只是满足学生个性化需求，学生喜欢什么就开设什么课，如果学生小学阶段喜欢而到了初中、高中阶段不喜欢了怎么办？将来走向社会不喜欢了怎么办？义务教育是基础教育，不是职业教育。小学初中阶段是特长重要还是基础重要？学校特色课程的设置是在解决了所有学生达到了国家课程标准规定的知识、能力、思维、习惯、情感、态度、价值观之后的拓展，还是与国家课程并驾齐驱？以音乐为例，对于义务教育阶段的学生，是培养孩子的钢琴、古筝、舞蹈等专业化特长重要，还是让所有学生广泛涉猎古今中外的名曲、艺术范例，培养学生的艺术素养重要？特长教育就是素质教育吗？对于教育过程中表现极其突出的、在某一方面确实特别有天赋的极个别学生应该特殊对待，而不能过早强调专业化培养，忽视学生的全面发展，从而走向应试教育的另一个极端。

第三，落实教育方针。党的教育方针强调的是德智体美全面发展，不是学生的特长发展，只关注学生特长，忽视全面发展，是违背教育方针的，是不符合国情的。课程建设是一个系统工程，必须与教育价值取向、课堂结构、教材体系、评价体系等统筹考虑，如果只在学校课程设置上做改动，课堂教学依然是传统模式，课堂评价还是依据教师在课堂上的个人素养和才艺表现，教学效果不是国家课程标准在学生身上的有效生成，而是学生考试分数的高低，这样的学校课程改革只不过是换了一种包装，多了一种炒作的噱头，对学生而言没有多大意义。

第四，尊重教育规律。学校教育里面不仅仅只有成绩、分数、特长等教学问题，还有更重要的学生精神成长和社会化的问题。

第五，走班制、选课制看起来很超前，但是中小学生年纪尚小，如果没有了固定的班集体和班主任，没有专门的人员管理，中小学生就会失去集体的约束。那些长期处于散漫状态下的孩子，同学之间、师生之间的交流很难深入，人际关系可能会淡化，集体荣誉感也会被削弱。

第六，拥有文化自信。中华民族从农耕文化走来，与以移民为主的美国在文化价值取向上有着本质的区别，不同民族、不同国家拥有不同的历史背景和经济基础，不同文化很难用优劣好坏来区别。美国公民从世界各地聚拢在一起，遇到社会问题只能靠民主协商，移民越来越多，成分越来越复杂，要保证民主协商的结果得到落实必然要有法律约束。中国是一个农耕文明为主的国家，在对抗大自然时人们必须凝聚在一起，以氏族部落为主的社会结构不可能产生民主协商，人们最需要的是那些生活生产经验丰富和能让大家凝聚在一起的权威。经济基础决定上层建筑，虽然中国开始走近现代化，逐步摆脱农业文明的束缚，但是，由于国土、地貌、资源、人口等限制，在一个很长的时期内中国无法达到美国的社会水平，人口大国的就业压力会长期存在，只要社会、经济、文化存在差异，教育就必然存在差异。肉比草热量高、有营养是事实，但把肉拿给牛吃未必就是好事，我们可以不断学习借鉴美国先进的东西，当然包括学习美国的教育思想和方式方法，但是，我们不能也不应该照抄照搬美国的东西，特别是在文化方面一定要有文化自信，绝不能妄自菲薄，东施效颦，在教育的源头就把民族文化丢弃。强化凸显个性对生命个体潜能的释放有一定好处，但是，放到社会大背景下可能就是问题，有点历史常识的人都知道，当地方、个人作用被无限放大的时候，往往是社会动荡的年代。教育的功能是传承文明不是破坏自己的文化生态，通过教育不断地丰富完善民族文化传统，绝不能用一种文明替代另一种文明。

有人把乐陵市实验小学的课程改革说成是未来派，我认为这仅是草根，称不上什么流派。我认为学校课程不是对国家课程的补充，而是对国家课程的内化与整合。学校课程建设应该以党的教育方针为准绳，以国家课程标准为底线，以满足学生生命成长的需要和民族社会发展的需要作为前提，从而创建大数据背景下的学校教育教学体系。

（三）学校课程建设的基本原则

学校课程建设应该是理论指导下的教育实践，必须做好顶层设计。国家课程代表的是国家意志，它只是一个总体目标，各个地域或学校的课程设置应该是对国家课程的细化、活化、深化。基于这样的理解，我们从课程标准的要求和学校教师学生的实际情况出发，将国家课程和地方课程进行内化与整合，形成既体现国家课程意志又符合本土实际的切实可行的学校课程体系。这些课程都是从国家课程标准里生长出来的，而不是在国家课程标准之外拼接上去的。

1. 国家课程校本化。通过解读国家课程标准，依据标准涉及的知识、能力、方法、习惯、道德品质等要求，结合学校和师生实际情况构建学校学科课程体系，根据课程体系编制校本教材，并把相应课程划分成周目标，同时创建与之相适应的课堂教学模式和教学流程。教师根据学科特点和班级情况制定出学期教学规划，把各类课程细化、分解到每一周，从而确保国家课程标准的有效落实。

表1　乐陵市实验小学五年级下册第三周的周目标

课型	内　　容	达标情况	教师记录
汉字	嚼漠寞袄袍傻胚祸患臂赋淘妨岂绞	家长签字	
阅读	1.《晏子使楚》 2.《书债》 3.《长时间地学习为什么会头昏脑胀》	家长签字	
诗词	1.《龟虽寿》 2.《观沧海》	家长签字	
古文	《读书有三到》	家长签字	
佳句	关公战李逵——大刀阔斧 关老爷赴宴——单刀直入 农作物——土生土长 牛郎约织女——后会有期	家长签字	
成　语	带近义词的：百依百顺　兴国安邦 翻山越岭　背井离乡　手疾眼快 呼风唤雨　降龙伏虎　改天换地	家长签字	
文学	《红楼梦》	家长签字	
历史	明朝历史与世界历史对接	家长签字	
朗读	把握标点、语法、感惰的正确停顿	家长签字	
名画	《蜻蜓》《橡树》	家长签字	

表2　四年级三班下学期课程规划

周次 星期	一	二	三	四	五	六	七	八
星期一	1.周目标检测 5.观察	1.周目标检测 5.名画	1.周目标检测 5.观察	1.周目标检测 5.科普	1.周目标检测 5.观察	1.周目标检测 5.家政	1.周目标检测 5.地理	1.周目标检测 5.科普

续表

周次 星期	一	二	三	四	五	六	七	八
星期二	4. 阅读	4. 阅读	2. 历史 4. 阅读	2. 读书 交流 4. 阅读	2. 规划 4. 阅读	2. 科普 4. 阅读	2. 观察 4. 阅读	4. 阅读
星期三	5. 文学 6. 礼仪	5. 文学 6. 朗读	5. 文学 6. 时政	5. 文学 6. 写字	5. 文学 6. 电影	5. 文学 6. 写字	5. 文学 6. 时政	5. 文学 6. 名曲
星期四	2. 阅读	2. 阅读	2. 阅读	2. 阅读	2. 阅读	2. 阅读	2. 阅读	2. 阅读
星期五	2. 规划	2. 读书	2. 周目 标过关	2. 读书	2. 周目 标过关	2. 读书	2. 周目 标过关	2. 读书

周次 星期	九	十	十一	十二	十三	十四	十五	十六
星期一	1. 周目 标检测 5. 地理	1. 周目 标检测 5. 名画	1. 周目 标检测 5. 观察	1. 周目 标检测 5. 科普	1. 周目 标检测 5. 观察	1. 周目 标检测 5. 写字	1. 周目 标检测 5. 观察	1. 周目 标检测 5. 读书 交流
星期二	2. 观察 4. 阅读	2. 展示 4. 阅读	2. 时政 4. 阅读	2. 名曲 4. 阅读	2. 电影 4. 阅读	2. 家政 4. 阅读	2. 展示 4. 阅读	4. 阅读
星期三	5. 文学 6. 展示	5. 文学 6. 朗读	5. 文学 6. 历史	5. 文学 6. 写字	5. 文学 6. 规划	5. 文学 6. 体能	5. 文学 6. 时政	5. 文学 6. 棋艺
星期四	2. 阅读	2. 阅读	2. 阅读	2. 阅读	2. 阅读	2. 阅读	2. 阅读	2. 阅读
星期五	2. 周目 标过关	2. 读书	2. 周目 标过关	2. 读书	2. 周目 标过关	2. 读书	2. 周目 标过关	2. 读书

2. 学科课程综合化。信息化时代知识成爆炸式增长，知识技术的迅速更新必然导致职业的不断变化，工业化时代特别强调人才的专业性，但未来社会专业性越强反而失业的可能性越大。因此，课程设置要打破学科界限，对课程内容进行有效拓展，实现各类课程之间的相互联系和渗透，使学科课程、活动课程与生命课程相互关联与补充，做到学校教育、社会教育与家庭教育的和谐统一。

3. 实践活动课程化。课程在学校里不仅仅是以文本的形式出现的，它还是教育目标与教育追求得以实现的载体，课程引领教育实践。因此，学校开设的实践活动不是孤立于教育教学之外的，而是和每一堂课程相融合，让学生站到课程的中心，通过对各种资源的整合，形成更大的教育优势。如果缺少了这些，活动也只能停留在活动层面，达不到育人的目的。

（四）学校课程体系

依照课程建设的原则，我们把学校课程大致分为：学科课程、生命课程和文化课程。学科课程主要是国家课程标准规定的语文、数学、英语、音乐、体育、美术、品社、科学、综合实践等内容。生命课程主要涉及学生身体基本素质、心理健康、生理健康、生命安全、食品卫生、生活习惯等。文化课程包括个人修养、道德品质、理想追求、精神信仰、文化认同、历史认知等。

1. 学科课程体系。学科课程是学校课程的核心课程，因此必须在理解课程标准的基础上，设置便于老师操作的学科课程体系。我们的课程体系是"国家课程—校本课程—师本课程—生本课程"，同时把语文、数学、英语、音体美等学科都划分为基础性课程、阅读性课程和实践性课程三大类。

语文基础性课程包括汉字课、写字课、朗读课、成语课、诗文课、经典课；语文阅读性课程包括阅读课、文学课、影视课、名曲课、名画课、历史课、戏曲课，实践性课程分为观察课、时政课、地理课、棋艺课、体能课、规划课、游学课、礼仪课、民俗课、家政课等。数学基础类课程设置了养成课、书写课、学法课、合作课、建模课、练习课等；数学阅读类课程有数理阅读、数字阅读、图表阅读、图形阅读、经典阅读、习题阅读等。实践类课程涉及社会实践课、数学家政课、数学时政课等。英语也是如此，有基础类课程：字母课、书写课、词句课、音标课、综合课；有阅读类课程：诵读课、阅读课、影视课、写作课；有实践类课程：情景课、民俗课、时政课、地理课等。

2. 生命课程体系。教书育人是教育第一要义，教育的对象是有血有肉有感情的鲜活生命，所以，教育必须围绕提高生命质量而展开。如何保证学生的身心健康、人身安全，如何提高学生的安全防范意识和应对能力，如何提高学生的生活质量，如何让学生拥有良好的人际关系，如何提高自身的生命价值，怎样获得生命尊严等，

特色作业

都是教育必不可少的。因此，把学生整个生命成长的需要都纳入学校课程之中。习惯课严格规范学生的坐、立、行、卧；健康课增强学生的健康意识，丰富学生的健康知识，使学生拥有健康的心理；体能课把学校生活与家庭生活联系在一起，通过亲子锻炼、学校体能吉尼斯等活动，把体育锻炼延伸到校外；安全课通过各种安全演练、社会调查、专家讲座等形式，覆盖交通安全、居家安全、食品安全、人身安全等多个方面；劳动课包括家务劳动、学校劳动、社会劳动体验等，让学生的劳动意识、态度、方法、技能等都得到落实和发展；规划课让学生的成长更加科学、理性，理解生命意义、确立人生目标、分析成长路径、正视困难问题等，让人生的道路更加平坦，减少发展的盲目性。

3. 文化课程体系。小学生正处于人格形成的关键时期，外部环境对他们的影响至关重要，因此学校文化的引领起着很大作用。创建积极向上的学校文化，形成健康向上的文化场、舆论场、精神特区，让师生长期氤氲其中，并留下优良文化的印记，从而构建独立完整的精神世界。

制度文化让师生心存敬畏，行为文化使师生气质优雅，仪式文化让学校规范神圣。尽管校内文化对师生的影响很大，但在宏大的社会文化中还要汲取更丰富的营养。反过来，让教育小环境影响、改变社会大环境，通过学校文化活动丰富完善社会文化。感恩课让师生懂得感恩，民俗课让学生了解身边的风土人情，家史课让学生寻找文化的根源，党史课通过红色旅游让学生接受熏陶，诵读课让学生亲近文化经典，环保课让学生融入自然，游学课让学生践行读万卷书行万里路，团队课让学生的团队精神、合作能力落地生根。

亲子锻炼

我是社区小卫士

四、我的教学观

（一）教学方向从教学走向教育

每次听魏书生老师的报告，老师们都感慨万千。魏老师做着校长、当着班主任，一个人担任两个班的语文教学，一年有 200 天在外地开会做报告，从不请人代上一节课，学生成绩依然很高，老师们感觉不可思议。魏老师说这得益于自己民主与科学的班级管理，其实，他的经验价值解决了教书、育人两者之间的关系，学习成绩并非来自具体的教学方法，而是学生的学习态度。学习态度不是单纯的教学问题，而是教育问题。教育是道，教学是术，解决了育人问题以后，学习问题也就迎刃而解。

教学是教育的一部分，必须服务于教育。现实中，有很多人对教书与育人关系不理解甚至歪曲。有人把教书、育人并列起来，说什么既教书又育人，其实质是把两者人为地割裂开来，觉得教学是教学，教育是教育。认为教育是班主任、德育主任、品德老师的事，语文、数学等任课老师只负责教好自己的学科知识就可以了。也有人把教书、育人的顺序颠倒过来，说什么先教书后育人。古代圣贤已经把这个问题说得很透，"师者，传道、授业、解惑也"，这是把育人放在第一位，生活生产技能放在了第二位，知识学问放在最后一位。教书育人是一个完整的育人体系，最终都是指向育人的。所以，教书育人两者的关系不分先后更不能割裂，教书的目的是为了育人，教学必须服从、服务于教育，要站在教育的高度看待处理教学问题，始终把学生放在教育教学的中心位置。

（二）教学目标从会学走向想学

教学目标在哪里？如何完成教学目标？这是教学的基本问题，也是这些年教育教学改革的重点，但是，改了这么多年始终没有走出灌输式教学的误区，其根本性问题是教学目标的迷茫或缺失。

把学生教会。为了追求所谓的四十分钟内的课堂教学效率，把教学当作知识的

单项灌输，教学过程已经没有多少学的成分，教师一味地推送知识，从不问学生是否愿意接受，教师只一味灌输，这样的老师只是"教题、教字"的先生，他们的教学目标是"教会"。

让学生学会。还有一部分老师具备一定的教学经验，能准确把握所教学科的知识点，然后通过精讲多练，让学生掌握做题考试技巧，这样的老师能称得上"教书匠"。他们的教学目标是"学会"。

让学生会学。"授之以鱼不如授之以渔"，教会学生学习方法比教会学生知识更重要，教学中老师要注重学习方法的传授。这样的道理人人都懂，但是，尽管有的老师重视了方法的传授，老师在传授了方法后却很少给学生真正练习的机会。从小学到高中，大家一直在教方法，每节课都在演示教学法，却不敢放手让学生真正自学。学习，学习，不仅要学，更要长期反复不断的练习，才能形成习惯，提高能力。这好比教练教学员游泳，如果只是教给学生游泳的技巧，或者教练在水里示范却不敢让学生下水，那学生永远不会游泳。所以，如果将教学目标定位为"会学"就要真正放手，把学习的过程还给学生，让学生在自学的过程中将学习方法内化成自己的能力，而不是抓住不放。低年级老师在教会学生掌握了识字方法后，就应该放手让学生去主动识字，高年级老师也不要一味给学生讲解作文的谋篇布局，讲开头结尾的技巧，而应给学生制定切实可行的写作指导框架，教给学生写作方法，然后让学生大量练习。这样才能达到"会学"的目标。

无论是"教会""学会"还是"会学"，都无法在根本上触及教学的本质。"会学"也并非是我们应该追求的最高目标和真正理想的教学境界。每年高考结束后我们都能看见这样的新闻：同学们将学过的课本撕碎、焚烧，通过各种各样的方式发泄自己对书本的痛恨之情，其中不乏"会学"的尖子生。很难想象，这样的学生离开学校以后会有继续学习的兴趣。没有学习的兴趣，老师传授的方法再好又有什么用？

教学的最高目标应该是"想学"。2001年时任美国教育部长曾经说过："新的技术信息大约每两年就多出一倍，对于刚刚进入四年制大学的学生来说，这意味着，他们在第一年学习的知识，到了大学三年级，将有一半已经过时了。2010年要求最高的10项工作，在2004年的时候根本就不存在。我们现在要使学生做好准备，毕业后投入现在根本不存在的工作，使用现在还没有发明出来的科技，来解决我们从

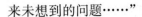

来未想到的问题……"

信息社会知识的更新瞬息万变，知识的传播途径和传播速度已经发生翻天覆地的变化，受此影响，教育教学的方式和目标也在发生巨大变化。网络数字时代最重要的已经不再是对知识的占有，而是知识的选择与应用。如果一个学生想学习，不用老师传播知识，他自己就可以找到自己需要的任何知识，没有老师传授的方法，他可以创造出各式各样的学习方法与途径。如果一个学生不想学习，再好的方法对于他也不会有什么作用。所以，今天的教学目标不再是会学的问题，而是学生想不想学的问题，也就是解决学生学习内驱力的问题。

要解决学生学习内驱力，就要让学生"做中学"，亲身经历知识生成的过程，敢于放手让学生"错中学"，把成长的过程还给学生，让学生在发现问题、解决问题的过程中获得成长的体验，抛弃功利心，把学习过程当作是成长的游戏，享受自主学习过程的那份愉悦感。然后利用课堂展示的形式给学生创设"展示荣耀，交流自豪"的学习舆论场、势能场和文化场，让他们体验成长的快乐，从而树立自信心，保持学习恒动力。

（三）教学依据从课本走向课标

教学依据的是课本还是课标？这本来不应该成为问题，所有人都知道教学的依据是国家课程标准，但是，现实中依据课程标准教学的情况少之又少。很多人至今还在"教教材还是用教材教"的层次上纠缠不休。大家已经习惯于用教科书上课，离了教科书、参考书就不知道课该怎么上。老师们认为讲完教科书就算完成了教学任务。考什么教什么，以书定教，把教科书当作金科玉律的老师普遍存在。

教学依据问题是中国课堂教学中最大的问题之一。美国教师的教学根本没有课本的概念，老师几乎都是以教学大纲为依据实施教学。老师依据大纲内容确定教学内容，先提出相关的问题，并告诉学生学习的目标、方法与途径，然后放手让学生自主学习，最后拿到教室里交流分享。学生学习的材料和形式也是多种多样的，到图书馆查阅资料，到社区展开调查，采访行政或科研人员，与父母共同讨论。比如，美国老师教授第二次世界大战的问题，先提出"你认为谁对这场战争负有责任""你认为纳粹德国失败的原因是什么""如果你是杜鲁门总统的高级顾问，你将对美国投放原子弹持什么意见""你是否认为当时只有投放原子弹一个办法结束战争""你认为今天避免战争的最好办法是什么"等问题，再指导学生查阅各种资料，绝不像国内教授第二次世界大战战争史的样子，学生按照教科书上的年代、事件、原因、结果的规定内容，死记硬背书中的结论。

　　大数据时代的教学依据已经不仅仅是国家课程标准，因为课程标准的制定具有一定的滞后性，无法准确预测五年、十年或者二十年以后的技术发展情况，无法满足学生生命成长和社会发展的需求，所以，教学内容的制定应该与时俱进，从依据课本走向课标，为教育预留出一定的提前量，最终超越国家课程标准。

（四）教学关系从教学走向助学

　　在传统的教学中，教学以教为前提，教师是主导，学生是主体，教学就是教师讲学生听，教师问学生答。学什么，学多少，怎样学，都是老师说了算，学生只能复制教师讲授的内容，没有独立自主学习的空间。现代技术的发展，使得教师不再是知识的先知者，不再是传递知识的唯一途径。学生获得信息、接触文化的渠道日趋多元化。一部历史题材的电视连续剧，不亚于十几个课时的历史教科书所起的作用；一档科普栏目的开设，有时要超过教材所提供的信息量；一张小小的光盘，远远不止于义务教育阶段的内容；一堂专家讲座，可能一下子就把学生带到知识、科技、生活的最前沿。更重要的是这些信息的获得，要比课堂上来的自由、轻松、快乐、高效。网络的发展使学习视界无限扩大，世界、历史、未来，一切都成为学生个体学习的可能。

　　大数据时代，教师必须接受由教学到助学的地位变化，教学必须实现由教师主导到学生主导的彻底转变。教学活动是一个互动的完整体系，师生是一个主体的两个方面，教师具有主导性，学生具有发展性，学生不仅是学的主体，同时也是教的主体。教学实现了由一元主体到多元主体的转变。老师要做的是满足学生生活和发展需要，充分利用各种资源对学生的学习与生活进行指导和管理。教学不再是单向的付出，而是生命活动、专业成长和自我实现的过程。教师由传统的知识传授者转向现代的学生发展的促进者，是学生学习的激励者、引导者、欣赏者，是平等的学习首席，是学习的伙伴。教师应该提前让学生清楚学习内容和学习方法，在课堂之外让学生利用各种资源进行自主学习。老师为学生的学习搭建平台，引导大家相互借鉴分享，这样同学们既可以找到自己学习中的不足，又能借鉴别人学习的经验和态度。

（五）教学顺序从学后教走向学中教

传统教学的顺序是先教后学。它之所以受老师欢迎是因为可以提高40分钟课堂的教学效率，是传授知识、训练应试技能相对高效的做法。但是，它最大的弊端就是课堂教学中教师占主导地位，学生的学习积极性受到影响，学生的动手实践能力得不到提高。基于对传统教学顺序的反思，近年来，教育界一直没有停止改革的脚步，积极寻求解决的办法。于是出现了"先学后教"——导学案、讲学稿等教学模式，而且已经成为当今教学的主流模式。这样的改变看起来落实了学生的主体地位，学生的自主学习有了一定的空间，但学什么，怎样学、学多少仍然在老师的控制中，仍然是教师在"教"。导学案、讲学稿对教师的学养和课堂掌控能力要求较高，如果老师不能像教练那样给予学生及时的引导、指正，就会导致学生自学不得法，使学后教的效果打折扣。其中最大的问题是教学目标直接指向考试，教育的价值取向与传统教学没有根本性区别。

现代课堂教学是师生双方互相交流、相互沟通、相互启发、相互补充的过程，教学活动不仅是一种认知活动，更是一种人与人之间平等的精神交流。对学生而言，交往意味着主体性的凸显，个性的表现，创造性地解放。因此，教和学的顺序不能

做中学

被简单地切割或排列，教学理应是教中有学，学中有教。

（六）教学方式从座中学走向做中学

现实生活中，如果我们只是学习了驾驶的书本知识，而不去实践，照样不会开车。传统的教学方式是座中学，教学以课堂为中心，学生在教室内规规矩矩地端坐着听老师讲授，学生获取知识的时间是课堂上的 40 分钟，地点仅限于教室内，课堂上只重视课堂效果，无视课堂以外的教学，只重视学，而忽视了做。而在做的过程中我们可以学到很多原本不具备的知识和技能，正如小孩子学走路一样，只有在他爬行的过程中才会懂得走的要领。反之，学也能更好地指导做，在学的过程中掌握正确的知识和技能要领能够更好地指导我们做。所以，做与学同等重要。要正确处理学与做的关系。

做中学。调查显示，中国学生对知识的掌握是世界领先的，但操作实践能力却是较差的。这种现象是有历史渊源的，我国从古代开始就不重视自然科学，几千年选拔人才的科举制也不重视实践能力和创新能力的培养，最终导致学生实践应用能力的缺失，大学毕业生本来就是培养出来的专业人才，但是他们工作后还要进行岗前培训，否则无法胜任专业性工作。因此要增加实践性课程，让学生在动手做一做的经历中体会、感悟，从而对学习产生兴趣。尤其是数学课程的实际问题，只靠老师讲解学生也很难理解，要多让学生动手操作。比如，数学的长度单位、重量单位、时间换算、路程计算等实践性知识，要让学生在实际操作的过程中建立整体思维，而不是死板的记住计算公式。

（七）现代技术从服务于教走向服务于学

学校信息技术多是从教师教授的角度配备的，如何让学生借助现代信息技术来学习则考虑较少。学校喜欢不断更新教学设备，却很少考虑投入产出的实际效果。有经费了就把教室的投影仪换成电子白板，过了两年投影落后了，就再把电子白版换成触摸屏的智能终端，无论是电子白板还是触摸屏的智能终端，都只能服务于教师教学的需要，无法实现让学生充分利用现代信息技术有效学习的目标。

现在，多媒体也普遍应用在老师的课堂上。很多老师能制作漂亮的 PPT。但可惜的是老师课堂上对多媒体的使用往往是为了让自己的课堂更具观赏性，让课堂教

学生自主学习

学更加精彩，展示的是教师自身的精彩而非为了拓展学生学习的渠道。

　　学校信息技术的现代化，不仅仅是硬件投入的问题，也是一个教育理念现代化的问题，学校信息技术现代化的本质不是教育设备现代化的问题，而是生活技术教育化的问题。在不能让每一所学校的装备都达到现代化之前，学校要做的不是千方百计与兄弟学校抢夺有限的教育资源，而是埋头向下，不断挖掘生活中的技术资源，让生活中的信息技术为学校发展服务。充分利用生活中的信息技术，老师可以通过飞信、电话、网络对学生的课外学习与生活进行指导和管理，提前把学习内容、学习方法发给学生，在课堂之外指导学生的自主学习，学习过程中再借助现代技术对学生进行督促和指导。这样就能基本解决留守儿童的问题。

五、我的教材观

（一）教材起源于生活

　　自从有了人类也便有了教育。原始社会，狩猎归来的人在篝火旁向族人传授捕获猎物的本领，分享彼此成功的经验，他们的手舞足蹈就是最初的教育，教育教材内容就是他们狩猎的过程和经验。

教材是人类生产、生活经验的总结。人类发展到文明社会以后，教育是以师带徒的形式出现的，陶艺、占卜、木匠、建筑等行业，都是通过面授机宜，口口相传，来传承各个行业的经验，并没有什么教材。随着人类社会不断发展，人们的活动范围越来越阔广，物质越来越丰富，开始出现了文字，后来又出现了帛书、简书，当技术发展到一定程度，便有了记录文明和传播、传承文化的纸质书籍。书籍是记录、传承人类的生产、生活经验的载体，是经过加工提炼、升华固化了的文字生活，是后人了解前人生活、学习前人文明成果的重要途径。

在中国古代教育中，教材的内容和形式丰富多彩，不是单一的文字书本。除了经典文本经史子集外，古代的老师又注重引导学生学习前人生活、生产经验，与学生一起观察与分析社会现实生活、时事政治。既重视读万卷书，更注重行万里路。比如，孔子带领学生周游列国，学生在与老师一起出游时学到的不仅有各地风俗人情，还有老师对时事、世势的分析，做官管理经验。

教科书是工业化生产的产物。大工业革命以后，随着蒸汽机的发明，新兴产业的出现，师带徒和私塾教育方式已经不能满足社会大生产的需要，工业化大生产需要大批有知识有技能的技术工人，于是出现了学堂教育模式。学校不仅要为工厂提供技术工人，还要为工业化生产提供管理人才、研究人才，学生不仅要学习专业技术，还要学习基本知识和基本技能。这时用什么教，教什么的问题就凸显出来。

当100多年前学校教育在中国出现的时候，当时的农村，不要说就读于新式学堂，就是能进私塾读书的学生也是少之又少。一个村子几百人口中能识文断字的也寥寥无几。家长没读过书、不识字，身边没有任何书籍，更不用说报刊、广播、电视、网络这些东西了，生活中几乎没有可以直接拿来使用的教学材料。从老师的层面说，多数老师只有几年私塾的学习经历，没有能力根据教学大纲自己编写讲义。即使有个别老师自己能编写出讲义，当时的学校也不具备为每一位学生印制讲义的条件。为了解决教师讲授和学生学习的问题，必须要由国家或某一专业机构统一编写教学材料，于是才有了教科书的产生。

（二）教科书的问题

教科书是那个时代无奈的选择，绝不是教材的原意和必然选择。随着社会的发展、技术的进步，教材的概念应该逐步回归于本源，恢复其应有的功能和本质。非常遗憾，100 多年过去了，现代人类已经进入网络数据时代，教材依然是教科书的天下。教科书成了教材的代言词，离教材的本意越来越远，离学生的生活越来越远。不仅如此，各个学科不同版本的教科书还存在很多问题，由此限制和影响了教学效果。

语文学科教学有其本身的特点和作用。语文课程标准明确指出，语文是最重要的交际工具，是人类文化的重要组成部分。工具性与人文性的统一，是语文课程的基本特点。语文教学肩负着母语传承、历史文化、时代精神的教化重任，它是网格状的，应该包含方方面面的知识，最应该体现时代的人文气息。但是我们的传统语文教材却落后于时代的发展，且存在很多弊端。

小学语文教科书内容考据不实，有悖教书育人的宗旨。小学课本里有篇课文《爱迪生救妈妈》，文章描写发明大王爱迪生的童年故事。一个晚上爱迪生的妈妈突然患急性阑尾炎，这位天才孩子利用镜子反射油灯的光，为医生顺利完成手术提供了充足的光线。据考证，史料记载最早的阑尾炎手术发生在 1886 年，而生于 1847 年的爱迪生那时已经是一个 40 岁的已婚男人了。这样一个漏洞百出的故事，在一百年以前可能没有什么大的问题，因为没有多少学生具备了解故事真相的条件，但现在网络背景下学生能自主学习，就会给学生带来不良影响。

这种课文既没有科学性也没有人文性，只是硬性的说教。试想，在幼小的心灵里种下虚伪的教育种子，长大后虚伪的野草怎么不会肆无忌惮的疯长呢？我们虽然不能以偏概全，但现实生活中的例子却比比皆是，为此我们不能不感到担心，假恶丑的东西一旦成为气候，就必然会像病菌一样侵入人的肌体，甚至会像白蚁一样蛀空民族灵魂，这对一个民族来说是多么的可悲、可哀、可怕。现实中无数鲜活的事实告诉我们，这种假大空的危害远非如此。阅读可以涵养学生的美好品德，但是硬性说教的文章对学生的影响却只会适得其反。

现在的语文教科书信息量小、时代性差。现在小学语文课本所选篇目大多是人文性较强的文章，关注的多是伟人、名人，平民身边的生活故事较少。能给学生带来现代科学知识的科普文章更少，语文教材成了政治教材、德育教材，生活成长中需要的科学信息类的文章较少，描写风霜雪月的生活气息的文章也不多。不但针砭时弊、启迪智慧的时代性文章不多，也缺乏古代学生启蒙学习的《弟子规》《论语》等内涵丰富的经典。现代课本既不能满足学生的阅读要求，也不能满足学生的写作要求，这在儿童的记忆黄金时期是一种生命的浪费。

当前的语文教科书缺少童趣。相比民国的教科书，现在的课文选编大多站在成人的视角，侧重的是如何对学生进行思想灌输和品德教育，这不但脱离学生的生活实际，也忽略了学生的个体感受，所以很难引起学生的阅读兴趣。

数学教科书也存在一定的问题。数学教科书违背了数学学科规律。数学是一门研究数量关系和空间形式的科学，具有严密的符号体系，独特的公式结构，形象的图像语言。它有三个显著的特点：高度抽象性、严密逻辑性、广泛应用性。数学学科的高度抽象性和严密逻辑性决定它的知识结构式是链条状的，不能随意切割。教科书在很多内容的安排上不尽合理。比如，10 以内、20 以内、100 以内数的认识应该是连贯的，但是小学一年级上册课本安排了 10 以内、20 以内数的认识后，没有安排 100 以内数的认识，而是安排了认识图形、认识钟表等 5 个版块的内容的学习，将 100 以内数的认识安排到了下册。这样将连贯的知识体系进行人为切割的教材，使学生学习起来费时费力，影响学习效果，也不利于学生的数学知识系统的建立。

数学学科是一种思维体操，数学的教学过程就是由物到像又抽象出数的逻辑演绎过程。我们学校使用的某版本数学教材，从一年级到六年级都是用信息窗进行教学的，使学生的思维始终停留在物和像的层面上，不利于学生抽象思维的培养。

违背认知规律。小学生思维发展的基本特点是，以具体形象思维为主要形式，逐步过渡到以抽象逻辑思维为主要形式，但是这种抽象逻辑思维在很大程度上仍然是直接与感性经验相联系的，仍然具有很大成分的具体形象性。教科书中很多知识的教学安排违背了这一规律。比如，在 10 以内数的认识的教学中，信息窗上的那些螃蟹、海星、海马、大鲸鱼对远离大海的孩子来讲是陌生的。一年级的远离大海的孩子怎么看图像也想象不出小海马长什么样，这使学生产生了不必要的困惑，加重了学生的学习负担。应该立足生活进行教学。为什么不从生活中随意拿出一个熟悉的事物来进行教学？前置性学习环节中老师提出要求，孩子在家长的帮助下用硬纸片剪 5 个三角形，5 个圆形，5 个长方形，5 个正方形。家长剪一个学生数一个，这个过程不就是数数吗？这样的学习不是比在课本上看图画更有趣、印象更深刻吗？在数数的过程中巧妙地渗透图形知识不是更好吗？为什么非得画一些同生活中没有关系的东西，而违背学生的认知规律呢？

再如，"小数的意义和性质"一节的教学，信息窗先入为主，直接出示丹顶鹤的蛋是 0.25 千克，信天翁的蛋是 0.365 千克，鸵鸟的蛋是 1.65 千克，丹顶鹤、鸵鸟、信天翁离学生的生活有多远暂且不说，课本直接给出小数的单位明显是站在成年人的角度进行灌输。数学教学就是引导学生重复人类数学发展历史的过程。小数从哪里来？小数的性质本身是分数，小数的本质是分数的简便表示，这里为什么不从分数的教学入手，让学生在旧知识上自然掌握新知识呢？

信息窗不利于数学模型的建立。一些数学概念、定理、算理等人教版教材是归纳出来的，有的教科书没有这样的归纳，而是全都放到习题里让学生自己去悟。人的记忆必须有载体，语言是思维的载体，给学生一个语言载体，比没有任何凭借、凭空理解和记忆要好得多。强调语言归纳不是让学生自己直接抽象，而是让学生在生活中发现数学现象并用自己的语言表述出来。例如，对千米的认识，课本上的信息窗显示飞机在两千米高空、热气球在 1 千米高空的图形，对于从来没见过热气球更没坐过飞机的农村孩子来说，1 千米、两千米到底有多长，他们即使知道了"1 千米＝1000 米"的数量关系，也很难建立正确的数学模型。学生靠在 3 间教室里在书本上读图画，无法帮助自己建立数学模型。如果让学生进行充分的前置性学习，引导学生在父母的帮助下每人做一个 1 米长的木棍，用周六、周日的时间在父母带领下找一个空旷安全的地方一米一米去丈量出 1 千米，然后再用步测，看看自己 1 千米大约走多少步，爸爸或妈妈在步测下看看走多少步，然后估测出一个 1 千米，再实际量一量，看看自己目测的是否准确。通过这样反复的操作，学生才能建立起千米的概念，形成正确的数学模型。

对照课程标准的要求，现行英语教科书也存在某些问题。语言学习环境很重要。一个不识字的农村老太太，同样可以拥有流畅的语言表达能力，为什么？因为她长期生活在这样的语言环境中。所以语言学习应该是在生活中学，而不是在文本中学。但是现行英语教科书，仍然侧重于单词、句子的学习，忽视学生听说读写能力的训练，远离学生的生活。课本涉及大部分内容都是城里孩子所熟悉的，对于农村尤其

瞧！这就是1米

是山区学生来说，他们都对英语课本内容很陌生，这对于他们来说是不公平的，这增加了学生学习的难度。文字环境不等于语言环境。仅仅在上下文中理解词语的含义远远不够。相比中国人，英美国家人们说话时表情和肢体语言都更丰富。同样的单词，不同的表情、不同的语调，配以不同的动作表现的意思大相径庭。

课本中的语法学习也不科学。语法就是语言的表达习惯，是约定俗成的，学生没有英语为媒介的生活，缺乏语言学习的环境，若生硬的掌握语法，难度很大。如果选编美国影视片段里的不同生活场景，让学生感知同一个事物或者同一件事情，汉语和英语有不同的表达方式，并找出两者间的语法差异，这不就是很好的语法教学吗？

忽略人文性。教材是知识文化的载体。我们学习英语，除了掌握英语这种交流工具以外，还应该重视对西方文化的感悟，这样才能"师夷长技以自强"。但是现行英语教科书缺少文化的内涵，内容浅显。

（三）教科书改革的问题

由学科教学大纲到学科课程标准是一大进步。从民国时期到新中国成立，从文化大革命到新课程改革，从学习苏联到学习西方国家，我们的教科书一直没有停止改革的脚步。从私塾先生讲解的经史子集到学校里的现行教科书，这是一大进步。21世纪之初的新课程改革在教学依据方面"变纲为标"是一大进步。教学大纲规定的是教学内容，学科课程标准规定的是需要达到的标准，两者之间有本质性区别，课程标准对教学材料没有具体限制，只要能达到规定的标准，用什么材料可以有多种选择。所以，由教学大纲改为课程标准意味着放宽了学校教师自主选用教学材料的权力。

一标多本没有从根本上解决教材问题。据统计，现在全国发行的教科书出自67家出版社共175套，小学教科书也有十几种版本，后来编写的沪教版、苏教版、鲁教版、冀教版等教科书，无论哪一种版本与过去人教社的教科书没有本质的区别。如果没有决定性的区别，而国家投入如此大的人力、物力、财力是否会造成重复浪费？这些版本是否回归了教材的本源？是否解决了过去存在的脱离生活、远离儿童的问题？如果教材不是颠覆性的改革，仅是不同版本的改换，这实质上就是一种浪费。

（四）我的大教材观

1. 教材源于生活。一说到教材，很多人首先想到的就是教科书，把教科书当作教材的本身或全部，这是一种误解，教科书无法涵盖生活，甚至无法达到课程标准的要求。"语文是实践性很强的课程，应着重培养学生的语文实践能力，而培养这种能力的主要途径也应是语文实践，不宜刻意追求语文知识的系统和完整。语文又是母语教育课程，学习资源和实践机会无处不在，无时不有。因而，应该让学生更多地直接接触语文材料，在大量的语文实践中掌握运用语文的规律。"从课程标准中我们不难发现，就语文学科而言，一切知识皆来源于生活，所以，生活的内容都可以成为教学的内容。

《数学新课标》强调："义务教育阶段的数学课程，其基本出发点是促进学生全面、持续、和谐地发展。它不仅要考虑数学自身的特点，更应遵循学生学习数学的心理规律，强调从学生已有的生活经验出发，让学生亲身经历将实际问题抽象成数学模型并进行解释与应用的过程，进而使学生获得对数学的理解，同时，在思维能力、情感态度与价值观等多方面得到进步和发展。"数学离不开生活，生活中处处有数学，它来源于生活又应用于生活。因此，数学学习必须加强与生活实际的联系，数学只有回到生活中，才会显示其价值和魅力；学生只有回到生活中运用数学，才能领悟到数学的魅力，真切感受到数学的乐趣。

2. 文本也是生活，是前人固化的生活。最新修订的《小学语文课程标准》指出，语文课程资源包括课堂教学资源和课外学习资源，例如，教科书、教学挂图、工具书、其他图书、报刊，电影、电视、广播、网络，报告会、演讲会、辩论会、研讨会、戏剧表演，图书馆、博物馆、纪念馆、展览馆，布告栏、报廊、各种标牌广告，等等。自然风光、文物古迹、风俗民情，国内外的重要事件，学生的家庭生活，以及日常生活话题等，也都可以成为语文课程的资源。从中不难看出，语文教材包含文本和生活两大部分，文本又分为书本和非书本两种情况，如果用一句话来说，人类所有文明成果只要能用某一种载体呈现出来，这种载体就可以算作文本，比如，报刊书籍、辩论会、博物馆等。文本是前人的生活生产经验的记录和写照，是生活凝固了的现实生活，是人类智慧的结晶，以此来学习前人或他人的生活、生产经验。我们无法跨越时空，自由地与每一个人对话和交流，但借助于文本可以解决这个问题。教与学的材料还包括师生的现实生活，生活内容既包括学生的生活，也包括所有当下社会的生活，另外，自然风光也可以作为教与学的材料走进课堂。

3. 学生的现实生活是教材的自然组成部分。教学的目的就是让学生了解生活、掌握生活、创造生活，最终享受生活。在生活中学习生活，这是最好的教学方式。但是现在仍然有很多教师忽视对生活的关注和学习，关起门来教学，让学生读死书，死读书，致使学校教育与社会生活脱节，甚至出现博士生比本科生就业难、本科生比专科生就业难的现象。这里面不仅有素质教育问题，也有一个教材观的问题。"风声雨声读书声声声入耳，家事国事天下事事事关心。"教育应该立足当下、服务未来，学校教学要融入这个时代。老师的生活、学生的生活、个人生活、社会生活，以及大到世界反恐、小到生活中如何布置房间等，生活中有教育意义的事例、现象都可以拿来当作教材。"如何看待日本的反华势力""如何治理雾霾""看到老人跌倒扶不扶""患者家属打医生对不对"……生活中的内容，就应该出现在我们的教材中，与现实生活休戚相关的当下问题就是教材。

4. 学生学习过程和生成数据也是教材。数据也是教材。古代社会是先生先知，老师是传播知识的唯一渠道。但是现代社会截然不同，在很多新知识的学习上，学生的接受能力强于老师，使用智能手机、识记汽车品牌、玩电脑游戏……在对新生事物的认知上，是生贤于师。学习一篇课文，学生能从网上搜到上百条相关的资料，比如，作者的生平简介，相关的名师授课视频、相关的动画故事、相关的图片、课文的朗读音频，读者对文章的赏析，等等。学生把这些资源上传到一个公共空间里，同学之间相互访问，这些数据毋庸置疑就是教材。

除了上述的资源数据可以作为教材外，生成性数据也是教材。对于同一篇文章的资源数据，不同的学生有不同的视角，有自己感兴趣的不同方面，有的同学可能搜到的是文字资料，有的同学可能搜到的是视频、音频资料，每个人把自己的学习成果放到网上，供同学们共享，这样的数据就是教材。同时，由于每个学生的家庭背景、生活阅历、知识积淀的不同，对同一篇文章会有不同的理解，同学们将自己的阅读感受都发到班级公共的网络平台上，方便大家共同分享，并从中还可以获得很多启发。这样的生成性数据也是教材。

5. 师生的阅历也是教材的重要组成部分。教师的知识积淀和文化素养，也是教材的一部分。孔子的教育成就不能说与他的周游列国无关，如果孔子没有这段游学的经历，他对社会、对人生、对教育的理解也就不会那么深刻，他的教育成就也就不会那么辉煌。因为教师的人文素养必然影响到学生的阅读质量和感悟程度。有人说，一千个读者就有一千个哈姆雷特。同样，一千个老师就有一千种教学。例如，对朱自清的《背影》的教学，让一个对父母怀有深厚感情的老师和一个缺乏感恩意识的老师分别引导学生解读文本，学生的理解感悟必然不同。而对于朱自清的《春》的教学，一个热爱生命、对生活有着细腻、丰富情感的老师和一个悲观厌世、生活乏味、缺乏情趣的老师带领学生学习时，学生感悟的情感、达到的高度也必然不同。所以，教师的知识积淀和文化素养不同，对文本的解读也就不同。教师文化素养越高，对文本的理解就越深刻。

同时，师生的生活阅历也是教材的重要组成部分。没有生活就没有阅读能力，没有生活基础要想提高阅读力是很困难的。比如，有这样一段文字："寒风不停地刮着，树梢不时地发出凄厉的尖叫，大风扬起的沙尘打在窗户上沙沙作响，昏暗的灯光把人的影子投在窗子上不停地来回晃动，他走过去，把右手的食指放在嘴里舔了舔，然后在窗上轻轻地戳了一个洞，把脸贴在窗子上闭上一只眼睛不停地往里面观望。"如果读者从没有见过纸糊的窗户，无论老师用什么样的教学手段，图片、视频、语言描述，都不可能培养出学生的语言感悟能力。问题出在哪里呢？有些事他读不懂，例如，大风扬起的沙尘打在窗户上时沙沙地响，还是啪啪的响？生活中打在玻璃窗上都是啪啪地响而不是沙沙地响，是不是作者写错了？昏暗的灯光把人影投在窗户上还是投在窗帘上？屋里点着灯，透过玻璃窗从外往内什么都能看见，生活中玻璃窗上根本留不下人影，是不是作者在瞎编？学生最不能理解的是"他把食指放在嘴里舔了舔，然后在窗子上轻轻地戳了一个洞，"这人有奇异功能还是外星人？我试过多次，我怎么不能把窗子戳个洞呢？学生没有生活的体验，无法理解这段话的含义。不能理解文章的意思，语言感悟能力也就无从谈起，所以我们提倡"读万卷书，行万里路"。读有字书是为读无字书服务的，读书的目的就是读人、读事、读生活。

六、大课堂观

（一）生活过程是教与学的全过程

传统课堂的样子是固定的三间教室，一群孩子正襟危坐听老师上课，一节课不得超过 40 分钟，课间 10 分钟后同学们再回到教室里正襟危坐。课堂上，老师始终占据主导地位，从问题到流程、从内容到方法，都由老师说了算，学生始终处于被动的听记状态。有的教师相对好一些，教学过程中考虑到学生的参与，教师提出问题让学生讨论，竞争回答。这样看上去学生主体地位得到体现，但是，教学的过程是教师的，提出的问题是教师的，答案也是教师的，学生仍然不是自主的学习，而是被教师用问题这根线牵着跳舞。一节课下来，"读、说、议、演"，忙得不亦乐乎，不过是把过去教师的"独角戏"改变为"群偶戏"。所有课堂生成都是教案脚本的再现，学生缺少对文本的深刻理解，不能与生活相联系，更谈不上用课堂上所学的知识指导今后的生活。

虽然有的教师在课堂上把课桌排列方式变换了，也有小组合作的环节，但是，变换课桌小组合作流于形式。为凸显学生的主体地位，有的老师课堂上不敢批评或评价学生，即使学生的观点违背文本本意或有悖道德基本准则，教师也一律表扬，从而失去了教师的主导作用。还有的老师在语文课的教学中为落实三维目标，在文本教学中常常直奔主题，淡化了学生的双基训练，忘记了语文教学的基本能力的培养。

新课程改革以来，课堂较以前有了很大变化，出现了小组合作、探究性学习等形式，课堂开始变得活跃了。但是很多老师只是追求形式，课堂的结构和性质并没有根本性变化，教学活动依然局限在教室里，教学内容依然停留在课本上，教学活动依然由教师预设主导着，教学过程依然以推送知识、训练应试技能为主，课堂上少有学生的主动参与和成长体验。

不要说 100 年前，就是在几十年前，农村还没有解决吃饭问题，一个村子里有几个识文断字的，就算得上"文化人"了，那时想找人写信都得跑几个村子。能买得起收音机就算是村子里的"土豪"了，像电视网络这样的先进设备，人们没见过。在那样的年代，教室是学生获取知识的唯一场所，课堂是学生学习的唯一渠道，课堂上老师讲的所有知识，在学生看来都是新鲜的，神圣的，老师不讲学生就不会，那老师是高高在上的先生。

现代社会知识瞬息万变，网络技术无处不在。人们坐在家里可以上网学习，走在路上同样可以上网学习。不论是简单的词句，还是晦涩难懂的文言文，不论是历史名人还是现今的名胜，如果有不明白的问题只要到电脑上查，应有尽有，比老师讲的更加全面系统。网络技术的发展，让课堂失去了原有的神秘，同时让教学走出了教室。

今天的课堂打破空间的限制，由封闭的教室走向广阔的生活。课堂形式由过去的封闭型转变为开放型，变课堂教学的一维空间为多维空间，即家庭教育空间、学校教育空间、社会教育空间、自然教育空间、学生心灵空间等。学习的场所不是固定的，教室、学校只是学习场所的一部分，同时还包括校外的图书馆、博物馆、展览馆、科技馆、工厂、农村、部队、科研院所等与学生的学习生活密切相关的各种社会、自然场所和信息化虚拟场所。另外学校内的所有设施都是开放的学习资源，学校是对外开放的，家长、社会人士可以随时走进学校、课堂，关注学校的发展，可以结合个人特长，给孩子上课。

今天的课堂打破时间的限制，由 40 分拓展为生活的全过程。上学放学的路上，学生观察四季景物的变化时，街道就是课堂；学生学做家务时，客厅、厨房就是课堂；学生欣赏优秀影片时，电影院就是课堂。打开电视、拿起手机都能从中获得信息，汽车上、火车上可以独自欣赏名曲或者学习英语。信息化时代，课堂的概念发生了根本性变化，课堂的内涵是广阔的，课堂的本质蕴含于生活之中。课堂无处不在，几十平方米的教室不能和课堂画等号。教育的方法，教育的工具，教育的环境，都应该从学生的生活中来，与之相适应的教学方式也应该是多元的，不再是教师"教"，学生"学"，生活中的交流都变成了教学。

随着科技的进步，电视网络这些现代媒介逐渐走入千家万户，学生完全可以通过上网自主学习很多知识，自己在家里完成全部学习任务。这是否就意味着学生可以回归家庭，学校、课堂可以就此消失呢？答案当然是否定的。课堂教学的场效功能和社会化功能是任何技术无法取代的。课堂之所以必须存在的一个重要原因是，课堂教学的功能在于场效的发挥，在于势能场的创造。

（二）课堂是师生生命成长的平台，不是师生表演的舞台

1. 生命的课堂。对于学生而言，课堂教学是生活的重要组成部分，同时也是生命长河的重要旅程。人生几十年，学生生活几乎占到四分之一，这部分生活又是生命最美好的时期，学习生活是否幸福快乐对于人生来说无比重要！如果把学生的人生目标不断功利化，把升学就业当作学生的重要培养目标，忘记或舍去学生的人生终极目标，把人身价值和生命质量抛到一边，最终结果必然使课堂成了开放的监狱，使学习成了拼命地奔跑和竞争，生命的价值和意义得不到应有的尊重，为了某个虚幻的目标让生命浪费在毫无意义的比拼之中。教育的本意是促进生命个体的社会性发展。在教与学的过程中，最重要的不是获得知识的多少，而是如何让学生感受到进步，体验到成长，享受生命的尊严，掌握学习方法，养成良好习惯，从而树立自信，增强学习的兴趣和内驱力，让生命走向完善、趋于完美。

2. 展示的课堂。现代课堂教学发生了质的变化，课堂不再是以传授知识为主，也不是以训练技能为主，而课堂是学生带着自主学习的成果进行主动展示的平台。在这样的课堂上，学生展示荣耀，交流自豪，体验成长，收获自信。学生通过前置性学习，初步掌握了知识，然后在学习性组织内进行充分的合作，资源共享，最后再将合作的成果拿来在课堂上和全班同学分享，在分享中，既巩固了所学内容，还能汲取别人好的学习方法，同时养成良好的学习习惯，在交流中提高自己的综合能力。在这样的互动交流中，学生的参与意识越来越强，参与度越来越高，参与面越

来越广，于是课堂的文化场、舆论场、势能场就形成了，形成势能场才能真正激发学生的学习热情，从根本上解决学生学习内驱力的问题。

3. 主动的课堂。课堂成为展示交流的平台以后，学生学习的性质也随之发生变化。讲授的课堂是教师的、灌输的，现在的课堂是学生的、学习的，把自己学习的成果展示给同学、老师看，是自己的事，是愉快的事，所以，学习的动机变"要我学"为"我要学"，由过去被动接受为主动探究，变机械的模仿为深入的思考。有了信息的搜集和整理，有了自己的分析和判断，自然也就有了交流的冲动和需求，课堂上认真交流，积极发言，不再需要外在的各种激励的手段，这成为学生内心的渴望和成长的需要。

4. 潜能的课堂。教育就是让学生潜能最大化，教育要改变的不是学生的智商，而是学生的情商，智商决定生命自身的物质基础，情商涉及境界品位，价值追求，人际关系，思维方法，意志兴趣等。现代课堂不仅要解决学生显性知识技能的问题，更要关注默认知识，注重学生情商的发展与培养。

5. 发现的课堂。课堂教学不是解决学生已有的问题，而是引导学生学会如何发现问题，使学生最终形成发现问题、分析问题、解决问题的良好习惯。有的教师总担心学生学不会，害怕课堂教学后学生有问题，问题本身就是教育资源，有了问题才会有学习的动力。教学过程中最难的不是帮助学生解决现有的问题，而是如何拓宽学生的学习视野，启发学生积极地思考问题，并且不断发现新的问题。

（三）课堂是知识思想的集散地

随着社会发展和科技进步，知识传播的渠道日趋多元化，各种信息通过图书、报刊、电视、网络、手机等渠道扑面而来。学生与教师获得信息的时差几乎是零，有时学生在某一方面的信息获得先于教师。在这样的社会背景下，那种教师先知，学生后知的教学关系，其物质基础已经动摇，教与学的基础关系变了，课堂教学的功能也必然随之发生变化。课堂不再是知识传递的主渠道，学生完全可以借助网络技术自己解决信息的搜集梳理，不再需要老师传授、解析信息。现代课堂成为知识思想的集散地，师生把各自的知识信息、分析判断、思想观点等带到课堂上来，进行汇集、交流、碰撞，充分发挥课堂的场能效应。

交流碰撞

（四）课堂是文本与生活的对接舱

　　课堂是文本与生活的对接舱，不是文学个体的解剖室。传统课堂上教师讲解课文，置文章的文学性、整体性于不顾，把一篇优美的文章大卸八块，一一解析，完全忽视了课堂教学的根本属性。这种"大卸八块""肢解剖析"式的课堂教学，其理论基础是"老师不讲解分析，学生就学不会"，过分强调教师的主导作用，过高估计了教师在学生阅读能力形成中的作用。另外还有一个原因是教育应试思想，总担心学生在自主学习中漏掉部分考试的知识点。在这样的课堂里学生收获的仅是有限的知识和某种写作技法，影响的却是学生能力的形成和生命的成长。学习前人的生产生活经验，是为了自己今后更好地创造生活，享受生活。教室好比是潜艇的减压舱，在学生还没有完全掌握生活知识和技能之前，先在这里学习过渡一下，为今后的生活打下坚实的基础。

（五）课堂是智慧生成的孵化器

　　课堂是智慧的孵化器，不是应试技能的训练所。由学生参与的课堂，虽然解决了学生的主体性问题，由过去课堂上教师传授为主变成学生自学为主，这样的课堂生成着眼于学生的知识能力，却无法解决学习内驱力问题。而后现代课堂是以学生展示为主的课堂，教学活动的目的不再是学生获得知识能力的多少，而是让学生获取生命成长的体验，体会到自主学习的快乐，从而增强学习的自信心和内驱力。

展示小组解读课文

在展示的课堂上学生收获的不再是临时的记忆成果，课堂上的交流碰撞，有利于学生视野的拓展，有利于创新思维的培养，特别是各种观点在课堂上的叠加、碰撞，有利于发散思维和逆向思维的形成。课堂上敢于发表自己的观点，既是国家课程标准的要求，也是培养创新精神的必经之路。

（六）课堂模式是完整的操作系统

现代课堂教学没有了教师的传授，有的是学生的展示和师生之间的交流，这样的课堂是否是随意的课堂，没有规则流程的课堂？其实不然，现代课堂更需要一定的规范，需要一种与现代课堂教学理念相适应的课堂教学模式。基于大课堂观念，我们的课堂流程是从周目标开始，依次为前置性学习、组织化合作、课堂展示。

周目标导航或问题导航，是依据新课程标准和学生生命成长的需要，把生活纳入教材体系，将学期教学内容科学、具体、系统地分解到每一周，在教师的引领下，学生积极主动学习的一种网状化教学方式。周目标导航不同于导学案，导学案的内容源自课本，目的指向成绩。周目标对应的是国家课程标准和学生生命成长的需求，内容源于课标，目的指向育人。周目标导航不仅解决了教学目标流失的问题，也使分层教学成为可能。那些基础较差，性格缓慢的学生，会在课外多花一点时间来学习，以便在交流展示过程中拥有更多的话语权，在教师、同学面前展现自己的精彩，赢得信任与尊重，树立学习自信心，找到好孩子的感觉。基础好一点的同学，课内外有更多的自主权，根据个人情况向课外阅读和社会实践方面拓展延伸。周目标教学使面向全体有了新的形式和意义。

　　所谓前置性学习，就是在课堂教学之前师生所进行的目标明确的自主学习过程。它是一种认知性、生成性的学习，有别于传统教学中接受性、准备性的学习。前置性学习与预习有着明显的区别。首先，两者目标不同。预习的目的是提前了解学习内容，为课堂教学做准备，学习过程服务于课堂上教师的教。它自身缺少生成性目标，仅是课堂教学的一个辅助性环节。前置性学习的目标是强化学生自主学习的意识，学习运用各种方法，培养生成自主学习的能力，在知识、能力、方法、习惯、情感、态度等方面具有一定的生成性要求。

　　其次，在内容上两者也有很大不同。预习的内容局限于对某一篇文章的学习，

教师指导展示小组

仅是现在前置性学习内容涉及的极小的一部分。前置性学习指向的是周目标的所有内容，既有识字、写字、成语、诗词、经典等积累性内容，也包括文本阅读、文学鉴赏、名曲名画欣赏等阅读性内容，还涉及观察、时政、家政、地理、体能等实践性内容。

最后，前置性学习与预习在性质上也有不同。预习是课堂教学的辅助手段，基本上游离于课堂教学之外。前置性学习是课堂教学的自然延伸，是教学结构不可或缺的组成部分。学生自己能学会的东西，我们要求必须在这个环节完成，后面的课堂教学基本不再涉及，教学过程相对前移，为后面的课堂展示提供了可能。

组织化合作。合作学习的落脚点不应在小组合作形式上，应该在合作性组织的创建上。利用组织合作形式进行有效学习，是组织化合作的根本属性。学习过程中增强合作意识，探寻合作途径，学习成绩只是学习组织的副产品。

组织化合作——对子互查

展示的课堂让学生拥有学习的恒动力。我们的阅读教学是以"栏目教学"的形式出现的，它以前置性学习为基础，针对小学生特点，充分体现"游戏的课堂、快乐的课堂、展示的课堂"等教学理念，尽量优化教学过程，减少教师组织环节。把课堂的重心放在学生的课堂体验和成就感的培养上，让学生感受：学习的过程其实就是生命成长的过程。积极乐观的学习体验，就会使学生进入良性循环的轨道，从而更能保证学习的有效和高效。

（七）课堂有模式

一说到课堂模式，很多人会马上跳出来反对，认为这是教条主义或呆板的方式，这种理解是错误的。在最初的岁月里，人类的教学活动可能没有什么像样的师生之间的教学活动，但并不是完全随意的，因为它要追求特定的目标，活动过程有一定的程序，有一些常用的教学方法和组织形式，同时也要遵循若干基本原则。教学模式和教学思想、教学制度等一样，都是与师生之间的教学活动联系在一起的，是在教学实践中产生的，目标、程序、方法、形式和原则的特定组合，形成某种相对稳定的教学结构，教学模式就是相对稳定的范式的教学结构。教学模式一旦形成，就有相对独立性，它指引、规定着师生互动的具体过程和方式。一般的教学活动，总是依托某种或某些教学模式来进行的。因此，教学模式也是教学存在的一种构成要素。

应该有模式但不能模式化。教学模式是一种大的教学流程和组织框架，是实现教学目标的一种工具，对于一种新的教学思想来说，如果没有一个框架式的组织流程，普通老师就找不到理论落地的途径与抓手，对于多数普通教师而言，有一个工具性的模型比只有方向和理念要好得多。我们应该反对模式化，而不是教学范式。不同的时期，不同的年级，不同的学段，不同的内容，采取的模式应该有所区别，不能所有学科、所有老师、所有阶段都采用一成不变的固定模式。

七、大教学评价观

（一）当前教学评价存在的问题

受高考制度的影响，评价更多的是为选拔和甄别服务，其存在着严重的功利化倾向。从小学、初中到高中、大学，学生的每一次升学，都是靠考试选拔来实现的。一张试卷决定乾坤，一次考试改变命运。有些上级主管部门、社会、家长，把学生考试分数、升学率作为评价学校和教师的主要依据，甚至是唯一依据。这样的评价导向使课堂教学评价主要集中在知识、应试技能等有限的领域，过程、方法、情感、态度、价值观等根本性的东西被放置在一边，教学评价的依据是分数的高低，而不是学生生命的需要。如何改变这一现状，如何重新审视课堂教学的评价依据，是教育教学改革无法回避的问题。

（二）教学评价的依据

1. 追求课堂教学的实效性，不追求课堂教学的观赏性。教学过程是一个艰苦缓慢、循序渐进的过程，平淡朴实才是常态。无论是知识的积淀还是能力的培养，无论是习惯的内化还是文化的生成，都需要一个过程，不可能在课堂上一蹴而就。既然生成是一个过程，是一种平静淡然的常态，常态生成的东西就难以呈现精彩，所以常态课堂不具有观赏性。一个老师无论水平有多高，不可能让每一节课都精彩，不仅追求课堂的高度和深度，更要注重课堂生成的厚度和宽度。课堂应该是学生个性学习、小组学习交流碰撞升华的地方，最本质的属性是场效，而不是知识的传递功能。当前的某些公开课却极尽奢华，置教学目标和学生实际于不顾，一味追求课堂的观赏性，倾注全力丰富技术教学手段，使出浑身解数调动学生感官刺激，一节课下来，教师表现几乎无可挑剔，但是，学生实际收获却无从说起。一堂课的好坏，不在于形式是否多样，不在于教学手段多么先进，也不在于教师的知识多么渊博，而在于学生的有效生成，是否满足了学生生命成长的根本需求。

2. 追求学生思维的活跃，不追求课堂气氛的活跃。在公开课上，有的教师以颁发奖品的方式来激励学生。为了拿到奖品，同学们会争先恐后发言。这样的课堂看似很活跃，但是存在严重问题，长此以往，学生就会变得功利，一旦没有奖品，他们还有学习的兴趣吗？课堂教学的成功在于能引导学生体验成长、增强成就感。用物质刺激、活跃课堂氛围的教学行为不仅违背教育的初衷，也伤害了教学自身。

有的老师凭借自身深厚的知识积淀和高深的专业素养，再辅以个人激情和现代教学手段，促使课堂上学生情绪高涨，发言积极活跃。老师每一个问题的提出，都会引起学生热烈的反应，听课者不知不觉也受到学生情绪的感染，自会从感觉上给予很高的评价。但过后静下心来想想，总有一种莫名的失落感。课堂气氛活跃固然值得称道，说明老师能感染学生，调动学生参与的积极性。但是，乐于表现不等于思想深刻。佛家说，静能生慧。如果每节课都追求气氛活跃，学生长久生长在这种急切和热烈的氛围中，他们的思维也就会变得越来越肤浅，性格变得越来越浮躁。有时候，让课堂安静下来，让学生有充足的思考时间，这样学生才能内化学到的知识、整理自己的思路，这样的氛围也许更能培养学生良好的思维方法和思维习惯。

3. 追求学生生成的有效性，不追求教师预设的精彩性。当下的优质课评选，标准很多，要目标明确，更要全面。既要看是否注重基础知识，又要看是否有拓展训练……其中很重要的一条是不能拖堂，最好在下课铃响起的那一刻老师的声音戛然而止。为此，老师精心设计教学环节，设计何时板书，何时播放课件，想好每个环节的衔接语怎么说，课堂结尾语调该高昂还是该低沉，甚至哪个地方该说什么激励的话都提前预设好，预设的滴水不漏。这样的课听下来，行云流水，简直是一种艺术的享受。但是课后打点收获，却发现课堂的主角原来是教师，学生仅是配角，或者是群众演员，整堂课的起点和落脚点都是如何把课演绎的精彩，很难找到学生主体地位的体现。如果把课堂教学比喻成放羊，这样精细的预设是把羊引到草场，用洗好、切好的草去直接喂食。一旦放手，羊就会迷失方向，找不到草场的方向，即使羊找到了草也不知哪些草该吃哪些草不该吃。长期上这样的课，学生就会失去自主学习的能力。一旦失去了老师引领，学生就茫然失措，不知如何学习。课堂教学不应追求教师预设的精彩性，而应该追求学生生成的有效性。教学过程的设计应该站在学生的视角，立足于学生的学习实效。

4. 追求整体学生的精彩，不追求个别学生的精彩。有的教师在课堂上虽然能关注学生的主体地位，能做到从学生的成长需要出发，立足于启发学生思维，设计提问的科学艺术。在老师的引领下，学生回答也能精彩不断。这样的课堂似乎很棒，基本符合素质教育理念，但是，从课堂教学的整体效率去衡量，还是有一定的差距的。因为，在40分钟的课堂内，老师能提问的学生毕竟有限，个别学生可能一周也轮不到被老师提问一次。甚至，课堂发言往往是少数几个学生，因为他们能答到点子上，老师喜欢提问他们，而一旦他们发言了，其他同学就会怯于表达，害怕说的没有他们好而招致别人嘲笑。长此以往，这样的学生就会成为强势学生，绝大多数同学则沦为学习的配角，甚至是师生交流的看客，不能参加到学习的过程中来。一堂课的好坏，不在于是否有学生表现的精彩，而在于课堂能否给所有学生创造展示的平台，给他们创造体验成长的机会。

5. 追求学生的生命质量，不追求学生一时的精彩。有的教师在课堂教学的过程中，虽然关注到了学生的主体性、独立性和整体性，但是，他关注的重心是学生对书本知识的掌握和当前学习的需要。除了学习知识，人生还有很多更重要的东西。独立生存的能力、与人合作的意识、生活的品位、感恩的意识……课堂教学不应追求学生一时的精彩，而应该联系学生的生命成长和终身幸福，追求学生的生命质量。在小学阶段，学校教育应该从生命个体和民族发展的大视界出发来思考实施课堂教学，树立学生正确的价值观和人生观，让学生有价值有尊严地生活，要立足于学生的生命开展丰富多彩的课程，给学生打下宽泛的基础。

6. 追求课堂教学的效益，不追求课堂教学的效率。这些年高效课堂被炒得火热，这里的"高效课堂"是指课堂高效率，还是教学高效益？教学效率与教学效益有巨大的差别。老师在课堂上提出一个问题，是让学优生回答还是让学困生回答？按照教育理论，教师的问题应该面向全体，让学困生回答。但是在现实的课堂上，学困生机会很少。当一个同学站起来文不对题、磕磕巴巴时，老师还敢再提问那些倒数的同学吗？几乎没人再敢这样做。因为他怕学困生耽误时间，该讲的内容讲不完，他要保证课堂 40 分钟的完整性。这就叫追求效率而不是追求效益。一节课的好坏不在于是否高效，而在于是否有益。落后的孩子最需要锻炼、启发和鼓励，如果反复地让这个学生进行表达，即使他仅学会应学知识的 80%，那这节课的效益也是很大的。

（三）课堂评价的策略

一个班七八十个学生，即使那些名师也未必能做到堂堂精彩，普通教师常态课堂上就更难实现。怎样来实现超大班的课堂教学的平实有效呢？课堂评价既不能把重心放在当堂课的生成上，也不能放在教师预设和方法技巧上，而应该把评价支点放在学生的学习状态、生成，和思维的宽度和深度上，要引领教师培养学生的生成体验和成就感。课堂评价不应受时空的限制，追求课堂 40 分钟内的生成，应该变静态评价为动态评价，变终结性评价为发展性评价，变一次性评价为过程性评价，变一元式评价为多元性评价。课堂评价要实现目标多元化、评价主体和评价手段多样化，既关注结果也关注过程，注重教学过程中学生的多元生成，突出评价能够促进发展的功能，重视学生发展和教师成长的相互作用。

1. 评价内容多元化。"多一把衡量的尺子，就会多出一批好学生。"在教学中要从更多的层面去评价一个学生：孝敬奖、诚实奖、团结互助奖、礼仪奖、安全奖、守纪奖、劳动奖、创新实践奖、勤学奖、书写奖、观察奖、健身奖、兴趣特长奖、环保奖等都应该进入我们的评价体系。就一节课的评价内容而言也是多元的，除了重视生成之外，还要从积淀知识、激发兴趣、训练方法、培养习惯、拓展思维、塑造品质、涵养文化等方面考虑。

2. 评价的对象多元化。评价要避免优秀学生过于强势，引导实力强的队员帮助实力弱的，把课堂展示的机会更多地给弱势学生，促使班级同学共同进步。评价要有利于增强集体意识和团队精神，有利于给后进生预留出成长的空间，有利于保护他们的学习积极性、自信心，能让互帮互学更有实效。所以评价的对象不应针对单一的学生个体，而要对学习小组进行捆绑式评价。捆绑式评价与单一评价相比有很大好处：不拿自己与最好的同学做对比，后进生的学习上的心理压力就相对减轻了。这样的评价方法更加有利于淡化学生个人之间的竞争，强化团队意识，学会合作，提高幸福指数，在场效的感染引领下，真正激发自我学习成长的潜能。

3. 评价主体的多元化。教学的开放性决定了只有实现评价主体的多元化，才可能将学习过程进行全方位的评价。在评价中注重多主体参与，自我评价与他人评价相结合，他人可能是自己接触到的一切人，对于学生来说有老师、同学、父母、朋友、亲戚等。这样的评价是一种生成性评价，标准也不再是唯一的。其实，学生更有发言权，只不过平时教师垄断了这个"市场"而已。学生评价更容易让被评价者接受。同时，从学生的视角来评价，还可以给教师的评价以启迪，使评价更加贴近学生的实际。

4. 评价标准多元化。评价标准的制定要既体现共性，更关心学生的个性；既关注学生的智力因素，更关注学生的非智力因素，尤其是创新精神和实践能力，力求让评价更富人性魅力。尊重学生的性格差异，力求让评价更具个性色彩。不仅关注学生的学习成绩，更要关注学生在学习过程中的表现，特别是关注那些在某些方面学习有困难的学生，同样的作业，学优生和学困生的评价标准要有差异，这样才能起到激励作用。

5. 评价方式多元化。在课堂教学中适当使用奖励小红花、小奖状的方式不是不可以，但不能依靠物质奖励来换取课堂气氛的虚假活跃，更不要用那种不管对错，一味"你真棒，你说得真好"之类的伪评价。在评价操作中使用赞许的眼神、善意的体态语，这会让学生感到更真诚，而且不致使学生过于关注自身表现的优劣，课堂会因此而变得更轻松、愉快。

冠军快乐行

八、我的教师观

科学技术的巨大进步，大数据时代的到来，使人们的社会生活发生了巨大的变革。教育作为社会的一部分，无论在教学理念、教学方式上还是在课堂的结构和性质上都随之发生了改变，这些变革必然导致教师角色和功能的转变。大数据时代教师必须与时俱进，站在教育改革的最前沿，对当前面临的教育发展趋势进行客观冷静地分析，审视自己的处境，做出正确的判断，为自己所扮演的角色进行重新定位，以便找准重心，正确把握工作的出发点与落脚点。

（一）教师是学生学习的同行者

先生不再是先知。教师的角色和功能是随着人类发展的步伐而不断发展演变的。

蛮荒时代，人类的知识主要来自生产生活以及各种各样的社会实践活动。随着社会经验的不断积累，人们发明了文字，有了书籍，于是书籍成了知识积累与传播的主要途径。再后来有了学堂，出现了老师，老师和课堂成为知识的主要来源。在最早的时代，先生就意味着先知先觉，"先生"是知识的重要源泉。同时，教师不仅是知识的传播者，也是道德准则的制定者与维护者，是道德榜样和道德权威。

18世纪中期发生的工业革命是一次技术的革命，它使人类发展有了前所未有的质的飞跃，工业革命不仅解放了生产力，同时，也大大改变了人们的生产方式和生活方式。随着对客观世界认识的深入，人们对事物进行分门别类的细化研究，深入探讨，专业化生产也就成了工业化时代的必然产物。为了适应不断分化的工业化生产，教育就不断分化出很多门类和学科。在这种社会大背景下，专业化知识技能被少数经过专业化教育的人所拥有，教师的作用和功能被不断强化，这是专业知识传播的重要渠道，它甚至成为知识的化身。

信息网络技术把教育推向一个全新的世界，幕课、微课、翻转课堂、数据课堂等，已经完全打破了知识传播的方式和教师对知识的垄断地位，无线网络和平板电脑、智能手机等智能终端的普及，几乎把人类所有的知识都推送到每一个人的面前，学生获取知识再也不必完全依赖书本、教师或课堂了。博客、微博、微信、APP等社交圈和自媒体的出现，使得人们获得知识的途径更加宽泛、便捷。过去那种由机械化生产所维系的教师先知先觉的权威地位，仿佛一夜之间就变得荡然无存，信息技术所带来的一个最直接的结果就是，先生已不再是先知。

世间万物都是老师。网络和信息技术的不断发展，打破了师不传、生不知的传统教学范式，颠覆少数人垄断知识的现状，学生接受信息、学习知识已经可以完全摆脱教师的控制，电视、手机、光盘、报纸刊物和网络都可以扮演教师的角色。打开电视，各种节目异彩纷呈，天下大事无所不包。电脑网络既可以让我们网游世界，又可以让我们零距离的进行沟通，特别是各种数字产品的普及，让我们可以通过视频向世界上顶级水平的名师学习。遇到问题，打开电脑或手机，各种相关知识扑面而来。身边的朋友不再是文盲，很多人已经具备大学以上的学历，完全可以满足初中以下学生的学习要求。飞机、高铁等交通条件的便利，拓展了人们的学习空间，博物馆、展览馆、图书馆、科技馆、名胜古迹等，都可以让人以直观的方式进行学习。所以，网络信息时代教师的内涵已经发生根本性的变化，老师不再是站在讲台上的某一个具体的人。生活中很多事物都具有传递知识信息的功能，都可以扮演教师的角色。

（二）教师是学习的示范者

做学习的榜样。信息社会学生对知识的学习与掌握已经接近甚至超过了老师，教师应该怎么办？老师是甘愿落后于学生，还是要成为学生学习的榜样？大数据时代对教师提出了更高的要求。老师首先需要兴趣广泛，广读博览，做学习的先行者；其次要虚怀若谷，不耻下问，具有良好的学习习惯；最后要博采众长，古为今用，洋为中用，只要适合就采取"拿来主义"，不拘泥于形式。

做思想的标杆。学而不思则罔，教师必须是一个思想者，要具有开阔的社会观察视角，要透过现象看到事物的本质，能从纷繁的事物中找出关键性问题。要有科学多元的思维方式，遇到问题能从不同角度分析思考，既要有战略思维，也要有逆向思维，还要有发散思维。另外，教师还需要具备自我反省的意识和态度，敢于面对自身的缺点和问题，既有自我反省的能力，又有自我纠正的勇气。思考的主要方式就是基于问题的研究，不断地发现问题、研究问题，最终解决问题。

做行动的模范。学习重在行动。教育是一种实践的艺术，要身体力行，要想尽千方百计把知识应用于实践，把理想付诸行动，站在岸上永远学不会游泳，决不能止步于隔岸观火或纸上谈兵。在熟读百家而又深思熟虑的基础上，从颐指气使的教育神坛上走下来，放开胆子，俯下身子，放下架子，积极寻求理论与实践的最佳结合点。学而思之，思而行之。

践行的过程切莫孤军奋战，要相信组织的力量，要打造自己的团队，经营自己的组织，培养积极向上的学习文化。在同事与学生中寻找志同道合的战友，组建同盟军，在学习过程中教师与学生分享彼此的知识、思考与经验，交流彼此的情感，丰富知识，拓展视角，求得新发现，从而达成共识、共享、共进的发展目的。

（三）教师是学生学习的促进者

1. 为学生提供必要的帮助。强调学生的主体地位，不是把老师赶出课堂，把学习过程完全放手交给学生自己。相对学生而言，老师的知识经验、人生阅历是有一定优势的，这些也是重要的学习资源之一。所以，大数据时代不是不需要教师的作用，而是教师的主导作用发生了重大变化。首先，教师要为学生的学习提供学习方法上的帮助，要帮助学生明确学习方向，为学生提供学习的标准和流程，告诉学生学什么，如何学，学到什么程度。其次，在个别学生遇到困难或问题时，老师要给予及时的帮助。

2. 对教育过程实施有效管理。现代教师的主导作用不是比过去小了，恰恰相反，教师的主导作用比传统课堂还要突出。传统教师受时空限制，主导作用只体现在教室、学校等有限的时间和空间之内，而现在，生活的过程就是教与学的全过程，课堂无处不在，教师无处不在，教师主导作用突破了时空的限制，其管理的范围和难度相应增加了。学生生活化的学习必然产生个别学生自制力不强的问题，学生脱离了老师的监管如何有效自我管理？生活化的学习必须建立学习性组织，小组长会管理吗？其他同学服从管理吗？在这个过程中还需要家长的参与和配合，家长都理解支持吗？这些问题都需要老师想办法解决。教师不能再用传统课堂管理的方式和理念来管理现代的教学，要通过音频、视频、微课、微信、飞信等现代技术手段，参与到学生学习的全过程之中，先对学生的学习进行前置性指导，再在课外的组织化合作中进行必要的协调与帮助。管理的方式也有了巨大改变，已经由传统的课堂教学管理发展为碎片化管理。教师可以利用现代技术手段所形成的大数据对学生学习过程进行实时监督、管理，还要把管理范围拓展到课堂之外，利用教学空隙、课间、放学送路队等零星时间有针对性地对学习情况进行调查、问询。

3. 在学习过程中进行实时的评价与激励。评价激励是促进学生学习的重要动力源。教师要多从正面对学生进行评价，尽量少用批评式的、横向比较式的评价方式，要多采取纵向的评价，把评价支点放在学生的发展进步方面。评价的内容、方法力求多元化，从学习态度、方法、进步等多个角度进行评价，不能局限于考试分数上。激励手段不能停留在情境教学和物质激励的层次上。课前创设情境解决的只是学生注意力的问题，并不能解决学习兴趣和学习内驱力的问题，物质激励有时可以起到一定的作用，但是，如果处理不当可能激发其他教育问题，强烈的物质刺激可能转移学生的学习兴趣，由教学内容转向物质奖品，长久的物质激励可能让学生变得急功近利，或者性情越来越浮躁。不当的语言激励有时会让教育走向反面。过去曾经有人提出"学生错了也是对的"的评价观点。教育是科学，必须给学生一定的是非标准，如果给了所谓保护学生的学习积极性的错误评价也不去纠正，听任学生以讹传讹，那就违背了教育的本意。站在欣赏的角度激励学生是对的，而不顾事实和教育规律的做法不值得提倡。

（四）教师是生命价值的创造者

教学相长，教师既是学生成长的促进者，也是自身价值的创造者，在成就学生的同时，教师自身也要获得相应的发展与提高。

1. 实现自身价值。 心理学家马斯洛在需求层次理论中指出：人最高层次的需求是"自我实现"，因为自我实现能给人带来无限的人生幸福感。要想实现自我价值，首先就必须对自身存在的价值进行正确的认识。作为一名职业教师，其角色本身就是与生命个体、社会、民族国家的未来紧密联系在一起的，教师的价值是教师在教育过程中的多重整合。无论是作为自然人、社会人还是职业人，教师都要找准自己的位置。从道义的层面来讲，要按社会的道德标准，做到知行统一，严格要求自己，使学生得到内外精神的双重润泽，从而实现教师的道义价值。同时，在学科研究上，力求站在教育的最前沿，广闻博识，具备广阔的学术视野，形成扎实的学术根底，游刃有余地科学施教，实现自身的学术价值。教师要不断提高自身的教学技艺，提高学习能力，不断提升自己的学识、修养，促进自己的不断完善，把教师职业看作是一个放飞梦想的舞台，力所能及地去实现个人生命价值。把教师的专业成长看作时代发展的需要，把自身发展与民族发展紧密地联系在一起，耐得住清贫和寂寞，实现自我文化价值。

2. 创造社会价值。 教育工作者承担的是一种改造人类灵魂的工程，作为教师要有强烈的社会责任感，要站在育人的高度对待实际工作，既要高屋建瓴，又要事无巨细。教师不同于工人，工人只要积极肯干就能多创造价值，教师的价值不在于知识的传递，而在于文明的传承。教师的职责既有对学生生命潜能的激发，也有对学生素养的培育；既要提高教育教学质量，又要负起民族复兴、国家强盛的重大责任。

3. 完善生命意义。 在相同的生存背景下，一些教师工作很不快乐，另外一些教师却"安贫乐道"，坚守教育，并在忙碌的工作中体验到了责任、快乐和幸福，"享受着"教育。决定教师的教育人生是否幸福的关键因素并不是收入的高低，也不是工作量的大小，而在于教师的心态。如果把教育当作事业，历经一番拼搏就会有一种事业的成就感，就能给自己带来精神的满足；如果仅仅把它看作职业，长期机械重复的劳作必然会产生职业倦怠感。教育是教师施展才能的舞台，也是实现自身生命价值的平台。现代教师不要做燃烧自己照亮他人的蜡烛，而要做温暖自己照亮别人的太阳。把教书育人的过程看作成就学生、成就自我、服务于社会的载体，在过程中不断发展与完善自我，使自身价值得到提升，最终实现人生的辉煌。

（五）教师是课程的建设者

1. 对国家课程意志的认知。教师作为学校课程的建设者，首先要认真领会党的教育方针，按照国家教育改革纲要的精神，全面深入学习课程标准，深刻领会教育方针和国家课程的内涵，把社会主义核心价值体系融入国民教育全过程。课程标准是教材、教学和评价的基本依据，但是并不等于课程标准是对教材、教学和评价方方面面的具体规定，需要学校教师根据国家课程标准编制出自己的实施性课程。

2. 国家课程的变径。国家课程规定的仅是方向性的东西，不具有操作性，如果把国家课程看作一个思想核心，教师的功能就是完成施体国家课程与受体学生相互衔接的一个变径，使国家课程自然而然地融入学生生活之中，使其健康和谐地发展。如果要做好二者之间的衔接，首先要参透国家课程的精神，其次要掌握青少年身心发展的规律，从而寻找适当的方式与途径，以期达到最佳效果。

3. 学校课程的建设者。学校课程不仅是对国家课程的简单累加，而是对国家课程的软化、细化和活化，要把国家课程意志落到实处，就需要教师本着从课程标准中来到学生生命中去的原则，打破学科界限，走综合化的路子，整合各种资源，形成更大的教育教学优势，教师要成为课程的建设者和教学改革的谋划者。

（六）教师是教育资源的整合者

多尔认为，自组织模式的特点发生在一个重要关口，而且往往是通过群体的合作完成的。随着教师角色功能的转变，教师的作用更多地体现在教育资源的整合方面。现代教师本身便是学生学习的资源，教师自己拥有的知识、经验、特定的技能与能力，都可以为学生的学习成长提供帮助。此外，教师还需要指导学生充分利用生活中已有的各种信息技术资源。家长是学校教育的同盟军，教师要积极引导家长参与到学校常规管理与教学改革之中，合理的经营和利用家长资源，以便其成为教育的得力助手。

家长护导团

社会生活中的所有人或物都可以成为学生学习的资源。教师要充分利用与开发社区中显性与隐性的东西，向学生提供尽可能多的富于想象的学习资源，使学生处于一种可选择的最能满足他们需求的学习环境中。将学生的视野引领到社会生活中，走进家庭、机关、厂矿、社区、医院……从事各种各样的社会活动，了解生产流程、认识民风民俗，等等。这一切都需要教师对社会资源进行协调与整合，使其全方位地为学生的学习服务。

（七）教师是师道的弘扬者

新中国成立之后，特别是"文化大革命"时，随着"知识越多越反动"的极"左"思潮的泛滥，知识分子成为"地主、富农、反革命、坏人、右派、叛徒、特务、走资派"八类专政或改造对象之后的"臭老九"，教师的社会地位也降至冰点，其经济地位不高，同时政治地位尽失，在世人面前威严扫地，成为"四体不勤五谷不分"的代表，被人们讽刺为"老学究""书呆子"。谁敢造老师的反、专老师的政，谁就是反潮流的英雄，谁不学习交了白卷谁就可以得到整个社会的追捧，甚至可能一步登天。当交白卷和造老师反的学生，成为国家在教育界树立的典型时，谁还会埋头学习？当学生随时可以造老师的反，哪位教师还敢再去管理学生？老师上课不敢管学生，还会有多少人去自觉学习？学生不学老师不管，教学质量从何谈起？当"辱师""弃师"成为社会时尚的时候，师道何存？师道不存，何来教育？

师道不彰哪来教育发展？"凡学之道，严师为难。师严然后道尊，道尊然后民知敬学。是故君之所不臣于其臣者二：当其为尸，则弗臣也；当其为师，则弗臣也。大学之礼，虽诏于天子无北面，所以尊师也。"民众对教育不尊重、不敬畏，教育的风气、风尚怎能高贵无私？社会不尊重老师，学生怎么会尊重老师？有人说日本如何尊重教师，德国如何尊重老师，其实，尊师是中国的文化传统。几千年前，见了天子不跪拜的只有两种人，一种是正在祭祀中作为神的替身的人，另一种就是教师。

"善学者，师逸而功倍，又从而庸之。不善学者，师勤而功半，又从而怨之。"古人都明白尊师与学业的关系，把师生关系看作学习效果的重要因素。遗憾的是现在很多家长把老师当作敌人、下人，遇事先从教师的对立面考虑问题，只是抱怨、指责老师，缺少理解、宽容和感激的意念。只把教师当成佣人、奴役来对待，认为老师做好了是应该的，做不好就应该受到遣责、惩罚。

败类不挡师道。亲其师信其道，没有尊严如何传道？反之，没有师道哪来尊严？无须讳言，教育也不存在于真空中，社会中不良的东西也会影响到教育：有偿家教、伤害、体罚学生，教育缺失，个别师德不彰等问题。但是，这不是教师之主体，也非学校教育之常态，社会不能以偏概全，不能因为千百万教师队伍里出现了几个败类，就把整个教师队伍打入 18 层地狱。

师道尊严不是让教师成为霸主。呼吁社会尊重教师，绝不是维护老师的霸权、特权，而是让老师赢得社会的尊重、家长的认可，教师自己要尊重自己，严格遵守职业道德，学高为师，身正为范；学为人师，行为世范，努力做一个胸怀天下的大写之人，做一个远离世俗的高雅之士，做一个宽厚仁慈的谦谦君子，做一个学识渊博的清贫书生，做一个立己达人的教育圣徒，做一个开拓进取的改革先锋，靠实力赢得尊严。

九、学生观

教育的本质是师生关系。教师对学生的基本认识和根本看法，支配教师的教育教学行为，决定着教育者的工作态度和工作方式，直接影响教育活动的目的、方式和结果。课程改革的关键不是教学模式、课堂结构的转变，也不取决于教材版本和课程设置的变化，归根结底是教师教育教学观念的转变，应该正确地对待学生和学习，建立一种积极有效的新型师生关系。

（一）学生是人不是物

在学校教育中，尽管对学生的认识有所改变，但学生作为积极的、独特的、活生生的生命个体仍没有得到完全的认同和承认。学生依然被当作知识的容器被强行灌输，仍作为"白板"被老师随意涂抹，被视作等待加工和塑造的"作品"，在教师眼里学生是弱小的、被动的、需要保护、改造和加工的对象。学生智力与非智力因素的先天性差异被忽略，进而忽略了学生内在世界的表达与倾听。在强调对学生进行保护的时候，忽略了学生自身潜能的存在，学生独特的生命价值受到漠视，学生被动接受"灌输"和"塑造"。在这种观念的指导下，一所所学校成了一个个加工厂，一间间教室成了一个个流水线，用统一的标准去制造学生，千人一面，教育成为普克拉提斯的魔床。这种一刀切、一勺烩、一锅煮的传统教学，使学生的个性没有得到尊重，遮蔽了学生的纯真天性，禁锢了学生的灵性与智慧，同时还严重损害了学生的正当权益，学生的潜能不可能得到充分发展。如此在教育过程中造成成人世界对学生世界的取代和压制，使教育活动远离了人的生命本性。

虽然学生没有成年人那样的经验和能力，但是，他已经具备了人类进化的所有特征，是有别于其他任何生物的高级动物，并具有其他动物所没有的超级学习力、联想力、自我意识和自我规划能力，具有强烈的好奇心、上进心和善恶辨别能力。好奇心是学习的源泉，情感好恶决定着学生与老师的距离与关系，师生关系是教育教学的基础与前提，"亲其师，信其道"就是这个道理。学生是具有独立人格的、发展中的、有着完整生命表现形态的生命个体，不是任何人可以随意支配的附属品，他和成年人一样具有独立的人格尊严、丰富的情感世界和独特的个性，每一个生命都具有完整性。学生具有自我认知和自我修复能力，不是单纯的被加工者，学生自身也应参与"加工"过程，进行自我"加工"。如果教师忽视学生的这些人性特性，把学生物化为容器或者坏件，教育就失去了本来的意义。

（二）学生是有待发展的人

英国斯宾塞在论述儿童的潜能无限时写道，当人类没有学会开发石油时，不能说这里没有石油的存在，即使这个地方不储藏石油，也不能说这个地方没有储藏其他有价值的东西。教育也是这样，儿童今天不具备某种知识或某项能力，并不等于他不具备这样的潜能，只不过是等待我们去开发、去激发。

学生具有无限潜能。1999 年，印度教育科学家苏伽特·米特拉到印度很多非常偏僻的乡村做了一项学习潜能的实验。那里的人不懂英语、没人见过电脑，他在孩子们聚集的街头的墙上开了一个洞，放上互联网屏幕和鼠标，然后离开。开始孩子们只是围观，后来大胆的孩子上前摆弄，没过几天他就完全掌握了操作方法，慢慢地身边其他的孩子也跟着他学会操作，几个月后，村子里所有的孩子都无师自通地学会了电脑。后来苏伽特·米特拉又在南非、柬埔寨、英国、意大利等地进行了类似的生物、数学、语言等方面的实验。结果证明，人与深蓝、沃森等超级计算机最大的不同在于，人不需要老师和科学家输入逻辑和程序，就可以自主完成学习，人具有自主学习的潜能。苏伽特·米特拉的实验告诉我们，教育不是知识的传递，也不是技能的重复训练，教育是一种自组织行为，儿童具有学习的意愿和能量，他们的潜能无限。

学生的潜能需要激发。虽然学生具有巨大的发展潜能，但是其身心发育还不够完善，需要教育者科学、合理地开发与激励。激发学生潜能不是脱离学生实际，远离对学生内心感受的外部塑造，在教育过程中必须把学生放在中心地位，所有教育活动必须围绕他们来展开，教师应以咨询者和辅助者的身份出现。激发学生的潜能关键不在于途径和方法，而在于教师对教育本质的理解，教师必须相信每一个学生蕴藏着巨大潜能，自觉地将"让每个孩子都获得成功"作为教育信条，相信、热爱每一位学生，使自己成为每一位学生发展道路上的助推器和合作者。以发展的眼光看待学生，把学生作为一个发展的人来对待，理解学生身上存在的不足，允许学生犯错误，并努力帮助学生改正错误，从而不断促进学生的进步和发展。在对学生进行有效的教育和管理的同时，还必须注意尊重和保护学生的合法权利。

开发学生的潜能必须尊重自身发展的规律，保护学生的创造热情，促进学生全面发展。学生潜能的开发必须保证自身的可持续发展，要顺应人的发展规律和学生个性化需要，不能按成人的需要随意开发，也不能无休止开发，必须树立教育生态意识。如果一个人某一方面的潜能过度开发或过早开发，也会限制其他方面潜能的开发，从而造成人的片面发展。

抖空竹

（三）学生是独特的人

　　每一个生命都具有全面性，虽然从表面上看儿童有很大不同，但他们都具备人的基本属性，也都具备儿童的各种天性。但是，教育面对的是一个个鲜活的生命，每一个生命都具有独特性。学生不仅与成人之间存在着巨大的差异，即使同一阶段的学生也有很大不同。由于不同学生各自的民族归属不同，社会阶层不同，家庭经济状况和文化氛围不同，个人的成长经历不同，学生的性格志趣也就不一样，观察事物的视角、思考问题的方式、对待事物的态度都会存在很大差异。人与动物的本质区别是人的精神世界很完善，每个人都有他人无法透视的精神世界，由于遗传因素、社会环境、家庭条件和生活经历的不同，每个人都形成了个人独特的"心理世界"。他们在兴趣、爱好、动机、需要、气质、智能和特长等方面各不相同，各有侧重。"人心不同，各有其面"。珍视学生的独特性和培养具有独特个性的人，应该成为我们对待学生的基本态度。在教育教学过程中应该充分尊重学生的个性特点，使每个学生在某个领域、某个方面都得到充分的发展，全面展示其个性，让学生成为优秀的自己。

（四）学生是教育教学的主体

学生是教育的主体，教育的过程、方法、手段都应该紧紧围绕主体而展开。

首先，学生是学习的主体。教育的主体是学生，教师只是服务于这个主体的外部资源。20世纪苏联教育学中就已明确提出，"学生是教育的主体""孩子永远是教育过程的积极参加者""学生的认识活动是主要的""教师的任务在于为提高学生的一般认识的积极性创造条件，形成积极的学习态度，培养独立性和工作能力"。遗憾的是，这些理念在教育过程中并没有得到很好的落实，现实中，教师始终占据主导地位，社会、家长的功利性需求成为教育的核心，学生沦为分数的奴隶和评价工具，学生生命的成长成为可有可无的东西，学生生命过程的价值和体验被忽视，甚至未来某一项功利化的目标或选择让学生生命体验成为人生苦旅。

其次，学生也是教学的主体。现代网络技术的发展改变了信息传播的方式，也影响着教育教学的方式，后现代文化时代教师不再是知识的先知者，学生可以和老师同时获得信息，甚至先于老师获知信息，所以，学生也可以成为课堂教学的主体。每个学生的个人经历与知识积淀不同，他们对同一篇文章的观察视角也必定不同，课堂上他们的解读常常会给老师和同学带来不同的思考。所以，教育教学活动是一个互动的完整体系，师生是一个主体的两个方面，教师具有主导性，学生具有发展性，学生不仅是学的主体，同时也应该成为教的主体。

（五）学生主体性的体现

把学生当作学生。学生的首要任务是学习科学文化知识以及培养自己的高尚的思想道德情操。学生要以学为主，这种学习是一种以学生为主体的学习，是以学生为中心的学习，而不是教师的强行灌输式的学习。只有"把学生当作学生"，我们才能更好地履行"教书育人"的神圣职责，义不容辞地对学生施以"引导""指导""诱导""辅导""教导""训导"，才有可能把学生"导"向成功，达到学会做人、学会学习、学会健体、学会审美、学会生活、学会合作、学会生存的教育目标。

把学生当作朋友。教师把自己放在与学生平等的地位上，建立一种民主平等的师生关系，以平等的朋友身份培养学生的主体意识，使之在平等的地位、民主的氛围中自觉自愿地、乐此不疲地参与到教育过程中以及教育活动中。

把学生当作同学。学生固然需要教师的教学与引导，但教师也同样需要接收新的信息和生命成长。因此，教师可以把学生当作同学，主动地与学生密切合作，共同探究，给学生创造一种宽松和谐的对话环境，教师与学生在一起各抒己见，畅所欲言，在彼此交流、沟通及坦诚的碰撞中，老师成为深受学生欢迎的"学习上的好伙伴"。

把学生当作老师。随着智能终端和自媒体时代的发展，教师已不再是"唯一的知识拥有者"，现在的学生也不再是"知识接收器"，由于学生的精力充沛、记忆力好、接受新鲜事物较快，所掌握的信息量甚至高出成年人，特别是在现代科技的学习方面学生已超过了部分教师。在老师失去教育的绝对权威的同时，学生却具备了前所未有的"反哺"能力。教师应该虚怀若谷，不耻下问，心悦诚服地把学生当作老师，向他们学习自己所不知的东西，并以此举进一步激发学生的学习兴趣，做学习的主人。

把学生当作儿童。联合国《儿童权利公约》明确指出："儿童系指 18 岁以下的任何人，除非对其适用之法律规定成年年龄低于 18 岁"。从联合国的定义来看，义务教育阶段的学生都应该属于儿童的范围。学生作为儿童与成年人相比，必然有很多不成熟的地方，具有儿童独有的特点和爱好，教师不能拿成人的标准衡量学生，所有教育教学活动都要考虑到学生的儿童特点，要符合儿童的身心成长规律。要做到这一点，教师必须有一颗童心，如此才有可能真正走进儿童的精神世界，只有走进儿童的世界，才有可能实施有效的教育。

十、我的知能观

知道不等于知识。知识不仅仅是对事物的一般性了解，也是对某一个概念的听闻。人们常说"见多识广"，知识既包括"见"，也包括"识"，知识的核心不在于"见"，而在于"识"。知识既包含对相关概念的了解，也包括对客观事物的认知，更包含对客观事物的分析与由此得出的主观判断。换句话说，知识既包括对客观事物的一般性认知，也包括对客观事物本质性的了解，还包含对知识应用的相关能力。比如，3D 打印知识，通过文字了解 3D 打印技术，并不等于拥有了 3D 打印的知识，只有全面了解 3D 打印的基本原理和发生的过程，掌握了 3D 打印的应用技术，才算真正掌握了 3D 打印知识。

方法性知识很重要。知识不仅包括书本上看得见的显性知识，还包括很多只可意会不可言传的隐性的方法性知识。这些方法性知识更为重要。例如，如何阅读一篇文章，如何进行有效的预习，如何规划自己的学习生活，与人交往时如何待人接物，在一个团队中应该在哪些方面克制自己等。智商是学习发展的基础，情商是人生成功的重要因素，因为情商对一个人一生的发展和幸福起着关键的作用。教育不能改变智商，只能促进情商的发展，比如，优化习惯、拓展思路、增强意志力、激发兴趣等。

知识的转化需要时间和条件。知识是对客观事物的主观意识的反映，不是客观事物的自身存在，知识不仅包括对客观事物的感知，也包含自己主观的认识和判断。所以，知识的学习不是一蹴而就的事情。知识的学习既不是从文本到大脑的机械搬运，也不是从网络到书本的简单复制，更不是从老师到学生的单向传递。知识学习不是对书本词汇或者某个概念的记忆和分析，而是一个对生活中客观事物的认知过程，知识的搜集与理解，知识的记忆与迁移，知识的内化与应用，都需要一定的时间和过程。某些知识的学习还需要必要的生活基础和物质条件。

能力既是知识的内化，也是知识的迁移。能力是一种内在的生长，是不能传递的。传统教学在能力培养方面也存在很多问题，它夸大了教师的作用，忽视了能力形成的基本规律。

听说等的能力不是老师教出来的。现实生活中，我们常常会发现这样的现象：一个大学毕业生在公开场所不能顺畅地表达自己的观点，一个不识字的农村老太太却能为人排解家庭纠纷，并且能把事理说得头头是道。一个北方人到南方待上几年，不用专人教，也能熟练说一口不亚于外语的吴侬软语。所以，听说能力不是老师教出来的，不是课堂上听说教学的结果，是在母语环境当中不断训练的结果，听说的能力应该在常态的环境中培养。传统语文课为了训练学生的听说的能力，就在教科书上专门设置了"口语交际"的内容，脱离生活基础，仅凭几节听说课就能教出听说能力来吗？学校教学应该给学生足够的空间、时间，给学生创造一切可能的机会，引导学生多交流、多展示。教师的作用不是下功夫去"教",而是给学生提供一定的规范和方法,让学生在规范中学习、交流。

阅读能力是大量阅读的结果。在教学中,我们常常发现某些老师课堂上讲解课文细致入微,从字词句到段篇章,从中心思想到写作特点分析得头头是道。从小学到中学几乎每一篇文章都要剖析讲解,结果学生的语言感悟能力和阅读能力仍不尽如人意,根本原因是什么?"书读百遍,其义自现",学生的阅读能力不是靠老师分析一篇篇的课文得来的,老师把课文挖地三尺地进行讲解,只是浪费学生的时间,应该把时间还给孩子。所谓厚积薄发,通过大量阅读积累和阅读经验,学生能够丰富阅读方法,提高语言感悟能力。

文学阅读课

写作能力从生活和写作中来。人们都熟悉古今中外很多文学巨匠们的名字,但是,人们却很少有人知道他们的老师是谁。很多作家并没有进过大学,莫言小学毕业,鲁迅也并不是学中文的,但他们却留下了不朽的巨作。所以写作能力既不是老师分析、教授写作方法的结果,也不是教师批改作文、写文章的结果。如果写作能力的提高真的有方法诀窍的话,作家的孩子肯定都成为作家。写作能力有三个必要因素:一是学生要有生活,二是要有积累,三是要有一定的写作量。

叶圣陶先生在《文章例话》的序中说:"生活就如源泉,文章犹如溪水,泉源丰盈而不枯竭，溪水自然活活泼泼地流个不停。"大作家创作大作品是这样，小学生写小作文亦是如此。"巧媳妇难为无米之炊"，"必须得寻到源头，方有清甘的水喝"。而这个源头就是丰富多彩的生活。冰心在《再寄小读者》一文中针对小学生作文难，也曾做过这样的分析："是不是有时提起笔来却觉得无话可说，有时眼前闪烁着景色的色彩、形象，笔下却形容不出来呢?""无话可说"，指没有写作素材，没有生活的积累和感受。"形容不出来"是不知道用什么样的词句表述，缺乏语言的学习积累。只有让学生多阅读多积累，走进生活，用我手写我心，多写多练从而养成练笔的习惯，学生的写作能力才能提高。

朗读能力是读出来的。学生朗读能力在传统教学中是通过阅读课培养的，每篇阅读教学都要有学生朗读环节，并且把这样的环节作为课堂评价的一部分。首先，这样的方式方法不可能培养出朗读能力。朗读能力是个长期训练的过程，仅凭课堂上读一个段落或读一篇文章，学生的朗读能力无法获得真正的提高，因为老师不可能有太多的时间指导学生的朗读方法和朗读技巧，学生的问题也很难得到有效纠正。另外还有教学效率问题。每节语文课都要有朗读环节，如果按每次 3 到 5 分钟计算，小学到初中起码要超过 600 多个小时用于朗读，结果如何? 朗读需要专门训练和指导。老师提前集中传授朗读的方法和技巧，然后学生自主练习，或者平时学生利用视频、广播等资源自主学习，然后通过朗读展示课进行展示。

英语学习的目的不是文本知识。随着交通和通信技术的发展，国际交流已经成为常态，英语交流与阅读直接影响学生的就业和生活。学习英语主要是为了方便语言交流和学习借鉴西方文化。英语能力是语言环境的产物，必须在一定的语言环境下学习，课堂之上的语言学习方式无法满足实际生活需要，虽然我们的母语是汉语，缺少大的英语交流环境，但在网络和数字技术的背景下，完全可以创造英语小环境，通过网络视频、电脑、音频播放器等途径学习英语。在学习英语的过程中不仅要学习语言知识和方法，更要注重学习西方的文化和思想。

体育知识与能力必须得到充分重视。身体是"1"，事业、名利是小数点后面的零。没有了健康的身体，人生的意义和价值就会大打折扣。这样的道理人人都懂，但是，落实到学校体育课就走了样，体育课成为可有可无的副科，不按课程标准上课，基本的技能和方法得不到落实。学校体育课不仅要重视培养学生的体能素质，传授必要的健康知识，还要增强学生的健康意识。网络背景下的体育教学也要随之变化，学生的体育知识、体育能力不一定完全在课堂上完成，课堂上主要解决健康意识和方法问题，知识的学习和体能的增强渗透于生活之中。

音、美知识是人必备的人文素养。现在很多家长非常重视子女的特长教育，很早就送孩子上各种音乐、美术类的培训班，学校也开设各种音体美特长班，目的是为艺术院校输送学生，以提高学校升学率。义务教育阶段，尤其是小学阶段，音美教学不是要解决学生的就业的问题，而是要解决学生的人文素养、艺术素养问题，不是特长培养问题而是基础知识、基本技能问题。学生的发展是有阶段性的，如果在启蒙阶段学生的乐感、节奏感没有得到开发，生活中就要失去很多乐趣和色彩。一个人没有一定的艺术素养和美学知识，生活品质和精神生活肯定受到影响。

名画课——临摹

十一、大管理观

（一）学校管理的问题

自西方的学堂式教育走进中国，至今，中国教育也随着社会的发展而不断改变，中国教育扫除了文盲实现了九年义务教育，由人口大国成为人力资源大国，在取得巨大成就的同时，也存在一定的发展性问题。

1. 行政式管理左右教育发展。附庸式的组织结构。新中国成立之前，由于军阀混战时期社会动荡不安，军阀政府没有时间精力关注教育，为数不多的学校只好由校长去管理，政府除了拿出一定的经费，象征性的派遣几位学监去监督经费使用情况和其他办学情况外，其他一律无暇顾及。教什么、学什么、怎样教，学校有相对独立性，设置什么课程、使用什么教学材料、聘用多少教师都由校长自己决定，学校拥有很大的办学自主权。新中国成立以后，学校教育管理体制发生变化，教育部是国务院的一个部门，是国家行政机器的一部分，行政管理的特点是执行上级命令、落实上级政策，教育部门更多的是按照政治诉求去引领教育的走向，并非是按照教育自身规律来管理和发展教育。

2. 自上而下的管理方式。行政式管理的实质是控制，由于每一级干部的任用权都在上一级政府手里，下级管理者眼里只有制度和任务，为了完成上级交给的任务，下级就会用手中的权力去强力推行、强制落实，如果遇到阻力就使用手中的权力制定相应的制度进行化解，所谓奖优罚劣实质上是权利的威吓。顺我者昌，服从者予以物质和精神上的赏赐；逆我者亡，叛逆者要给予物质上的剥夺和精神舆论的打压。久而久之，在这种管理制度下教育部门和学校就会出现"奴隶""机器"，出现无思想、无内动力、无创造力的官僚式行政执行者。

这样讲不是说行政管理方式不好，如果行政管理不采取自上而下的领导方式，没有了服从意识，就会出现地方部门各自为政的混乱局面。但是，教育是事业不是行政，具有自身的运行规律。如果对学校和教育也采用领导意志、行政命令的管理方式，就会出现管的过宽、过细、过死的现象。行政式管理自然不会考虑教育的本质，不会深入研究教育的问题，而是研究如何迎合上级的检查，怎样落实主管部门的督导。所以，教育去行政化是教育发展的必然选择，是教育蓬勃发展的基础与前提。

3. 外行领导内行的奇特现象。由于教育部门的管理方式是行政式管理，校长、教育主管的选拔也必然是任命式的。教育干部任命制就导致了另外一个问题，教育管理者往往不是从基层学校一步步推举出来的，而是从其他行政部门选调到教育部门的，选调的教育行政官员未必是教育方面的专家，有的人除了读书时接触过学校外几乎没有和教育相关的经历。这样的人在进行教育决策和管理时必然会出现一些问题，由于他们是教育主官，影响的绝不是一两个孩子，也不是一两所学校，而是一个几十万、几百万人口的区域。外行领导内行不是一点好处也没有。跳出教育看教育，教育之外的人看教育的问题可能更客观、更全面，关键问题是这些人是否懂得教育规律，能不能尊重教育规律，能不能摆脱行政化思维和行政化管理方式。

4. 经验式管理是学校管理的主体。 学校管理方式自身也存在很多问题，缺少系统思想，没有标准意识。管理做事时管理者不是先研究规律和标准，而是跟着感觉走，更多的是延续和学习前任校长的管理方法，或是借鉴区域内传统的管理模式。也就是说，当前学校管理基本上属于经验式管理，一样的机构设置，一样的课程安排，一样的教学流程，随处都可以见到工业化生产对教育的影响。这种行政式、经验型的管理方式，最大的好处是不会出大的问题，不会因为有思想方面的异动而破坏学校整体，能保证上级政策和制度的执行落实。至于教育如何遵循自身规律，学校教育如何适应时代，这种经验型的管理方式是无法解决这些问题的。

5. 企业式管理是拿来主义的结果。 很长一段时期内，学校管理都处在行政干预和经验主义的阴影之下。改革开放以后，随着合资企业、外资企业的增多，先进的企业管理思想和模式也随之而来，不少学校开始学习企业的管理思想。20 世纪 80 年代人们崇尚以人为本的管理方式，90 年代后期又热衷于精细化管理。

但是，教育就是教育，教育不是企业，教育定性的问题多，定量的问题少，生硬地把企业的管理方式移植到学校管理中，是解决不了根本性的问题的。教育自身的规律告诉我们，教育面对的是学生，是活生生的、持续发展的人，是随时而动、随时而变的生命个体。所以，精细化的管理和科学化的流程只能适用于学校的一些具体的工作。学校管理应该是独立的、系统的，是根植于自身发展规律的，是最接近于人的成长规律的管理。学校管理是综合式管理，不同的学校应该用不同的管理方式，即便是同一所学校，在不同的阶段管理方式也要相应发生变化，同一时期可以并用多种管理方式。学习是借鉴，是基于解决自身问题的拿来，而不是照抄照搬的拿来主义。

适合自己的才是最好的。学校管理既不能照搬他人的模式，也不能僵硬地模式化，不能机械的套用一种管理方式。学校管理应该多元化、进行综合式的管理，不同的学校应该用不同的管理方式。

（二）学校管理理念

1. 管理不是控制。 管理不等于教育。教育是心灵的唤醒，是人性的回归，是潜能的激活，所以，所有的教育活动和过程都要目中有人，都要关注生命的意义和教育的本质，决不能就事论事，从单纯的管理角度去约束人的行为。企业式的流程管理能解决效率问题，能解决社会浅层次问题，但不能解决人的问题。若不能解决人的问题，教育也就无从谈起。

管理是教育的手段，不是教育本身。管理不是目的，育人才是根本，生活中很多人关注管理的手段和过程，而忽略了管理的目的和意义。比如，学校要求学生走路队，德育部要求各班进行路队集训，干部、班主任门口值班，学生大队委分段执勤，不断提醒"请抬头、挺胸、摆臂"，发现不按要求走路的同学就请他出来训练。这些措施都是管理层面的思维，不是教育思维，管理的目标是路队整齐，不是学生自我意识的培养，更没有学生精神世界的成长。

怎样才能让管理中有教育？把管理目标由行为指向"人"，一切以人的生命成长和完善为目标。管理策略也会随之颠倒过来：不是关注后进，而是关注先进。在进行路队过程中，干部教师以及学生大队委都以发现先进典型、培养先进典型为重心，让做得好的学生有荣耀感、成就感，让暂时没做好的学生有努力的方向和目标，变过去的"要我做"为"我要做"。学生感受到的"要我做"是管理，学生无心参与，如果成为"我要做"，学生就会产生一种心理期待，自我意识和成长需求自然也在其中不断生长，这时管理行为才会上升为教育行为。

2. 管理是人性的弘扬与修复。 管理的对象是人。尊重生命，是管理真正有效的前提。所以，管理是为了弘扬人性，不是为了要求效率、强求统一，不是去压抑人的思想、控制人的行为、扼杀人的特点。管理的工作实际上是管理者和被管理者的沟通和交流，没有尊重，人与人之间就不会有心灵上的沟通，思想上就不会达成共识。人性的善恶问题争论了几千年，有人坚持孟子的人性本善学说，有人为荀子的人性本恶找依据。我认为这不是两个问题，而是一个问题的各个方面：人性本恶，人质本善。人的天性是动物式的自然属性，自私自利是其本能；同时人又是高级动物，具有高度的社会性，懂得遵守公共准则，渴望得到社会的认可，具有约束自我的能力，人本质上是向善的，这是人与动物的本质区别。教育就是帮助生命个体弘扬自身向上向善的一面，抑制、纠正自然属性里面有悖人道的一面。

管理是一种动态的平衡。正如阴阳的转换和整体的状态一样，管理的发展规律也是动态的。在学校管理中，过分追求高度的统一，或者任由个性的自由发展，都是不符合规律的。所谓动态的平衡，指的是为了实现教育目标，管理范围内的各种因素都要在过程中把握适当的"度"，在适合的阶段发挥适当的作用，并有机和谐地统一起来，使管理效益最大化。

管理的终极目标是培育文化。初级管理用经验，中级管理用制度，高级管理用文化。绩效考核可能在一定时期内起到作用，但往往"上有政策，下有对策"，绩效考核指标越精细，人心越离散，因此要有适度的管理。管理的目标就是创建良好的舆论氛围，优化学校人际关系，提升教师的格局境界，最终形成健康向上的学校文化。

（三）学校的管理实践与创新

多年来，在学校管理实践中，基于问题的研究，我们一直实施的是动态的策略管理。

1. 制度管理是底线。民主决策而不是民主管理。制度管理是实行有效管理的基础和根本。没有制度作保障，任何单位都不能正常运转，更不能产生效益。因此，制度管理是必需的、无条件的和最基本的，离开制度管理，其他的管理就无从谈起。问题的关键不是有没有制度的问题，而是制度从哪里来到哪里去的问题。制度从群众中来，到群众中去，制度的建立是为保障群众的利益不受侵害，制度化管理必须建立在科学民主的管理机制之上。有人一提民主管理机制就想到自由，这是一种误解，民主管理不是放任自由，民主管理机制也不等同于"全民管理"。民主管理机制的要义是决策民主化，执行科学化，在制度建立的过程中广泛听取群众意见，一旦制度形成就严格执行。民主不是民粹，在决策执行过程中动摇不定，意见相左的，不是真正的民主，而是民粹主义，其结果就是少数人绑架多数人的利益，让制度更加不公平。

管理就是让流程更加科学。每个部门都要有明确的职责，制定科学的工作流程，具体的工作标准，完善的评价体制。学校每一项制度的出台都要经过校委会讨论，然后经由各级部门和全体教职工审查、修改、审核，最后形成制度。这样制度就成了人们公认的行动约束力量，代表的是大家的意志和诉求。

2. 思想引领是关键。任何一个团队的发展，都要统一思想，明确发展目标，从而做到志同道合，众志成城。工作中出现问题，往往是思想出了问题，工作成效不高，最有可能是思想认识不清造成的。所以，人的问题首先是思想问题。学校的各项工作不是简单地布置、落实和检查，要多从人的角度去引领。学校的一切工作都是为了调动两个积极性：一个是调动学生学习的积极性，另一个就是调动教师工作的积极性。不断激发教师的职业尊严和发展需求，不断强化教师成长的内驱力，这才是学校发展的根本所在。

周一例会 思想引领

3. 文化管理是核心。学校管理工作的最终指向是文化。制度管理、人文管理、精细化管理等各种管理方式是否能够发挥真正的作用，要看他们的终极指向。以文化人，强调的是环境对人的潜移默化的影响，这是文化的同化作用，是从根本上解决人的认同感和发展观的途径。一所学校的发展壮大，往往是因为一位出色的校长。但是，校长的更替是必然的，如何让学校发展不再因为校长的更替而出现大的波动，就要看校长是否给学校留下了可以延续的优良文化。

文化培育需要过程。改革开放以后，特别是网络数据时代，人们的思想呈多元化趋势，教师队伍也不例外。教师的价值观、人生观、世界观越来越多样化，学校如果没有一个明确的科学统一的思想体系，教师不仅无法施教，而且也是非常危险的。所以，文化的传递与形成是思想确立的结果，没有思想意识上的认同，文化的形成就无从谈起。文化培育必须先让干部教师形成一定的思想共识，然后再引导教师对个人行为进行反思，用科学的思想观念检测自己的行为实践，在不断地学习、反思、实践中，逐渐形成自己的思想文化观念。在各种制度措施的保障激励下，新的教育理念、学校的办学思想成为教师的共识，经过教师的反复实践，它才能逐渐形成行为习惯，最后才有可能以文化的方式展现出来，形成个人内在的品质和群体文化。

4. 网格管理是保障。当前学校管理组织基本上呈条块化结构，组织管理流程一般是校长→分管副校长→部门主任→教师或班主任，这样的条块分割式的组织架构最大的弊端是过程的不可控性。学期之初学校安排得非常有调理，一旦中途插上一个临时性的工作，上级部门的临时性检查或者行政部门某项大的活动，校长、副校长、主任都要集中精力突击完成政治性任务，计划中的工作就要暂时放到一边，结果一学期下来，总有一两项工作得不到落实。这是垂直性组织结构带来的必然问题。只有把学校管理结构网格化，横着分层：由校长办公会议决策到部门主任执行管理，再到教师、班主任落实，最后到家长、学生干部配合；竖着分块，设立教务部、德育部、教科部、督导部、师训部、外联部、网管部、少工部、后勤服务部等项目负责人，建立"人人有事做，事事有人管"的管理机制，靠组织推动保证学校工作的有序运行。

5. 策略管理是常态。学校教育是一个复杂的工程体系，涉及德育、教学、改革、教师发展、家校互动、技术投入等多方面的问题，任何一种单纯的管理方式都不可能解决所有问题。每个学校在规模大小、师资状况、发展阶段、历史环境等方面各不相同，所面对的问题也各不相同。一所农村小学只有几位老师，一个人同时负责几项工作，并且老师之间都是附近村子里的同乡，冰冷僵硬的制度肯定不适合这样的学校，最好用情感管理。一所大规模的学校，教师达到几百人，校长一学期也不能与每一位教师谈一次话，用感情管理肯定是不现实的。一所学校因为人心涣散、秩序混乱而换了校长，所谓"治乱世用重典"，新校长也不会开始就人本管理。即便是同一所学校，在不同的阶段，管理方式也会发生变化，同一时期可以有多种管理方式并用。所以，在进行学校管理时没有一定之规，没有永远之法，学校管理要在不同的阶段适用不同的管理方法，实施不同的管理策略。

我的教育实践

一、教育思想理想化

教育是未来的事业，其性质决定了，教育工作者必须是一个理想主义者，不能流于世俗，不能过分讲究实惠，要适当地超越现实，具有一定的浪漫主义色彩。办学思想不仅决定着学校的发展方向，也决定着学校发展的速度和高度，所以，办学思想要具有前瞻性。工作中还要不断更新发展观念，不断拓宽发展思路，在实践中不断反思，逐步丰富完善教育思想内涵。

以人为本育人，以民为本铸魂。2000 年我们确立了学校"以人文本，铸造民族之魂"的教育宗旨和"为学生终身幸福奠基，为教师持续发展服务"的办学思想。以人为本的教育观念，与只重分数、学历的教育实际相比，是一个很大的进步与发展。以人为本就是承认学生差异，不再用一个分数尺度来衡量每一个学生；以人为本就是关注学生的发展，不再关注分数、名次和学历，而要重视学生是否得到充分全面的发展，其潜能是否得到充分的培育和开发；以人为本不再是部分学生得到发展，而是全体学生都得到充分的发展。但是，只承认学生个体差异，关注学生个体的全面发展还是不够的。就学生个体而言，最关键的问题不只是发展问题，还有人生和谐、终身幸福的问题。有了好成绩可以考好大学，有了好学历可以找份好工作，有份好职业可以拥有金钱和地位，这种逻辑不可取，因为金钱和地位不是生活的全部，更不是生活的最终目标，人生的最高境界是生活幸福。

学校教育既要做到以人为本，还要兼顾民族利益。教育的功能是什么？国家办教育的目的是什么？是在促进生命个体发展的同时，推动全民族的发展。现在一些人打着素质教育的旗帜，盲目追求时尚，一味标新立异，片面强调以人为本，而忽略了以人为本的最终目的，他们照搬西方的教育思想，提倡个性培育和个性张扬，严重违背了教育的规律和教育目的。生命个体的最大发展不等于民族兴旺、国家强盛。在列强虎视眈眈的世界上，没有国家民族的强盛，就没有个体的真正意义上的发展，所以无论从历史还是从现实的角度来讲，民本思想比什么都重要，人本思想必须以民本思想为基础。教育不只是让学生追求自身的最大价值，还要使学生在发展自己的同时更好地推动国家民族的发展，让个体的发展与周围社会发展相和谐，而不能为了个人的发展而不顾一切，甚至破坏他人的发展和社会的发展。

全球经济一体化和信息时代的到来，使民族文化与民族精神受到挑战。生活的改善，自然环境的改变，使人们文化生态环境被迫改变，并进而影响人的世界观、人生观、价值观和品格素养。具体体现就是，人的价值观正在悄悄地发生着变化。因此，经济一体化的背后，是文化政治一体化的变化；西方强势话语的背后，是西方思想观念的植入。从某种意义上说，我国的文化生态的污染比自然环境的污染更具威胁性和危险性。一个民族如果长期处在消极文化、低格调文化，甚至垃圾文化之中，其社会精神就会受到伤害，国民素质就会受到腐蚀，最终可能导致民族精神衰亡。虽然，民族文化的发展，离不开与世界文化的交流、融合，但民族文化的发展应是继承性和建设性的发展，不应是否定性或破坏性的发展。没有民族的就不可能成为世界的，一个民族如果没有了自己文化的特性，也就不是一个独立完整的民族。所以大力开展继承与发扬民族文化，弘扬培育民族精神的教育，已成为当前学校教育必须面对的一项重大而紧迫的任务。

二、德育活动系列化

我们的育人目标是"培养有民族情怀、世界眼光的现代中国人"。如何培养"了解民族历史、传承民族文化、弘扬民族精神"的现代中国人是学校的首要任务。德育活动是学校实施教育的重要载体，我们本着"德育活动系列化，生命教育课程化"的原则，创新了学校的德育教育，开展了丰富多彩而又独具特色的活动，学校按照一年的节气、假期和节日，安排学校活动，然后把这些活动固定下来，形成完整的德育体系。

1. 文化小使者活动。从 2002 年开始，我们学校在每年春节都开展"文化小使者"活动。这是学校规模最大，参与人数最多，内容最丰富的德育社会实践活动。假期里，学生们在家长的帮助下，不仅在家里要懂得感恩父母而承包家务，安排好自己的学习，还要走出家门，去了解民族文化，风俗习惯，并且要亲身实践，靠自己努力挣得一元钱，到别人家做家庭留学生等。学生要在活动中敢于挑战自己，展示自己，超越自我，使身心得到充分发展。

文化小使者活动——一元钱活动

文化小使者活动——家庭会议

2. 感恩周。从 2001 年 3 月 8 日定为学校的感恩节始，实验小学的学生与家长已经共度了十几个非同寻常的节日。这一天学生必须做好三件事情：向父母说一句感恩的话，做一件让父母高兴的事，为父母洗一次脚。爱心、孝心必须从小培养，

我帮妈妈洗碗

传统美德教育也应当从身边做起。现在许多父母的爱都是单向的，但这种没有回报的爱是没有孝心的种子。举办感恩节的目的，就是为孩子种上爱心与孝心的种子，并让其在他们的心里生根，开花，结果。活动中多数家长激动万分，有的家长流出了眼泪，不少家长受到感染和触动，开始反思自己对父母的歉疚。在家做惯了"小皇帝""小公主"的孩子，也感受到了孝敬的价值和回报父母之恩的幸福。

3. 读万卷书，行万里路。传统的学校教育已不能满足学生发展的需要，素质教育应该培养全面发展的现代化建设人才。知识渠道的多元化，课程资源的开发，必然使教育走向开放，走向生活。社会的发展，生活水平的提高，让学生在力所能及的范围内选择实践活动，尽可能地丰富学生的人生体验，不仅要让学生获得知识、提高能力，还要从小培养学生热爱生活、热爱家乡、热爱大自然的情感，让学生走出课堂，领略祖国的大好山河，感受不同的地域文化，体验各地特色民风，在生活中获得智慧。

读有字书是为读无字书服务的，读书是学习，行路同样是学习。学校每年都利用"清明节""劳动节""国庆节"、周末等节假日，通过全校、级部、班级的三级家长委员会，分别组织"读万卷书，行万里路"活动，或祭祖扫墓，或走进农村、工厂，或访名胜古迹，或参观博物馆、科技馆，引导学生走出课堂，走进社会，把"读书"和"行路"紧密结合起来，在实践中学习，在学习中实践，使学生在活动中增长知识，体验艰辛，感受成长。同时加强家校交流，优化教育同盟军。

4. "六一"才艺展示月。"六一"儿童节是我校的"六一"才艺月。学校把原来单一的文艺会演打造成了学生尽情施展才艺的舞台。文艺会演时学校采用海选的形式，以班级为单位，在"六一"那天呈现给大家一台别开生面，精彩纷呈的演出。学校吉尼斯体能大赛，是学校最具特色的体育活动，学生们可以根据自己在体育方

读万卷书行万里路——寻根之旅

读万卷书行万里路——北京之旅

面的特长申报项目，努力去创造属于自己的记录。活动开始后，学生迅速地涌向操场，去选择、尝试各种体能项目，争取打破往年的记录，获得学校的吉尼斯体能证书。最让人惊叹的是生活技能大赛。比赛时，学生们俨然真正的大厨，或挥铲握锅，或按压揉捏，或拼盘拌菜，很快一道道精美的菜点端上桌来，大家戏称"满汉全席"。

才艺展示月——生活技能大赛

5. 国风秋韵。中秋节是中国最重要的传统节日之一，学校依据中秋节设置了"国风秋韵"活动。利用节日，让学生汲取文化的营养，做一个有内涵的文化人，为民族文化的传承做贡献。活动内容包括：知一种风俗，了解一种过去时候的中秋节风俗，并尝试着做；照一张照片，可以是身边生活中能够表现中秋节氛围的照片，或者是家人幸福团聚的照片，照片中要有参与活动的学生；讲一个故事，四至六年级的学生通过各种渠道，例如，图书、网络等，搜集与中秋有关的故事，并经过精心练习后，绘声绘色地讲给同学听；听故事，一至三年级的学生，要求父母或其他人讲一个关于中秋节的民间故事；读一首诗词，孩子在假期背诵一首关于中秋节的诗词，并试着理解诗中所描写的内容；摘一段美文，摘录一段描写中秋节的文字，积累语言，涵养文化；写一篇日记，学生要将自己这次活动的收获以日记的形式记录下来，可以依照给定的模板写，更提倡自己生动灵活的写作。但是，学生要尝试着将背诵的古诗，积累的语言和听到的故事合理地运用到日记中，并办一期手抄报。活动结束后，学生将自己的活动资料整理设计成一张精美的手抄报。

每个学期，学校还要不定期地穿插"家庭留学生""校际留学生""周末市场"等活动。

家庭留学生

三、养成教育标准化

在继承与光大中国传统美德的同时，学校非常重视对学生的现代文明习惯的培养。根据学校实际情况，我们制订了《乐陵市实验小学学生行为规范与标准》，对学生自起床到晚上休息一整天的正常活动进行了规范的指导。多年来，学校沿着养成教育标准化的道路，真正务实地奠基着实验小学学生的幸福人生。

1. 高雅从安静开始。孩子一下课就乱跑、乱闹和乱叫，这已成为司空见惯的学校"景观"，在许多人看来，这是挥洒孩子天性的自然行为，是应该提倡的。但是，我们不这样认为。所谓天性是指人的自然属性，教育的宗旨就是要把自然人改造成为社会人，提高自然人的社会化程度，让他们由懵懂无知走向高度文明。所以，学校在路队、卫生、坐立、行走、交流、书写等方面都提出了具体明确的要求。在活动中培养自我意识，增强自我克制能力，形成良好的学习生活习惯，享受安静所赐予的优质学习环境。

2. 弯弯腰捡起一片文明。一个学校卫生环境的好坏，昭示的是领导管理水平的优劣。实验小学校园终日干净整洁的直接原因，就是全校师生"见纸屑就拾"的共有行为。小小的弯弯腰行动，收获的不仅是全校的环境之美，更是文明习惯养成和塑造美好心灵的精神之旅。"弯弯腰捡起一片文明"的活动，把学校教育带到一个全新的境界，班级、学校没有垃圾箱，出现了虽无值日却胜似值日的卫生景观。《中庸》中的"君子必慎其独也"的内省自律的道德意识，就在这"弯弯腰"中"润物细无声"地走进学生的心灵之中。

3. 行鞠躬礼问好。孔子就曾感叹地说过："礼云礼云，玉帛云乎哉？乐云乐云，钟鼓云乎哉？"在他看来，外在形式与内在之"仁"应是一种高度的和谐，而不是互不关联的两张皮。学校要求学生讲礼貌，不是那种敷衍行为。所以，学校规定同学之间相见要点头致意，见了尊长要行45度的鞠躬礼问好，表示感谢要鞠躬90度，无论问好还是感谢都要出于真诚，发自内心，心中要存有一个礼貌的精神实体。所以，外来参观者及来校的家长，见学生如此彬彬有礼，总是称道不已。不少人说："在这里，才真正感受到了什么叫懂礼貌！"

养成教育标准化——问好礼仪

养成教育标准化——书写123

4. "书写一二三"。一张新华社拍的照片，在网络上引起广泛讨论，照片上8个人，除了该体育明星本人外，另外 7 人中有 6 人都佩戴眼镜，这成为人们广泛讨论的缘由。据最新抽样调查统计，中国青少年学生的近视率已居世界第二位，小学生近视率为 28%，初中生近视率为 60%，高中生近视率为 85%，大学生近视率为 90%。如何解决写字的姿势问题直接关乎学生的健康成长，为此我们专门开发了"书写一二三"活动：无论什么学科，只要学生们拿起笔来，老师或者班长会马上喊三个数字来提醒："1"，同学们自查握笔姿势；"2"，小组内检查坐姿和握笔姿势；"3"，学生开始书写。这样一个小小的形式，就可以帮助学生掌握正确的写字姿势，保护眼睛，保证健康。

5. 做人从走路开始。自我意识是教育教学的基础与前提，拥有自我认知能力，人才会对自己的行为做出客观的评价和反思，才学会自我控制，然后再去主动地规划自己的生活和学习。教育无小事，事事皆教育。学校中的各个细节都可以成为教育的载体，都可以转换成学生的行为。现实社会中，人的外在形象是非常重要的。通过对走路姿势和性格的研究发现，走路上身平稳，步履轻盈，必为正人君子，而且能够克服眼前的困难。耸肩走路的人多数一事无成，这类人通常尽力掩饰内心的懦弱和胆小，无法把事情办妥。习惯弯腰走路的人，运气无法顺畅。"抬头、挺胸、收腹，自然摆臂，轻声快步"是实验小学对学生走路的具体要求。学校希望学生在踏进实验小学大门的那一刻起，就要不断地提醒自己：我是实验小学的学生，我是最优秀的，我要走出我的风采。

四、学校管理网格化

学校网格化管理的设计初衷就是细化学校工作，让更多的人分担学校的工作，培养更多的管理人才以参与学校的管理。随着学校的发展，网格化管理系统也在不断地完善。网格化管理的理念是"事事有分工，事事有规范，事事有流程，事事有标准，事事有团队"。

1. 常规管理形式。学校网格化管理的常规管理形式是级部值周，也叫值周校长制。学校的常规管理都是由级部来完成的。级部主任负责级部内全面事务，值周时作为值周校长，安排值周任务，同时负责为来访人员讲解校园文化，帮助分管副校

养成教育标准化——入校路队

长安排来访人员行程。其他老师的分工都是在开学前已经安排好的。在假期里，级部人员聘任完成后，级部主任要对级部人员集中培训，其中包括值周分工。分工后，级部主任还要对值周的要求、细则和流程再进行培训。开学后，老师们就可以直接上岗了。常规管理的内容主要是纪律、卫生、路队三大项。我们的常规检查，是需要一天一检查，一周一总结，一月一表彰的。每天值周老师检查完后，经级部主任审核签字，送德育处记录、汇总，然后由德育处老师负责张贴。每个级部值一周，六个级部依次轮换。

2. 级部网格化管理。我们的级部构成有别于其他学校。除了正常的一个班级的数学、语文教师外，音乐、美术、体育、英语、品社和科学教师也都被分到级部内，归级部管理。在参与学校的管理中，他们也有相应的分工和职责。级部工作同样贯彻"事事有分工，事事有人管"的原则，对应的是职责、流程、规范与标准。

级部建设的核心是干部。如何帮助级部主任进入管理角色，真正树立威信，是级部建设之初遇到的问题。级部主任都是在教师群体里选拔出来的，最初实施级部管理时他们也是不自信的。学校要求级部主任定期召开级部会议，但会议开得不严肃。不严肃，会议就显得不正式。发现问题以后，学校就采取了措施。一是要求级部会议不能在办公室里开，必须在教室里以围坐的形式召开。二是学校派副校长、主任等管理干部监督会议。三是通过高密度、高强度的会议和各种活动，对级部主任进行管理培训，搭建各种平台让他们迅速地成长起来。级部主任本身都是非常优秀的老师，在进入管理角色之后，也迅速地得到了老师们的认可和尊重。

3. 班级的网格化管理。班级的网格化管理同样沿袭着学校网格化管理的原则，对学生实施网格分工，让每一个学生都参与班级事务，并且各负其责。有的分管纪律，有的分管路队，有的分管卫生，每项工作都必须职责到人。在管理的过程中，学校、老师根据学生工作特点制订工作标准，然后再制订出相应的工作流程，让学生慢慢地进入自主管理的轨道，实现网格化管理的终极目标。

网格化管理——人人有事干 事事有人管

五、国家课程校本化

由名不见经传到闻名全国，从 2006 年开始课改，乐陵市实验小学用 7 年的时间实现了由课堂改革到课程改革的重大跨越。

1. 学习理论，转变教育教学观念。没有幸福的老师就没有幸福的学生，同样，没有大写的老师也没有大写的学生。教师的人生境界，影响学生的一生。我始终认为，课改最关键的问题不是怎样备课上课，也不是建立什么样的课堂模式，而是教师观念的转变和怎样做人，不会做人难以做事。为此，我们特别重视对教师人生的引领和理论的培训。

三人行必有我师。关起门来教研是不行的，必须让教师了解教育改革最前沿的思想和做法。于是，一方面请专家名师来学校讲座授课，另一方面还经常组织教师出去参加各种培训。不管是听专家的报告还是看名师的课，每个人都会有不同的体会和感受，但是，如果不及时的加以梳理，回到日常工作之中，这些思想火花就有可能慢慢熄灭。另外，虽然听的是同一个人的报告，看的是同一个人的课，但是，不同的人就会有不同的视角。所以，每次学习后我们都要及时的交流梳理，这样可以起到事半功倍的效果。

借助网络成长是现代社会教师成长的重要途径，所以鼓励教师上网，在网络上与人交流学习。在教师自己购买了电脑学会了上网以后，就开始借助网络锻造我们的课改队伍。初期，我经常提醒教师关注李镇西、孙明霞、于春祥等人借助网络成长的经历，鼓励他们充分利用网络这个发展平台，关注成功人士的成长之路，学习借鉴他们的成长经验。学校把苏静、翼然、爱上教育等网友请到学校做报告，让老师们和他们面对面的交流，学习借鉴他们的成长经验和方法。我们外出学习时一般选择重点专家的报告，请到学校讲座的多数是一线教育工作者，因为他们离教学实际比较近，更容易让老师们借鉴。

在实际工作中，校长不可能做到天天与所有老师交流，但是，在教师发展的起始阶段，教师又特别需要外部的推动力，而且，在改革学习的过程中，老师们会有很多体会和感受，也会有很多问题和困惑，需要与人交流，现实生活当中，由于时空的限制，这个问题是无法彻底解决的，只有在网络上才能实现多方位、多角度、多层次的交流互动。所以在那个时期，我们的课改组在"教育在线"上很活跃，也引起了很多网友的好奇和关注。做任何事情都不会一帆风顺，万事开头难，刚开始老师们还不能真正认可网络的重要性，于是我就硬性规定每个人必须有自己的主题帖，每周不得少于两篇文章。为了帮助他们树立信心，我就给熟悉的网友发短信，告知各位老师的网名，请他们给予支持和关注。老师们看到有知名网友在跟自己的帖子，很激动，就有了继续写下去的信心。这样既解决了他们的畏难情绪，又增强了他们的成就感。至今他们也不知道我在背后做了多少这样的工作。但网络在他们的成长过程中的确起到了很大的推动作用。

2. 解读课程标准，明确改革方向。 为解决当前课程体系存在的问题，我带领老师们从逐字逐句研读《课程标准》开始，基于问题进行研究。例如，在解读《语文课程标准》前言部分时我们就发现了很多问题。前言中提到：现代社会要求公民具备良好的人文素养和科学素养，具备创新精神、创新思维、合作意识和开放的视野，具备包括阅读理解与表达交流在内的多方面的基本能力，以及运用现代技术搜集和处理信息的能力。语文教育应该而且能够为造就现代社会所需的一代新人发挥重要作用。面对社会发展的需要，语文教育必须在课程目标和内容、教学观念和学习方式、评价目的和方法等方面进行系统的改革。

解读《语文课程标准》，第一部分前言：现代社会要求公民具备良好的人文素养和科学素养（良好的人文素养有哪些内容？科学素养又有哪些内容？语文教学中怎样培养学生的人文素养和科学素养？经典课、文学课、名曲课、名画课等，科普文章、科学观察、科学实验），具备创新精神（关键是创新意识，大胆质疑，培养问题意识）、创新思维（实施话题教学，重点培养学生的发散思维、逆向思维）、合作意识（合作学习、学习组织）和开放的视野（大教育、大教材、大课堂、生活化、实践课等），具备包括阅读理解与表达交流在内的多方面的基本能力（阅读能力从哪里来？表达能力包含几项内容？怎样培养口语能力？教科书中的口语交际课能否满足培养口语交际能力的需要？书面文字表达能力从哪里来？只靠每学期八篇作文习作课能否达到课程标准的写作能力要求等），以及运用现代技术搜集和处理信息的能力（语文课堂教学中怎样培养运用现代技术搜集和处理信息的能力？前置性学习、概括要义、时政论坛）。语文教育应该而且能够为造就现代社会所需的一代新人发挥重要作用（现在的语文教学是否满足了现代社会的需要？当前的教育方式培养出的人能否在今后的社会中发挥重要作用）。面对社会发展的需要，语文教育必须在课程目标（不再是基于升学考试的课程，而是满足于生命成长需要的课程）和内容（基础性、文本性、实践性三类校本课程）、教学观念（教学是教育的一部分，教学服从服务与教育；教书是为育人服务的，语文的工具性是为人文性服务的）和学习方式（前置性学习、自主学习、合作学习、探究性学习）、评价目的（激发兴趣、培养自信、体验成长）和方法等方面进行系统的改革（具体怎样改）。

暑假教研——课标解读

　　根据以上课标内容可以思考：现代社会要求公民具备良好的人文素养和科学素养，良好的人文素养有哪些内容？科学素养又有哪些内容？在语文教学中应该怎样培养学生的人文素养和科学素养呢？首先，人文素养指的是人们在长期的学习和实践中，将人类优秀的文化成果通过知识传授、环境熏陶，使之内化为人格、气质、修养，成为相对稳定的内在品格。其核心就是"学会做人"——做一个有良知的人，一个有智慧的人，一个有修养的人。一个人如果没有广博而深厚的文化底蕴，他的人文素养就无从谈起。诸子百家，天文地理，人类文化的各个领域有所涉猎，这个人才能形成自己对生命、对生活、对社会的独特理解和感悟。要培养学生的人文素养，仅凭每学期一本语文教科书32篇课文的学习能实现吗？况且，32篇课文中说教性的文章较多，科普性的文章很少。于是我们就想，学校可以开设经典课，引导学生阅读《三字经》《弟子规》《论语》《大学》等中华文化中的经典作品；开设文学课，引导老师和同学们一起阅读古今中外的文学名著，比如，《三国演义》《少年维特的烦恼》《钢铁是怎样炼成的》《红楼梦》等；开设名曲课，引导老师和同学们一起欣赏古今中外的名曲名画，让同学们从小接触最高雅的艺术作品，培养他们对艺术的热爱；开设科普课，让老师和同学们一起阅读科普文章，进行科学观察，做科学实验，激发他们的科学兴趣，培养他们的科学意识。

　　培养学生"创新精神""创新思维"的关键是培养学生的创新意识，引导学生在

科普课——学生兴致勃勃地做实验

科普课——悬浮的鸡蛋

遇到问题时能进行发散思维思考、逆向思维，敢于大胆质疑。如何培养学生这样的问题意识呢？"凯洛夫"的"五步教学法"影响了中国一代又一代的教师：组织教学、复习旧课、讲解新课、巩固新课、布置作业。中国一代又一代的老师在这样的课堂上做学生、当老师。在"五步教学法"中，老师既是"导演"又是"演员"，课堂上老师是主宰，学生是听众，这样的课堂过分注重和强调教师的教，又怎能培养学生的创新意识和思维呢？所以在课堂上，我要求老师只做组织者和点拨者，在分析文本时，一篇课文至少梳理出三个以上的话题，课堂上实施话题教学，来培养学生的发散思维。

3. 改变教学目标。说到教学目标，多数老师想到的多是课时的教学目标，或者是新课程标准提出的三维目标，把教学目标和教育目标当作两回事。会学习和想学习是两个截然不同的概念，仅仅教会学生学习的方法是远远不够的，因为现代社会需要学生具备终身学习的能力。

对教学目标的狭隘理解导致了很多弊端。例如，目前多数学校的教学目标并不是依据课程标准制订的，而是以教科书的教学内容为标准而制订的。一学期的时间，很多教师不能把教科书上的知识讲完，教学赶不上进度；同样，一学期下来，很多学生仍觉得好多知识没掌握，埋怨老师讲不清楚。虽然也有学校重视课程标准的学习，重视课程标准的地位，但在教学过程中学校的老师们不能按课程标准的要求去做。

解读三维目标。我们发现，三维目标在知识和能力的维度上没有提到兴趣。兴趣是最好的老师，如果小学阶段没有了兴趣，也就没有了学习的内驱力，更不会有发展的后劲，无论多高的目标都很难实现，知识的积累和能力的培养就会失去意义。所以我们把激发学生的学习兴趣增加进来，把课堂定位为以学生展示为主的课堂，把课堂教学的主要目标放在提高学生的内驱力和激发学生的学习兴趣上。

在三维目标"过程、方法"的这个维度上，我们发现缺少了"习惯"这项内容。"教会学习"，"授之以渔"，"方法的知识是最重要的知识"，这样的理念很好，但是，如何将学习方法内化为学生的习惯和品质，这才是问题的关键。学习成长是一个艰苦缓慢的过程，是学生生命成长的一部分，教师在关注学生学习方法的同时，更应该关注学生在过程中成长的体验以及对学习方法的掌握和运用。学习方法再好，如果不能形成习惯，那就不能内化成学生的品质，更无法成为生命的一部分。好的学习方法，即使老师教了，如果学生不在学习过程中使用，或者课上用课下不用，或者在学校用在家里不用，或者现在用将来不用，也是徒劳无益的。所以我们追求学以致用，强调方法的学习重在应用，不仅在课堂上用，还要在生活中用，在应用的过程中慢慢形成习惯，最后内化为能力和品质。

我们对"情感、态度、价值观"这个维度的理解，也有一个不断深化的过程。

原来我们把"态度"理解为文本中作者对待生活、对待人生的态度，把情感理解为作者在文本中所倾注和体现的那些情愫，教学中我们只要在课堂上把它挖掘出来就可以了。后来我们才认识到"情感、态度、价值观"是一个终极性教育教学目标，不是课堂教学的当堂生成目标。比如，"态度"这一目标的教学，除了要理解作者对待生活、对待人生的态度之外，更重要的是让学生在教学过程中端正自己学习的态度、做事的态度、做人的态度，学习他人学习的态度、做事的态度、做人的态度等。

4. 改变教学依据。当前教育最大的问题就是，升学和就业这样的阶段性目标替代、遮蔽了快乐幸福的终极目标。在多数学校和老师身上，最明显的表现就是以书定教，考试考什么，老师就教什么。能做到以标定教为学生建立完整知识体系和以学定教使学生形成完整智能体系的学校和老师凤毛麟角。课程改革，是改变功利性的教学依据，以需定教，尝试通过我们的努力帮学生确立完整的人生规划，以满足学生生命成长的需要和民族社会发展的需要。

5. 改变课程设置。校本课程的设置不应是简单的累加，而应该是对国家课程的内化与整合。在充分考虑本地实际条件和教师整体水平的前提下，打破学科界限，整合各种资源，从而实现学科综合化的教育教学优势，构建相对完整的校本课程体系：国家课程（包含地方课程）——校本课程（学校综合课程体系）——师本课程（学期具体课程实施规划）——生本课程（学习周目标）。

以语文校本课程为例，基础型课程主要是知识性、积累性、基础性的内容，包括汉字 3000 个，名言 360 条，诗词 320 首，毛泽东诗词 20 首，现代诗 20 首，古文 40 篇，成语 1600 个，科普小实验 20 个，观察 80 次，还包括经典书籍《弟子规》《三字经》《论语》《大学》《道德经》等。

校本教材

　　文本型课程主要是阅读感悟性的内容，重在提升学生的文学素养和文化素养，包括美文 480 篇，名曲 100 首，名画 100 幅，影视作品 40 部，戏曲 30 段。

　　实践性课程主要是实践活动和拓展性内容，包括棋艺课、体能课、礼仪课、民俗课、家政课、科普课、时政课、地理课、游学课等。

　　例如，地理课的设置是针对现在小学生存在的问题开设的，城市里的孩子缺少方向感、方位感和距离感，虽然这方面的内容在其他学科有所涉及，但还不能从根本上解决问题，于是学校就专门开设了地理课。一年级学生要求在家长带领下熟悉城区的道路和主要建筑物；二年级学生要求在家长带领下熟悉市区各个乡镇的位置和地貌，三年级学生要对本省的地理有一个大致的了解，有条件的家长可以利用节假日带领学生实地考察，参观一些重要城市和景点；四年级学生把视野扩展到全国；五年级学生网观全世界。要求学生把每一次游历都写成文章，记下游历的见闻和感受，让活动与语文学习紧密地结合起来。

地理课——走遍乐陵

　　6. 改变教材内涵。 教学的目的就是让学生了解生活、掌握生活、创造生活，最终享受生活。在生活中学习生活，是最好的教学方式。现在很多教师忽视了对生活的关注和学习，关起门来教学，读死书，死读书，致使学生的动手实践能力越来越差，这里不仅有素质教育问题，也有教材观的问题。当我们从学生生命需要和人类

地理课——走进枣园

社会发展的大背景下去思考教育，回到教育的原点上反思课堂教学时，我们才发现过去对教材的理解，不但过于狭隘甚至还有些偏颇。我们应秉持一种大教材观，教材等于文本与生活的总和。文本是人类智慧的结晶，是人类的生活生产经验经过千百年沉淀升华的结果，是生活的一种固化的形态，比如，文字、建筑、器皿、雕刻、书画、戏曲等。现实生活中的任何事物都会直接或间接地影响着人们的学习和生活，所以生活必然是学习实践的重要组成部分。没有了对现实生活的学习吸纳能力，也就失去了对文本学习的相应支点。

有人把教科书称作文本，这是不严谨的，严格意义上讲，文本除教科书外，还包括教学参考书、教学挂图、各类书籍、所有影视作品、各种报刊媒体、图书馆、展览馆、博物馆、名胜古迹等课程资源。总而言之，文本包括所有人类文明成果，无论它以什么样的形式存在，都应被看作文本。

因此，我们在编订我们的校本教材时，将影视、戏曲、名曲名画等所有与学生生活息息相关的内容全部囊括其中。

7. 改变课堂结构。传统的课堂表现为老师在讲台上传授知识，学生随堂听、记，做作业。已有专家预测，未来的教学，主要是在网络上听课，然后回到教室讨论，教室已经不是教师讲课的地方，而是教师领导学生讨论的地方。

既然教材等于文本与生活的总和，那么随着课堂教学内容的变化，课堂也就不

影视课

再受时间、场所的限制，所以我们改变了课堂的结构，确定大课堂教学的基本流程为：周目标导航——前置性学习——学习性组织——展示的课堂，制订周目标，将原本的后置性学习变为前置性学习，建立学习性组织，变老师教学生学的课堂为学生展示学习成果的课堂。由教师预设为主的课堂转变为学生生成为主的课堂，由教师讲授为主的课堂转变为学生展示为主的课堂，由知识传递场转变为学习势能场。课堂不是师生表演的舞台，而是师生生命成长的平台；不是知识传递的主渠道，而是知识思想的集散地；不是文学个体的解剖室，而是文本与生活的对接舱；不是应试技能的训练所，而是智慧生成的孵化器。

周目标导航，让学习变得简单。以课程设置为前提，学校将校本教材的内容全部分解到周，按 10 个学期，每学期 16 周制订周目标。

达标情况表上要求有家长过关签字，组长过关签字，并有教师记录。

前置性学习，把学习真正还给学生。前置性学习，就是在正式课堂教学之前，师生进行目标明确的自主学习过程。它与传统意义上的预习不同，它将传统的教学顺序颠倒过来，先是学生自主地学，老师只适当地引领指导，然后大家一起展示交流。因此，学生在每周拿到周目标后，可以根据各自的学习情况和学习能力选择学习的方式和进度，在学习过程中各取所需。例如，欣赏《高山流水》，同学们要去了解这首名曲的相关背景、弹奏乐器。学生了解的内容都是依据个人的兴趣而定的。在了解与学习的过程中，学生在老师的指导下，学会了很多东西，例如，搜集资料、筛选资料，运用学习工具，掌握学习方法等，更重要的是养成了自主学习的习惯。

学习性组织，不让一个学生掉队。在每个班级里，学生都有分组，每个组都有表示自己特色的名字。例如，五（2）班设有 8 个组，名字分别是：水滴石穿、壮志凌云、一诺千金、厚积薄发、闻鸡起舞、胸有成竹、破茧成蝶、晨钟暮鼓。组名用的是四字成语，都是根据小组的特点而取的，并且每个小组都有各自的主旨。例如，一诺千金的主旨是：一旦承诺，使命必达；言不信者，行不果。壮志凌云的主旨是：心存跨海凌云志，征程万里蓝天长。水滴石穿的主旨是：只要功夫深，铁杵磨成针；滴水能把石穿透，万事功到自然成……这些都是组员的精神追求，终究要外化为组员的行为。班级不同，小组命名的方式也就不一样，而且组名各具特色，意蕴深厚。

小组是根据学生们的身高、性别、学习成绩、性格（不同性格搭配）、住址和家庭情况等因素合理搭配的，组成人员都有自己的编号，根据学习能力的不同，分别用金、木、水、火、土命名，金星一般是学习能力欠佳的学生，土星一般是学习能力较强的学生，这种以五行命名的方式，消除了对"后进生"的歧视。在评价过程中，老师实施的是捆绑式评价，即以小组为单位进行评价，这样就淡化了个人竞争，强调合作意识。

展示的课堂，寻求学习的恒动力。我们的课堂教学是以"栏目教学"的形式出现的，它以前置性学习为基础，针对小学生的特点，充分体现"游戏的课堂、快乐的课堂、展示的课堂"等教学理念，尽量优化教学过程，减少教师组织环节。

例如，语文课的阅读教学，我们采用栏目教学和"闯关"的形式，具体操作过程如下。

第一关：字词训练营，人人当英雄。

这个环节由展示组的同学出题检测阅读组的同学，检测内容包括看拼音写词语、辨字组词、用词说话等，用来督促同学们掌握基础知识。同时，在这一环节，我们特别注重学生的坐姿和握笔姿势，开发了"书写123"（前文已说明）的教育小产品。

语文教学的基本原则是工具性与人文性的高度统一。工具性服务于人文性，但是，工具性是基础、是前提，字词是语文教学的基本元素，没有字词为基础，人文性也失去了存在的物质依托。第一，字词活动。这里的字词环节不是字词教学的主体，字词教学的重点在于周目标的落实，课堂上仅是对学生要重视基础知识进行引领，这里对基础知识的学习起到一定的复习、巩固和检查、督促作用。第二，互动形式。检查方式多种多样，可以是展示的小组用小黑板、小试卷对阅读小组进行检测，也可以是阅读小组提问，检测展示小组对字词的理解掌握，有时还可以由教师对全班进行检测。第三，制订规范。"教是为了不教"，教师的主导作用应该体现在方法的指导和过程的服务上。在初始阶段，教师要帮助学生制订检测的内容和方法，例如，拼音填空，多音字组词，形近字注音，解词、造句等，待学生完全掌握以后逐步放手。

解词、造句既是语文教学的主要内容，也是培养语文能力的重要步骤和手段，它如同体育训练中的动作分解，是语文教学中必不可少的部分。最近几年不少语文教师忽略了这项训练，而直接过渡到写作教学。放弃解词造句的做法，既不符合教育规律，也不符合教学实际。阅读与写作在逻辑上构成必要条件关系，没有对经典文本的大量阅读甚至背诵，就不会有文采斐然的佳作纷涌迭出。

第二关：我读我入境，流利有感情。

这个环节主要有两项内容：一是朗读，二是评价。文读百遍，其义自见，重视朗读是语文教学的传统。在前置性学习的过程中，每个人都要把文章读熟，然后在小组内展示，相互学习，相互帮助。在课堂上展示小组分段朗读或分角色朗读，阅读小组对其进行挑战性朗读，从而创设良好的学习氛围。

交流展示的过程，这是一个听说能力的培养过程。在朗读时，阅读小组的同学要对展示小组的朗读进行评价。说话训练有三个梯度：敢说、会说、说好。初始阶段要把要求放低一些，让后进的学生有话可说，有话可说才能做到敢于说话。如果想让学生会说就离不开教师的指导作用。不同年级学生根据实际制订出不同的评价规范，让学生说话有章可依。开始学生只是机械地按规范要求评价，熟能生巧，几番评价之后，学生掌握了基本要领，再评价起来就有自己的见解了。

评价别人时要求姿势端正，态度真诚，语气委婉，依据规范从三个方面进行评价，一次评价不超过 3 人，评价内容不能重复。

第三关：入情入境，品味人生。

学生的语言感悟能力是大量阅读的必然结果，是学生生活经历和知识积淀的必然结果。所以在文本解读的过程中，特别强调两点：一是用生活解读文本，二是把文本还原成生活。知识的积淀和生活经验的积累，是解读文本的基础和前提。一个人知识越丰富，生活阅历越广博，对文本的理解就越透彻，对作者的思想感情就把握的越准确。因此，教师不能单纯地解读文本，而是要不断丰富与强化学生对现实生活的关注，在学习文本的同时，加强学生对现实生活的学习和实践。

文本是前人的生活、生产经验，是人类智慧的结晶，是历史长河中的一朵朵浪花，文本解读的过程本质上就是一个生活原景再现的过程，是把文字还原于生活的再创造过程。师生应以文字为载体，调动已有的知识和生活经验，进入文本描述的情境中，从而走近作者，走进文本，走进生活。

本环节有三项内容。第一，展示小组要用一句话概括要义。现代社会处于一个信息爆炸的时代，信息量每两年就增加一倍。随着技术的发展，对知识的占有已经不再那么重要，重要的是对信息搜集、筛选、分析、判断的能力，因此，阅读每一篇文章都要求学生用一句话来概括要义，从而强化学生对信息的处理能力。第二，分段解析文本。展示小组分段解析文本，把文字还原于生活原景，为后面的语感能力培养奠定基础。第三，字词句解读。通过对重点字词句的解读，细细品味文本的生活内涵，深刻体会作者和文本中的真实情感，从而增强学生的语言感悟能力。这个过程需要教师完成板书，即内容提纲。

第四关：得知得智，拓展人生。

本环节主要有两方面内容：一方面让学生体验成长，说出自己学习过程的生长点，整理在基础知识、方法知识、学习态度、情感价值观等方面的收获；另一方面让学生联系生活，在现实生活中找出与文本话题相同、相近或相反的事例。

这个环节的设计，依据于对三个问题的思考。

第一，怎样增强学生学习的内驱力？学生学习的根本动力来自阅读成长的强烈体验。我们把学生学习的过程放大放慢，让学生自己体会自己的成长变化，从而激发恒久的学习兴趣，这是过程、方法教学目标的具体体现。

第二，怎样实现语文的生活化？语文教学的基本原则是基于生活的，是以生活为目的的。怎样才能把语文生活化这一观念变成语文教学的现实和成果？展示小组在前置性学习过程中，根据个性阅读的原则，研究出自己解读文本的一个视角，然后把这一角度作为切入点，把文本与生活相对接。把文字还原为生活，不是简单的生活再现，而是想带给学生一个阅读的基本方法，帮助他们确立一个基本的阅读流程，强化文本联系生活的学习意识，力求做到"读进去——走进文本，读出来——联系生活"。

第三，怎样把"情感、态度、价值观"目标落到实处？"情感、态度、价值观"不仅是指文本和作者表达出来的东西，重要的是如何引导培养学生的健康向上的情感，引导学生正确地对待学习、对待生活、对待他人、对待人生。

在传统的课堂教学方式中，过程、方法和情感、态度、价值观这二维目标很难进入操作层面，教师缺少切入点和具体的抓手，为了把这些新的教学理念真正落实到教学过程之中，才有了"得知得智，拓展人生"这个环节。它有许多好处，学生在课堂上说明自己在前置性学习和小组交流中从文本和同学那里学到了哪些知识，丰富巩固了哪些知识，收获了哪些听说能力，关注到其他同学的哪些学习方法和学习态度，例如，张明和王刚家里都没有计算机，都不能利用网络学习，第二天小组交流时，张明发现王刚拿出了网上学习的资料，一问才知道资料是晚上王刚由妈妈带着到姨妈家上网查找到的。课堂展示时，张明在谈生长点时说道："在学习态度和学习方法方面，我不如王刚，今后我要向他学习。"

第五关：化人化文，学以致用。

这个环节要求展示组的同学谈自己在前置性学习时的感受。所谓一千个读者就有一千个哈姆雷特，由于每个学生个人经历与知识积淀的不同，他们对同一篇文章的观察视角也必定不同。在这一环节，要求老师根据同学们的发言梳理多元话题，以达到培养学生的发散思维和逆向思维的目的。

同时，这个过程是一个应用过程。文以载道，人文性是语文的根本属性，以文化人是语文教学的重要目的。通过文本学习，学生要说出文中的人物以及作者的待人处事方法、生活经历等给自己带来了哪些启迪，能从中汲取哪些营养，并结合自己的生活经历、知识积淀加以提升和内化，以指导自己今后的生活和学习。

写作能力不是老师教出来的，而是学生自己在大量写作的过程中慢慢涵养出来的。每读一篇文章都要把自己的所学、所思、所感写下来，形成文字。用我手写我口，由于内容涉及文本包涵的故事和思想情感，结合文本的时候还要联系生活中相同、相近或者相反的事例，然后再写出自己的体会或看法，所以过去那种无话可说的现象没有了。当学生有话可说以后，写作自然就不成问题了。

第六关：超越自我，百流归宗。

这是个全班互动的过程。师生进一步解读文本，构建全班高地。展示小组就上节课展示的内容和问题检测阅读小组的听记情况，进一步强化学生的学习能力。阅读小组开始根据自己的学习收获与展示小组进行互动。先由阅读小组提出问题，经老师筛选后再交展示小组回答。这个环节我们也走过一段弯路，刚开始没有老师介入，直接由阅读小组向展示小组提问，结果提出的问题重复且质量不高，严重影响了课堂教学效率。所以，在学生攻防打擂的过程中老师必须发挥主导作用，让教师参与互动，适时进行点拨，梳理话题。最后全班进行小练笔。教师视情况安排阅读小组的部分同学展示成果。

阅读组在挑战

在传统教学的课堂上，教师始终占据着主导地位，一切都由教师说了算，一切生成都在教师的预设之中。在这样的控制之下，学生的学习兴趣受到压抑，思维方式得不到扩展，学习方法得不到交流，体会感受浅尝辄止。学生在课堂上被教师牵着鼻子走，学习过程受到严重干扰，致使学生对问题不能进行深入思考。久而久之，学生就产生了依赖心理，思维不活跃，学习也是被动的。

8. 改变合作的性质。新课程标准倡导合作探究的学习方式，但在实际教学中我们发现小组合作流于形式、缺乏实效。

我们的学习性组织虽然也是以小组的形式建立的，但它与一般课堂上的小组合作不同。具体表现在几个方面。一是表现在时间上。我们在日常的课堂教学中，小组合作只是为了临时解决问题所组建的合作形式，一下课，小组就自动解除。而我们的小组合作的时间，是贯穿整个学习过程的。二是表现在空间上。我们在传统课堂上见到的小组合作只是在课堂上进行，仅仅局限于教室。我们的小组把合作的空间大大地拓展了，不仅在课堂上，而且在课间，放学后，在家里都保持一种合作状态。三是体现在结构上。与常见课堂小组在结构上的随意性不同，我们的小组按照一定的标准，给学生编了号。在相当长的一段时间内，小组的结构是固定的。四是体现在机制上。"组织"一词，在词典上的解释是：按照一定的宗旨和系统建立起来的集体。我们每个小组都有自己的名称、口号、公约等。小组的每个成员都有明确的分工，并有一定的管理权。五是体现在作用上。我们的小组合作，其作用不仅仅是在课堂上解决几个问题，还包括在整个学习过程中，起到合作、互助、监督、检测、评价的作用。六是体现在呈现上。有些东西不是一时就可以把自己的全部内容都能显现出来的，它存在一个隐性和显性的问题，例如，学习的习惯、品格的塑造、文化的涵养等。七是体现在评价上。虽然传统的课堂也要对临时的小组做出评价，但这种评价是暂时性的。我们对小组的评价是与小组整个的合作学习过程相对应的，同时我们对小组评价的结果进行量化、评比、表彰，评价的影响是持续的。

当合作学习从关注合作形式回到关注合作组织以后，小组合作的功能也随之发生很大变化。

检测功能的改变。一旦学习小组成为长期固定的学习性组织，周目标的积累性内容就可以在组内完成，使前置性学习的过程和成果有了支撑点，不但教师和课堂得到了解放，课堂教学的有效性和学生的主体性，也都有了组织上的保证。

课堂上的组织化合作

　　展示功能的改变。传统课堂由于时间的限制，不可能每个学生都得到展示，如果学生长期得不到展示的机会，势必成为消极的看客，积极性和学习内驱力就会受到影响。形成学习性组织以后，再设立一个小组交流展示的环节，学生的学习积极性问题就会迎刃而解。

　　管理功能的改变。人管人累死人，对于几十个学生来说，老师的管理很难做到面面俱到，制度管理又很难预设出过程中的所有可能，所以，制度永远滞后于问题。管理的最高境界就是自主管理。怎样才能由教师的权威管理、制度管理过渡到自主管理呢？学习组织基本解决了这个问题。在学习性组织内，大家有着共同的学习成长目标，大家都要按规范要求完成自学互助的内容，自然地每个人都有责任感。所以，人人都是管理者。

　　学习小组内的很多活动已经延伸到课外，教师已经无法监督学生学习的全过程。没有了教师的监督，也没有了教师的批评，完全是同伴之间的交流和展示，平等、民主始终贯穿于过程之中。久而久之，学生自我管理的意识就会逐渐增强，独立、民主、平等的思想也就必然孕育其中，从而这种管理模式就走向名副其实的自我管理的道路。

　　互补功能的改变。学习组织的建立，要充分考虑学生的互补问题，把学生的认知水平、性格特点、性别身高、家庭条件、文化环境、居住情况等因素做好充分考虑，然后根据各方面情况合理分组。性格开朗的学生与内向的学生一组，活泼好动的学生与文雅好静的学生一组，一方面相互影响，取长补短；另一方面整合资源，做到资源共享。除去这些因素之外，尽量把同住一个小区、身高座次相近的学生安排在一起。

　　文化功能的改变。学习性组织与传统小组合作相比最根本的区别在于，学习性组织有共同的价值追求、人生目标。每个小组都要根据价值追求为小组取名，并以此制订出自己的组约、组训、主旨、口号等。如此一来，学习性组织的意义就不仅仅是互助合作，还具有一定的文化教育功能。

　　学习性组织的建设是以小队为单位的，8到10人为一队，4或5人为小组。在分队时，教师按照学生的知识水平，综合能力分排，排前8名的同学自动成为各队的第一位，然后第9名进入第8队，第10名进入第7队……依次排列。这样就形成了实力相近，竞争公平的团队。班主任再根据队内学生男女比例、性格特点、领导

小队队牌

小队主旨

能力等因素进行适当的调整。小队形成以后，再按照同样的方法分配到每个小组。其中，每小队设置一个队长，全权负责队内事务，小组设置小组长，同时设置纪律监督员、卫生监督员、各学科组长等职务。这样，就能够做到人人有事做，事事有人管，让每个学生成为团队的主人，提高他们的积极性，培养他们的团队意识。

9. 改变教学评价的依据。课堂内容的高度容易引起人们的关注和喝彩，而课堂内容的宽度往往缺少精彩，让人感觉平淡无奇，甚至有点机械重复。而评价课堂教学，人们往往注重课堂上学生的精彩生成。

殊不知，生活本身就是朴实无华的，越是深埋地下的东西，生命力越强。所以我们改变传统课堂教学的评价方式，在课堂听课、评课时，我们关注的不仅是学生能否当堂达标，老师在一节课内让学生掌握了哪些知识、形成了哪些能力，还有从以下方面，引导教师对学生综合能力进行评价：

> 积淀知识，知识是学习发展的基础；激发兴趣，知识的学习积累必须以激发保护学习兴趣为前提；训练方法，方法知识是最重要的知识；培养习惯，把优化后的学习方法、思维方法内化为习惯，体现过程性原则；拓展思维，思维的方法和习惯是学习发展的核心内容；塑造品质，在学习过程中，通过培养优良习惯和思维方式来涵养品性；提高能力，通过听说读写的基本训练提高学生的能力；涵养文化，最后把自身的优良品质通过言行表现出来，形成优良的人文素养。

评价向家庭延伸。实行家庭表现一百分制度。较之学校，家庭是学生生活、学习的另一个更为重要的场所，学生的很多能力、习惯都需要家庭的培养，需要在家庭中实践。我们将学生的常规要求制成表格，请家长监督，学生每做到一项，家长就要在表格上签字，一周后学生将表格拿到学校进行评比，评选毅力之星，这样的评价督促学生形成良好的习惯。

我们认为，常态很难精彩。精彩不一定高效，教的精彩不等于学的有效，教学效果在于学生的生成。

所以我们追求平实有效的课堂，关注后进生的进步幅度。提出"不看精彩看实效，不看师效看生效，不看预设看生成，不看效率看效益"的口号。不重教师的精彩重学生的精彩，不重学生一时的精彩重学生一生的精彩。

10. 改变教师的功能。顾明远教授说：在当今这个时代，教师已经不是知识的唯一载体，学生可以从电视、网络及各种媒体上获取知识。教师的作用由过去单向地向学生传授知识，转变为指导学生自主获取知识，指导学生之间的讨论，开展师生之间的互动。

教师主导作用在于教与学的全过程，在于欣赏和激励，在于教育资源的整合，在于现代技术的使用。

六、课堂教学现代化

课堂教学现代化，应该是现代的教学理念和教学手段同步化。单纯地使用多媒体教学，只把教学工具智能化绝不是真正意义上的现代化课堂。现代化的教学设备和数据平台是为教育教学服务的，要呈现人的发展动态和教育教学完整的过程，帮助我们做出远胜于前的各种具体的分析和评价。

"翻转课堂""微课""幕课""数课"等蕴含着现代教育教学理念的新生事物并逐渐被我们熟悉，走进课堂，它们势必会引起课堂教学巨大的甚至是颠覆性的变革。

我们学校在硬件方面是非常差的。至今，我校作为全市唯一的实验小学，依然没有实现班级多媒体化，这样的情况在全国也是不多见的。现在，学校的办学条件正在慢慢地改善，课堂教学实现现代化的步伐也在加快。

我校没有把课堂教学现代化定位在全校实现班级多媒体教学上，而是直接把目光定位在创建全球最为领先的现代化的数据化课堂上。2014年，"数课"开始进入我们的视野，走进我们的课堂。在教育教学现代化的进程中，我们实现了跨越式发展。数课是世界非常前沿的教育教学的技术平台，它的理念支撑与我们的理念支撑非常接近，但是我们并没有完全引进或者是完全按照数课的模式去进行教育教学。要使用技术，而不是受制于技术。所以，只是把学校课改和管理系统告诉开发人员，让他们按照我们的系统去开发技术平台，从而实现课程改革和课堂教学的"私人定制"。

七、教师发展团队化

多年来，学校的师资水平是我们难以跨越的障碍。大部分教师都是幼师、中师毕业，大专生只有一个，还是体育专业。理论的缺乏，知识的欠缺，再加上学习力严重不足，让学校的发展停滞不前。有限的评优名额与绝大多数老师基本无缘，学校里的老师要么争得厉害，要么彻底放弃。其实，在人的潜意识里，都有发展的欲求，而发展则是人的主观意识在起作用，这必然要激发人们潜在的能力。我清楚地认识到，以目前老师们的水平，想靠个人单打独斗去成就一番事业是不太可能的。学校要想发展，就必须推动老师的发展，必须让老师走上学习研究的道路。所以，学校在改革初期，果断地制订了抱团发展的战略方针。多年以来，我们的魔鬼团队一边学习，一边实践，互帮互助，共同努力，学校的课改终于取得了实质性的进步，教师的发展效果喜人，同时提升的还涉及学校的方方面面。

学校初期的教研活动是沙龙式的，只在周末或节假日进行理论或业务学习，且都是自愿参加。有的老师干脆不参加，有的即使参加也是应付观望。其实这是考验和发现老师是否有发展意识的大好机会，如果勉强让那些没有发展意识的老师参加改革，以后改革时那些老师遇到困难就会退缩甚至影响其他人。并且改革的过程是一个艰苦漫长的探索过程，最忌半途而废。所以，我们必须制订相应的措施来保证队伍的稳定性。

我不具备一般校长的强势，只好另辟蹊径，靠人格魅力把老师凝聚在一起。因为我的网名为"杏坛圣徒"，于是学校课改研究小组的名字就取名为"圣徒学社"。

学社成员采取自愿报名参加的形式，要求每位申请参加的人员，必须先交1000元钱，作为改革风险基金，并明确规定，改革过程中缺席一次教研活动，就从管理基金中扣除50元，如果风险基金被完全扣除，就视为自动退出。

交钱时间规定为从周五到下周一。消息传开后，校园沸腾了，老师们议论纷纷。有的老师说：这也太离谱了，参加课改教研，学校不但不发加班费，还让老师自己交钱，真是笑话；有的老师心里不说什么，但是在静静观察别人；还有的老师想交钱，又怕其他老师说三道四；还有一些老师是真想通过参加课改增长知识，提高自己的能力，体现自己的价值。到了周一上午，我去问教务处有多少人交钱，当时有11人，我决定停止报名。在我们查看名单时，又有一个老师交钱，说刚才回家取钱了。之后又陆续有老师找到办公室，想交钱报名，并说了很多当时没有交钱的理由。有的老师说钱已经准备好忘在家里了，有的老师说星期天有事没来得及取钱等，各种理由都有。其实，他们的理由都是借口，主要还是他们在犹豫观望。这些人参加改革的目的不明确，如果参加到课改中来，一旦在过程中遇到困难就会退缩，他们不但自己学不到知识，还会影响其他人的情绪。因此这些人都被我拒之门外。就这样，11 人的"圣徒学社"成立了。

我们课改的目的不仅是为学生的终身幸福奠基，还为教师的持续发展服务，这不是口号。我不提倡教师做燃烧自己照亮别人的蜡烛，而要求教师做既照亮别人又温暖自己的太阳。不能立己，就难以达人，如果因为参加课改而影响了家庭和睦，这就违背了我们的初衷。当今社会多数人急功近利，心浮气躁，要想真正静下心来搞课改，不受外界干扰，肯定会有所舍弃。我们清楚地知道，我们选择的是一条艰难的路，虽然不会因此而失去生命，但是追求过程中肯定会失去很多，特别是要暂时放弃很多家庭责任，放弃娱乐休闲，放弃和亲人团聚的时间。课改组成员绝大多数是女同志，她们在家庭日常生活中占有重要地位，洗衣做饭，整理房间，照顾老人和孩子等。因此，亲人的理解和支持尤为重要。我历来主张教师要在成就他人的同时成就自己，从不说"舍小家顾大家"之类的话，如果一个人连亲人家庭都能放得下，那么他的人品和动机就值得怀疑。所以参加课改必须得到亲人的支持和理解。我要求队员们的爱人或其他亲人写推荐信，她的亲人真正同意并支持这个老师参加，我才正式批准这一老师入会。

校长和老师的关系，是一种隶属关系，上下级之间说话就得讲究点策略，校长说话分量轻了没有感召力，分量重了老师难以接受。为此，我用了"招徒弟"的方法，校长就成了师傅，这样不仅没有了权势的威严，还拉近了与老师之间的距离，同时教师还具有了一种"士为知己者死"的期待。为校长做事是工作，是完成任务；跟师傅做事是学艺，是生命和专业成长的需求；两者的关系和性质有了根本的变化。有了"师徒"这层关系，老师们工作中出现差错，我可以直言不讳地指出，甚至是严厉地批评；作为徒弟，他们诚恳接受，毫无怨言。

经过层层筛选，最终学社中的 11 人成了校长的徒弟。为打造队伍，使其耐得住改革途中的寂寞，我对他们提出了更严格的要求：凡入社队员必须做到"三当"：当生活中的"傻子"，要想干事，就要有所舍，就要放弃一些世俗杂念；学习中的"呆子"，一门心思搞课改，潜心思考，敢于创新，勇于发现并解决问题，做到心无杂念；工作中的"疯子"，放弃节假日，没有上下班界限，没有名利之争。

起初，队员们压力很大。首先是对家人的亏欠，每天教研学习到很晚，回家后已经筋疲力尽，没时间做家务。其次是身体吃不消，由于长时间上网，老师们的眼睛、胳膊出现了问题。最后是他人的不理解，甚至是冷嘲热讽：每天加班，又不多给钱，图什么，一群神经病。发现老师们情绪有波动后，我除了以身作则，言传身教外，就是让他们树立正确的人生观、世界观和价值观，我经常和他们单独谈话，教育他们人要有尊严、有价值地活着。

课改组的成员更是三句话不离本行，早上见面谈课改，听课磨课讲课改，晚上教研活动说课改。就这样，我的11名徒弟成了改革的铁杆军，即大家眼中的"魔鬼团队"。

发展中的团队

在实施课改短短几年时间内，学校里就有1名老师被评为省特级教师，1名老师荣获"山东省十佳创新班主任"称号，多名老师被评为地级优秀教师、地级创新教师、地级教学能手。还有1名老师被青岛名校作为教育人才高薪"挖走"，有13名老师被邀请到北京、吉林、深圳等地讲课、做报告，有10余名老师在全国各大教育期刊上发表文章。

八、学校教育社会化

教育不是学校单方面可以完成的事业。当代社会中出现的一系列教育问题，使得学校教育、社会教育和家庭教育的有机结合成了当前必须而又迫切需要解决的问题。家长协会的成立，有利于家长与学校之间教育思想的统一，有利于对学生系统的培养，有利于家庭教育水平的提高。同时，家长协会的建立，也完善了学校工作的监督机制，有效地防止了学校封闭办学的问题。我们学校在多年前就成立了三级家长协会，即学校家长协会、级部家长协会、班级家长协会。在学校的发展过程中，家长作为学校教育的同盟军，为学校的发展做出了很大的贡献。

经过层层选拔，我们建立了288人的家长协会，拟定了章程，明确了责任，提出了要求，建立了制度。校级家长委员会的职责是对外帮助学校协调反映一些大的问题，对内参与和听证学校发展战略和发展规划的制订。级部家长协会和班级家长协会的职责同样监督学校的常态管理和运行，还在学校的倡导下，组织活动，开家长会等，在家长和学校沟通与活动组织方面起到了非常大的作用。

"家长课堂"是家长和学校合作的传统形式。庞大的家长队伍中蕴含着无形的巨大的教育教学资源，他们中的很多人都是某些行业的专家能手，是活教材，所以，只要是我们希望了解的，我们渴望得到帮助的，我们的家长就会无私的站出来，走进课堂，或者和孩子一起走进社会，走进大自然，为我们的学生做向导，当老师。他们已经和学校的发展紧密地结合在一起，成了学校教育真正的同盟军。

家长课堂

九、学校文化精神化

学校文化是学校赖以发展的基石。学校文化是一所学校多年以来在发展过程中积淀下来的优良传统，在整个学校发展的进程中，它无时无刻在发挥着作用。

1999 年，我来到实验小学，经过一段时间的观察和了解，发现阻碍学校发展的最大的毒瘤是：这所学校没有"魂"。稍作调整，我就把工作的重心放在了学校文化传承和对教职工的思想意识的培养上，并采取了相应的措施。

第一，开会——打造交流认识、统一思想平台。1999 年前，由于学校缺少思想理论方面的引领，实验小学就像在那个时期很多的学校一样，工作都是就事论事，开会说的都是具体问题，教师队伍没有凝聚力，学校管理层执行力太差。所以，我一来到这所学校，就先规范了会议制度。每周一的学校例会雷打不动，时间是一到两个小时。在会议上，我谈教育，谈发展，谈做人，谈管理，甚至谈国内外大事以及科技发展趋势等，这就是所谓的"洗脑"，要洗掉老师们消极的工作情绪，要洗掉学校里的不正风气，要洗出学校的新面貌，要洗出教师的精神来。会议的力量是惊人的，据有些老师回忆，大家对于周一的例会都或多或少的有一种恐惧感，因为每一次开完会，大家都会不自觉地对号入座，反思入骨，寝食难安；更严重是，有老教师回家后趴在床上号啕大哭。学校发展到今天，会议的时间在缩短，但会议的次数和形式在不断增加，有全体会议、学习论坛、先锋论坛、星光论坛、级部会议、工作年会等。工作是人干的，工作的问题本质上还是人的问题，要想从根本上解决问题，就要从思想态度上做工作，就要开会，以求志同道合、凝神聚气。

第二，榜样——构建学校文化的核心。校长在学校文化的建设工程中起着至关重要的作用。如果只会说而不去做，校长就会逐渐失去威信，导致校长领导力降低。相反，如果校长能够身体力行，做出表率，那么老师们也会慢慢受影响，随之发生改变。时间长了，带有明显个人特色的文化就开始呈现。时间再长点，这种文化就会逐渐上升到精神层面，成为真正的学校文化。电视剧《亮剑》中的李云龙有这样一段话：事实证明，一支具有优良传统的部队，往往具有培养英雄的土壤，英雄或是优秀军人的出现，往往是由集体形式出现而不是由个体形式出现的，理由很简单，他们受到同样传统的影响，养成了同样的性格和气质。例如，第二次世界大战时，苏联空军第十六航空团，P—39飞蛇战斗机大队，竟产生了20名获得"苏联英雄"称号的王牌飞行员；与此同时，苏联空军某部施吴德飞行中队产生了21名获得"苏联英雄"称号的模范飞行员。任何一支部队都有自己的传统，传统是什么，传统是一种性格，是一种气质，这种传统和性格是由这支部队组建时首任军事首长的性格和气质决定的，他给这支部队注入了灵魂，从此，不管岁月流逝，人员更迭，这支部队灵魂永在！"这就是对特色文化的诠释。军队如此，学校也一样。自从来到实验小学，我就没有节假日的概念，一直是第一个来到学校，最后一个离开学校，这也许就是学校教职工为什么都要早到校的文化根源。一位从我们学校调到外校的老师说得很形象：换了一所新学校，上班的第一天，别去得太早，就按平常上班时间到学校，结果我是第一名到校的老师，第二天再晚去会儿，结果只有校长到了。相反，新调到我校的一位老师反映：刚来到一所新学校，不能迟到，按上班时间到校，发现校园没人，还以为来早了，竟然是最后一个，第二天再早来会儿，还是没看到人，原来又来晚了。

初来乍到，我就郑重地提出了学校的中长期发展规划，目的是告知每一位老师，教育是需要理想的，教师应该是一个理想主义者，要有追求，有目标。老师们看着领导，但几乎没有人相信我的宏大目标能够实现，总认为理想很丰满，现实很骨感。但是，学校竟然真的按照最初的规划走了下来，浮在空中的东西也慢慢地落了下来。

第三，团队——开辟构建学校文化的新途径。还是引用李云龙的话："一支具有优良传统的部队，往往具有培养英雄的土壤，英雄或是优秀军人的出现的，往往是由集体形式出现而不是由个体形式出现的，理由很简单，他们受到同样传统的影响，养成了同样的性格和气质。"学校的发展只靠校长一个人的力量是不够的，文化的形成和发展，最终都会以集体形式呈现。随后，凡是走进这个集体的人都会被这个集体的传统影响，也就是文化的同化，从而达到思想和行动上的统一，养成相同的性格和气质。

实验小学的校委会是很庞大的。这个集体是在我多年来的悉心培养和教导下，在学校的发展中逐渐成长起来的骨干队伍。他们在工作中的带头作用毋庸置疑，但更重要的是他们要成为学校文化的传承者和传播者。他们分布在各个部门，学校要求他们以个人魅力和学校文化影响和改变身边的同事、家长，让我们同行的队伍不断地壮大，让我们文化的力量不断地增强。这就是我们常说的"二八效应"。

第四，发展——提高学校文化的影响力。文化，说起来很抽象，但感受起来很清晰，它是看得见、摸得着的。文化时时刻刻地影响着实验小学的每一个人。老师们清楚地知道，只要走进学校，置身其中，你就会不由自主地去学习、实践、创新。来自社会、家长的尊重和认可以及个人成长的体验，让实验小学的教师渐渐地产生了强大的发展动力。学校的发展给老师们带来了尊严和荣耀，教师的发展又不断地推动着学校的发展，二者相辅相成，相互促进，已形成良性循环。

今天，只要你走进实验小学，就能很快感觉到学校独特的文化。实验小学的老师们每天早晨都会提前来到学校，这不是学校的规定，而是一种习惯。班主任会在班里转转，等待即将入学的学生们，其他老师则会收拾打扫办公室、卫生区。放学后，老师们还要把整个楼道再打扫一遍。多年来，学校只有形式上的签到，没有签退，中间不查岗，临时外出只要请假并在门口签个字就行。在办公室里，交流的内容没有家长里短，只有学习，只谈发展。全体教师参与学校管理，随时随地感受学校的改变。学校发展与我们息息相关。学校里人与人之间，见面就微笑，学校有活一起干，没人问报酬，没人说条件。每一次年会，都要开上 3 到 5 天，老少皆登台，个个展风采……就这样，越来越多的"疯子""傻子"出现在学校，活跃在全国。一年一年的时间流逝，过程中总会留下太多的感动，留下太多的纪念。打造"精神特区"的目标正在一步步的实现。

十、家庭教育课程化

说到家庭教育，我们必须明确这样一个观点。教育是全民性的，是全过程的。家庭教育、社会教育、学校教育只是我们对教育的硬性区分。一直以来，我们对教育的理解和实施，主要集中在学校教育和应试教育上，认为学校才是实施教育的法定场所。现在，特别是在国家大力推行素质教育后，人们对教育有了更多的思考。我们认为，教育就是将自然人培养成社会人的过程，而这个过程并不只在学校发生，而是应该无限拓展的，于是我们就有了大课程观和大课堂观。家庭作为教育实施的必然部分，逐渐和我们的学校教育融合在一起。为了让家庭教育与学校教育有机融合，为了提高家庭教育的有效性，我们也将家庭教育作为一门课程来设置，主要内容包括：亲子共读、亲子锻炼、家政课堂、活动课程、节日课程、专家讲座等。

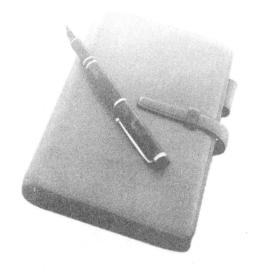

课堂教学实录

一、语文阅读《真实的高度》课堂展示实录

授课年级：四年级   执教老师：刘德芸

师：同学们，按周目标的安排，我们今天学习《真实的高度》一文。请同学们齐读课题。

生齐：《真实的高度》。

师：请看老师书写课题，注意："真"字里面是三横，"度"字第五笔是竖，不是竖折。

师：负责解读这篇文章的是空竹亭小组同学，掌声有请空竹亭小组的同学。

【同学们鼓掌。空竹亭小组的4位同学上场】

空竹亭小组自我介绍：我们是空竹亭的队员，我们的主旨是：正直、谦逊，做君子，不做小人。

队员：我是金星队员李晓磊、木星队员李博研、水星队员马晓艺、土星队员杨丝雨

师：大家记清每个队员的星号，等一会儿提问的时候要想好向谁提问，这可是要动脑筋的呀！

土星（展示组）：很高兴能为大家展示《真实的高度》这篇课文的前置性学习成果。下面进入课堂学习第一板块：字词训练营，人人当英雄。

【老师的课件出示第一板块名称】

师：同学们，工人师傅说"万丈高楼平地起"，老师说"学富五车先字词"。课前老师已经把测试卷发给各小组了。下面我们就来检测一下这篇文章的字词掌握情况。

【小组长分发检测试卷】

师：注意书写"123"。

【老师喊"1"时，同学们自己检查握笔姿势，喊"2"时，同桌同学之间相互检查握笔姿势，喊"3"时，同学们开始写。老师和展示组同学在班内巡视，提醒同学的坐姿和握笔姿势。时间大约2分钟。】

师：时间到。同学们把写完的试题交给组长。没有写完的同学想一想，是因为书写

速度慢还是课前掌握不够好。下课后按惯例，试题由展示组的同学判阅，小组同学全部过关的加 100 分。

【小组长收试卷】

师： 字词知冷暖、语言有温度，下面进入课堂学习第二板块：入情入境，品味人生。【老师课件出示第二板块名称，要求有两点。一、解读文本：1. 概括课文要义（课文写了什么）；2. 解读重点词句意思，看能从中读出什么。二、攻防打擂，阅读组质疑。】

师： 下面我们听听展示组的同学是如何解读这篇课文的。请同学们拿起笔，运用作业小贴士，做好记录。

金星【展示组】： 通过前置性学习我们组一致认为《真实的高度》这篇文章，记叙了法国著名作家小仲马不依靠父亲大仲马的盛名，坚持以自己的真才实学进行创作，最终写出了《茶花女》这部享誉世界的文学作品。

木星【展示组】： 请同学们看课文第一自然段，注意"19 世纪"，19 世纪指的是从 1800 年到 1899 年 100 年的时间。再请同学们看"广为流传"这个词，这个词的意思是流传很广，是个褒义词，从这个词可以看出大仲马在当时是一个很有影响的作家。

水星【展示组】： 请同学们看课文第二自然段，注意"碰壁"这个词，这个词的表面意思是碰到墙壁，在这里是指小仲马的作品不被采用，被退稿。再请同学们看大仲马说的这句话："如果你能在寄稿时，随稿给编辑先生们附上一封短信，或者只是一句话，说'我是大仲马的儿子'，或许情况就会好多了。"这句话用了双引号，也用了单引号。引号的用法有四种：（1）表示引语，这里就是引用；（2）表示特定称谓；（3）表示特殊含义需要强调；（4）表示否定和讽刺。什么是否定和讽刺呢？比如，有一天我的衣服上沾上了油脂，我的同桌看见了，说，"你的衣服可真干净啊"，这里的"干净"就要加引号，表示讽刺。从这个词我们可以读出两个意思：一是大仲马看到自己的儿子总是碰壁，感到心疼了；二是大仲马想让儿子沾自己的光，借自己的名气和声望帮助儿子发表作品，取得事业的成功。

土星【展示组】： 请同学们看课文第三自然段，注意小仲马说的这句话："不，我不想坐在您的肩头上摘苹果，那样摘来的苹果没味道。"这里的摘苹果不是真摘苹果，指的是获取事业的成功。从这里我们可以读出小仲马是一个有着很强自尊心的年轻人，他有着自强自立的精神。再请同学们注意"盛名"这个词，它的意思可以联系第一自然段来理解，指的是名声大、影响大。再请同学们看"敲门砖"这个词，它的意思是通往成功的途径。再请同学们看"不露（lù）声色"，它的意思是心里的打算不再说话和脸色上显露出来。这里指的是小仲马悄悄给自己取名字，不让别人知道。

师： 这里的"露"是个多音字，还读什么音？

生齐： 读 lòu，露脸、露马脚。

师： 继续。

金星【展示组】： 请同学们看"大名鼎鼎"，它的意思是形容极其有名，名气很大。近义词有赫赫有名、名扬天下、举世闻名、鼎鼎大名。反义词有：默默无闻、无名鼠辈、无声无息、名不见经传。请同学们注意鼎字在写的时候注意上面是个'目'字，不是'日'字。

木星【展示组】： 请同学们看第四自然段，看"冷酷无情"这个词，冷酷无情多用来形容人，这里形容退稿笺，从中我们可以读出面对退稿信件小仲马是多么伤心。再请同学们看"沮丧"，沮丧的意思是伤心失意。然后再请同学们看这句"他的长篇小说《茶花女》寄出后，终于以其绝妙的构思和精彩的文笔震撼了一位资深编辑"。从这句话"绝妙的构思和精彩的文笔"中，我们可以读出小仲马的《茶花女》肯定是故事很吸引人、语言很生动、优美、流畅。"资深"的意思是有经验有能力，从这里可以读出这位编辑是一位很优秀的编辑，也可以读出小仲马的作品是多么优秀。这一段中"迥然不同"和"丝毫不差"是一对反义词，"丝毫不差"是完全一样，"迥然不同"是差别很大，迥然不同的反义词有不相上下、大同小异。"迫不及待"的意思是心情急切，从中我们可以读出那位编辑的心情。再请同学们看"名不见经传"，从中我们可以看出当时的小仲马一点名气也没有。

水星【展示组】： 请同学们看第五自然段"问世"的意思指发表。"一举成名"指的是一下子成名。请同学们看第六自然段小仲马说的话"我只想拥有真实的高度"。小仲马的意思是想凭借自己的努力取得成功，不想沾别人的光。

土星【展示组】： 我们小组的解读完毕，谢谢大家的倾听。

师：展示组的同学解读完毕，刚才同学们听得都很认真。老师经常说，认真倾听不仅是一种美德，更是一种能力。下面就来检查一下大家倾听的结果吧。看看想提问谁。

水星【展示组】：请问张晓雪同学，19 世纪指的是哪年到哪年？

凌云阁金星：指的是从 1800 年到 1899 年。

水星【展示组】：你听得很认真。

师：再提问一个。

木星【展示组】：请问张博伦同学，课文第五自然段有个词语"一举成名"，是什么意思？

青云阁水星：一举成名的意思是因为某一件事一下子就出名了。

木星【展示组】：谢谢你的认真倾听。

师：以上是我们的展示组提问阅读组，接下来应该是阅读组提问展示组了。进入"攻防打擂"环节。按惯例各小队一分钟交流时间。

【各小组同学站立，讨论交流问题】

师：谁先提问呢？我们把权利交给展示组的同学。

土星（展示组）：请莲文轩来提问。

莲文轩土星：我想提问展示组的金星队员。请问，小仲马写《茶花女》为什么不写真名？

师：提了一个简单的送分题。

金星【展示组】：因为他不想和大名鼎鼎的父亲联系在一起，他不想沾父亲的光。

莲文轩土星：我对你的回答很满意。

师：果然是个送分题。再问谁？

水星【展示组】：请梅若斋的同学提问。

梅若斋水星：请问木星同学：小仲马是怎么获得别人赞叹的呢？

木星【展示组】：因为小仲马没有依靠父亲而是靠自己的努力获得了成功，写出了《茶花女》，所以获得了老编辑的赞叹。

梅若斋水星：我对你的回答不是很满意。我认为应该这样理解，是因为小仲马的文采、他的坚持不懈和他的自强自立，获得了老编辑的赞叹。

师：同学们听了双方的观点后，你认为是展示组说的好还是阅读组说的好？

生：阅读组。

师：对，阅读组谈的观点更为全面。我们的值日班长做好记录，为阅读组加分。我们的展示组要积极开动脑筋，如果每一轮都被打败的话，这一节课下来，你们的成果将会很可怜。继续进行提问。

水星【展示组】：请致格轩的同学提问。

致格轩土星：请问金星队员：编辑会对小仲马说什么呢？

金星【展示组】：编辑会对小仲马说：你不依靠父亲而是靠自己的努力获得了成功，你很了不起。

师：对这个回答感觉怎么样？

致格轩土星：【支支吾吾】我对你的回答比较满意。

师：想赞同但是心有不甘。谁还有不同的说法？

兰菊斋水星：我觉得可以这样说：你靠自己的努力写出了《茶花女》，你没有站在父亲的肩头摘苹果，我很佩服你。

师：直接表达了自己的佩服之情，还引用了课文的原话，说得很棒！继续。

土星【展示组】：请兰菊斋的同学提问。

兰菊斋木星：请问金星队员，大仲马想让儿子以自己的名义发表文章，这样对不对？

金星【展示组】：他的心情是对的，但是他的做法不对。

师：为什么？

金星【展示组】：因为可怜天下父母心，他这样做就是溺爱自己的孩子。（同学们鼓掌）

师：我插一句，假如小仲马开始接受了父亲的建议，会出现什么结局？

土星【展示组】：那就没有《茶花女》这部小说了。（同学们笑了）

师：能说得更具体点吗？

土星【展示组】：如果一开始他就接受父亲的建议，他就能很轻松地发表作品，他就不努力了，那就没有《茶花女》这部小说了。

师：还有没有新的观点？

致格斋金星：假如他接受了父亲的建议，拿父亲的盛名做事业的敲门砖，让别人知道了，人们就不会佩服他了。

师：是啊，要想让别人佩服，自己得有真本事。今天我们的金星队员表现非常棒。

师：同学们，刚才，我们就课文进行交流，加深了对课文的理解，在学习课文的时候，我们还有那些收获呢，接下来我们进入课堂学习第三板块：得知得智，拓展生活。

【课件出示第三板块名称】

土星【展示组】：前置性学习这篇课文时我们查阅了和课文有关的资料，比如，小说《基督山伯爵》这本书讲了这样一个故事：19世纪时，一位名叫埃德蒙·唐代斯的大副在即将当上船长之时，受同船的会计丹格拉尔以及爱侣梅色苔丝的哥哥菲尔南的嫉妒和陷害，在他与爱侣的婚礼上被抓去审判，而由于假公济私的维尔福接手了这桩案子，唐代斯被判处了十几年的徒刑。苍天有眼，唐代斯在监狱里遇到了一位囚徒神父，这位神父让唐代斯获得重生，拥有了智慧与财富。出狱后，唐代斯改名为水手山巴，对于当初帮助他的人，他倾情相报。之后他又改名为基督山伯爵，开始了他的复仇计划，使所有的罪人都受到了应有的惩罚。

水星【展示组】：《三个火枪手》讲述的是一个贵族子弟带着父亲给他的三件礼物来到巴黎，加入了国王的火枪队，来保卫王后的名节，三个火枪手经过激烈的战斗终于成功。

木星【展示组】：小说《茶花女》讲述了一个交际花的爱情悲剧。马格利特是著名交际花，凭借自己的美貌出入上层社会的热闹场合，实际上是可怜的下层贫民，迫于生计出卖自己的尊严和肉体。阿尔芒遇见马格利特，真诚地爱上了她，在他的追求下，两人相爱。阿尔芒的父亲知道后要马格利特离开阿尔芒，于是马格利特忍痛离开阿尔芒。阿尔芒不理解马格利特的做法，在一次宴会之中羞辱马格利特，之后伤心地离开国家。后来阿尔芒知道实情，于是回来找马格利特。但是这时马格利特已因为肺病生命垂危。最后，马格利特留下了感人肺腑的话语，离开了人世。当时，她才23岁。

师：通过展示组的介绍，我们简单了解了三部小说的大意，希望同学们能找到这些书去读一读。还有吗？

金星【展示组】：我们还查阅了小仲马的相关资料。小仲马是法国小说家、剧作家，作家大仲马的儿子。1848年，小仲马发表《茶花女》一举成名。1852年他又将其改编为同名话剧，获得了极大成功，小仲马共写了20多个剧本，他的剧本多

以妇女、家庭、爱情、婚姻问题为题材，着意揭露资本主义社会家庭和两性关系上的腐朽和虚伪，从独特的角度提出了妇女地位、私生子的命运及婚姻、道德等社会问题。小仲马的戏剧自然质朴、真实感人。

土星【展示组】：学习这篇课文，我们积累了很多好词：广为流传、不露声色、大名鼎鼎、冷酷无情、丝毫不差、迥然不同、迫不及待、大吃一惊、名不见经传、一举成名、赞叹不已。希望同学们不仅要记住这些词语，还要在作文时能够运用，给我们的作文增光添彩。

师：通过他们汇报，我才发现课文里有这么多的四字词语啊。

水星【展示组】：前置性学习这篇课文时，老师指导我们读课文不要拿腔作调，要用娓娓道来的语气。这样读课文才好听。

木星【展示组】：学习这篇课文使我们明白了：一个人只有依靠自己的努力取得成功，别人才会佩服。

师：小仲马从一个名不见经传的作者到一举成名的作家，他没有靠父亲，他靠的是什么？

生【纷纷回答】：是他自己的努力和坚持不懈。

师：面对小仲马的成功同学们有什么感想呢？有人说一千个读者就有一千个哈姆雷特，下面我们来听听展示组同学的感受。进入课堂学习第四板块：化人化文，学以致用。

【课件出示第四板块名称。】

土星【展示组】：我写的读后感题目是《溺爱不是爱》。

片断：溺爱不是爱，这是我读完《真实的高度》之后最大的感受。文中的小仲马多次投稿没有成功，这时他的父亲想让儿子借用自己的名义发表文章，幸亏小仲马没有听从父亲的建议，否则后来就没有他的成功了。现实生活中有很多父母过度溺爱自己的孩子，害怕孩子吃苦，不能严格要求，致使孩子没有出息，甚至走上犯罪的道路。比如，有个著名演员的儿子李某某，因为父母的溺爱走上了犯罪的道路。所以，做父母的一定不要溺爱自己的孩子。

水星【展示组】：我写的读后感题目是《实力赢得尊严》。

片断：课文中的小仲马没有依靠父亲而是依靠自己的努力写出了《茶花女》，赢得了那位编辑的赞叹。读完课文，我想到了刘老师讲过一件事，刘老师上初中时，因为转学的原因耽误了课程，一开始有的同学瞧不起她，经常把她的书包扔在地上，刘老师没有和他们生气、打架，而是静下心来学习，一个学期后，她考了全班第一名，从那以后同学们再也没有人扔她的书包了。实力赢得尊严，要想赢得别人的尊重，必须靠努力增强自己的实力才行。

木星【展示组】：我写的读后感题目是《坚持不懈才能成功》。

片断：文中的小仲马面对一张张的退稿笺没有灰心丧气，而是坚持不懈地写作，最终取得了成功。读完课文，我想到了自己。7岁那年，我开始学习骑自行车时，老是摔跤，摔得很疼，于是想放弃。爸爸告诉我要坚持。在爸爸的鼓励下，又坚持练了一星期，我最终学会了骑自行车。坚持不懈才能成功，这个道理会让我终身受益。

金星【展示组】：我写的读后感题目是《依靠自己才能成大业》。

片断：文中的小仲马不把父亲的盛名当作自己事业的敲门砖，最终写出了轰动世界的《茶花女》，成就了一番大业。由此我想到上二年级学习电子琴的事，一开始，我觉得弹琴很难，总是让妈妈陪着我，后来妈妈说，只有你自己努力才能学好。后来我每天坚持练习，现在，我的电子琴过了八级，已经能弹出优美的曲子了。所以，依靠自己才能成大业。

师：【生读文，师板书题目】以上同学从不同的角度谈了读后的感受，不仅观点明确，还能联系实际，这是值得同学们学习的。现在是全班同学表达的时候了，请拿起笔来，写一写自己的感受。

【教师巡视】

【交流作品】略

师小结：学习《真实的高度》让我们明白了很多道理：溺爱不是爱；坚持不懈才能成功；依靠自己才能成大业；实力赢得尊严。希望同学们在今后生活中也能像小仲马那样自强自立，拥有真实的高度。

二、古诗《送梓州李使君》课堂展示实录

授课年级：六年级　执教老师：刘国宏

师：同学们，人有悲欢离合，月有阴晴圆缺，人生自古伤离别。离别已经成为历代文人墨客文学作品中一个永恒不变的主题，在他们笔下，有清新欢快之别；有愤世嫉俗之别；更有感叹身世际遇之别。今天，我们就共同分享"送梓州李使君"这首激励友人奋发向上的送别诗

【师板书课题，随机指导"梓"的读音和写法】

生齐：读《送梓州李使君》。

师：掌声请出今天的展示小组。

致格轩【展示组】：大家好！我们是致格轩A组，我们的组旨是：非淡泊无以明志，非宁静无以致远。今天，由我们为大家展示——《送梓州李使君》这首诗。【组员依次介绍，略】

师：同学们，古人云：读书有三到，谓心到，眼到，口到 。我们展示小组口到如何呢？首先进入诗文阅读第一板块。

生齐：熠熠生辉千古韵，声情并茂诵诗文。

【课件出示诗文】

送梓州李使君

（唐）王维

万壑树参天，千山响杜鹃。

山中一夜雨，树杪百重泉。

汉女输橦布，巴人讼芋田。

文翁翻教授，不敢倚先贤。

【展示组金星、木星、水星、土星依次感情诵读，诵读完毕，进入评价环节。】

凌云阁木星：我想评价水星同学，他诵读时精神饱满，也很大方，美中不足的是普通话还不太标准，希望他以后要多练习说普通话。

致格轩水星【展示组】：谢谢你，我以后一定说好普通话。

致远阁土星：我觉得展示小组同学们都很出色，我想向他们请教读好古诗的秘诀。

致格轩土星【展示组】：也谈不上什么秘诀，我认为读古诗要先弄懂诗的意思和情感，读诗速度比读现代的文章慢一些。自己平时多读，多听名家读，读熟练了就行了！

致远阁土星：谢谢你！我以后就按这些方法去学读古诗。

师：是啊，读古诗要讲究方法，那我们听听名家是怎么诵读这首诗的。【课件出示名家诵读录音】

【全班学生跟着名家读，自由试读，再齐读】

师：读的真有气势！请送给自己掌声。同学们，俗话说得好，书读百遍，其义自见。展示组的同学们肯定对这首古诗的内容有更独到的见解。下面我们进入诗文阅读第二板块。

生齐：古今词义多演变，字斟句酌品诗文。

致格轩土星【展示组】：不动笔墨不读书，请同学们认真听，认真记，我们讲解完毕后，还会有问题要考考大家。一定要专心啊！

【展示小组在黑板上粘贴此首古诗的书法作品，组员依次指点讲解】

致格轩木星【展示组】：请同学们看这首诗的题目，送梓州李使君，送是送别。梓州：地方名，指现在四川一带，具体指四川绵阳。李使君：诗人的好朋友。题目是说，诗人送别即将去梓州上任的好友李使君。请同学们看前四句：万壑树参天，千山响杜鹃。山中一夜雨，树杪百重泉。壑：深沟。参天：指高耸入云。响：是指杜鹃的叫声。杜鹃是一种鸣叫婉转的鸟，还叫布谷鸟。相传在古代的四川，蜀帝叫杜宇，他特别喜爱杜鹃，死后化为杜鹃鸟，叫声凄婉，因而杜鹃鸟又称为杜宇。一夜雨，就是下了一整夜的春雨。杪：指的是树梢。百重泉：就是许许多多的山泉。

致格轩水星【展示组】：请同学们接着看后四句，诗人不再写景，而是把话锋一转，讲到了当地的风土人情，"汉女输橦布，巴人讼芋田"，汉女：指生活在蜀地的女子。输：指纳税，就是往官府手上交钱财和物品等。橦：指橦木，也就是木棉树，花开的十分好看，用它来织布。巴人：就是当地的农民。讼：指打官司。芋：就是芋头。"文翁翻教授，不敢倚先贤"。文翁：是一个人的名字，汉景帝的时候在这个地方当过太守，他兴办了学校，培育了人才，使蜀地大展宏图。教授：指把业绩传授给后人。倚：倚仗，靠着。先贤：指有所作为的人，已死去的人就称为先贤。这两句大体意思是：希望你重振文翁的精神，不要倚仗先辈的功绩无所作为。

致格轩金星【展示组】： 我再完整地解释一遍这首诗的意思。梓州一带千山万壑，尽是参天大树，山连着山，到处都可以听到杜鹃的鸣叫声。山里昨夜又下起了春雨，树木上的雨水好像倾泻着的百道清泉。蜀地的妇女用木棉花织成了布来纳税，当地的农民还常常因为芋田的事产生纠纷和诉案。但愿你重振文翁先贤的精神，兢兢业业，为民做主，不要倚仗先贤的功绩去清净和偷闲。

【学生展示过程中，教师穿插板书】

致格轩土星【展示组】： 我来分析一下这首诗的写法。我认为这首诗开头两句写的特别有气势，到处是参天大树，到处是鸟的叫声，既有视觉美感，又有听觉感受，我当时觉得有种身临其境的感觉。寥寥几笔就画出了群山、沟壑、林木和杜鹃，就像一幅气势磅礴的山水画，让人为之一振。第三四句，我觉得诗人更是抓住了景美这一特点，写活了山高林密，雨水充沛，让人感觉下了一夜的雨水，就像从树梢上倾泻下来的飞泉，是那样有气势，有灵性，让人记忆犹新。这真是一首千古绝唱！

师： 展示组同学对古诗内容的理解比较到位，讲解的思路也很清晰，我们阅读组的同学们还有疑问或者不同的见解吗？请同学们小组内交流一下。

【学生组内站立交流，教师巡视】

【交流完毕，展示组考查阅读组倾听情况】

问题1：这首诗的前两句是什么意思？

问题2：古诗中的教授是指现在的教授吗？

同济社木星： 前两句意思是……

厚德斋金星： 不是指现在的教授……

师： 真好！我们大家听得很认真，回答得也准确．我们阅读组是不是也要考一考展示组，或有关于这首诗的疑问需要他们解决呢？

凌云阁土星： 我想请教一下金星队员，诗中的李使君相当于什么官？具体是指谁？

金星【展示组】： 我在网上查了资料，使君是古代官职的名称，是尊称，也就是州刺史，可能相当于现在的省长职务。

土星【展示组】： 我再补充一下，诗中的李使君，指的是唐太宗第三个儿子的曾孙，他做官期间据说比较有作为，为民做了许多好事，深受当时老百姓爱戴。

厚德斋水星： 我想知道这首诗表达了诗人什么情感？还有就是请水星把最后两句再解释一遍，我刚才没记下来。

水星【展示组】： 我认为这首诗表达了诗人对朋友的鼓励和劝告．做官不能贪图享乐，要有所作为。后两句意思是……

师： 同学们，学习贵在有疑问，小疑小进，大疑大进，这是学习的好方法。我们平时一定要多动脑，勤思考，这样才会有进步。我们送给他们掌声吧！

【学生掌声祝贺】

师： 注意倾听，启迪智慧，得知得智，拓展人生。我们接着进入诗文阅读第三板块。

生齐： 点滴悟而修身为，联类比照说诗文。

木星【展示组】： 学了这首古诗，我对离别有了更深的理解，分别虽然让人难过，但更要记住奋发向上。

土星【展示组】： 这首诗使我弄懂了古今许多地名的不同叫法。比如，蜀指的是四川。梓州，是指现在四川的三台县。还知道了那里的风土人情，如山高林密、多产芋头等，真让我增长了许多地理知识。

金星【展示组】： 我觉得自己最大的收获就是懂得了一些诵读诗文的方法和技巧，要读准韵脚，速度放慢，以后我要多多练习。

水星【展示组】： 课下学习过程中，我发现我们组汪浩然写的毛笔字太漂亮了，我要向他请教，也争取写一手好字。

师： 我们下面请汪浩然同学给我们展示一下写字的笔法和技巧，认真看，千万别错过呀！

【木星队员在黑板上一笔一画写字并告诉大家写字的技巧】

水星【展示组】： 我认为写字前必须先静下心来，勤加练习，还要对写一手好字充满信心。最主要的是别贪快，别分心。注意起笔，运笔等技巧。最后，我送给大家一句话：成功等于百分之一的天赋加百分之九十九的汗水。

【全班学生热烈鼓掌】

师： 是啊！梅花香自苦寒来，只要有恒心，功到自然成。我们再送给他掌声。【全班

学生掌声再起】

木星【展示组】：下面我给大家介绍一下这首诗的作者王维。【王维生平简介略】

火星【展示组】：我还查找到了王维创作这首诗的时代背景。【简介时代背景略】

师：同学们，通过倾听，我们阅读组也肯定收获丰厚，谁来说说看？

德馨社金星：通过倾听，我的收获也很大，我觉得诗人的想象太丰富了，能把雨水形容成瀑布，树木高的都上云彩里去了。

厚德斋土星：我原来认为古诗比较枯燥，不知道从哪里学起，听了他们的展示才知道里面还有这么多故事，自己也要多学古诗。

同济社土星：通过倾听，我自己感到很惭愧，平时学古诗一知半解，只了解大体意思，而展示组却讲解得这么具体。我要向他们学习。

师：请具体说说学什么啊？

同济社土星：比如，多上网查资料啊，多练字啊等。

师：对呀！知道自己不足了，就要努力改进。我们都为你加油！

生齐：加油！

敏学居木星：我们组认为，诗人在劝勉朋友当官为民做事的时候，也包含着自己的爱国热情，因为从小处说是为当地人当好官，而大处说则是为治理国家出力，暗含着强烈的爱国情感，特别激励人积极进取。

师：说得真好，诗中的确暗含有深厚的爱国情感，你理解的真到位，请为敏学居加分，掌声送给他。

师：关于送别诗，我们各阅读小组是不是也有资料和大家分享啊？看哪个小组有机会获得幸运加分？

【阅读组讨论交流资料，教师和展示组加入其中交流】

【德馨社组员展示送别诗经典诵读，精彩图片】

师：内容太全面了，让我们为他们小组的精彩创意加分！

　　师：同学们创意无处不在，只要你有善于发现的双眼。接着进入诗文阅读第四板块。

生齐：迁移拓展灵活用，百花齐放写诗文。

【展示小组汇报各自写作题材，分别是改写，扩写，读后感，现代诗歌】

【展示小组成员朗读自己作品，由阅读组指定和划拳决出需要展示的两篇化文】

火星【展示组】：我对这首诗加入想象，进行了改写。

《送梓州李使君》改写

在一个阳光明媚的早上，我来到了朋友李使君的府上。他就要去梓州上任，毕竟我们这么多年的朋友了，我真有些不舍。我来到府上，看到李使君正在拜别他的一位位朋友，我也赶快走到人群当中与他话别。我想，使君看到有这么多朋友来为他送别，心里一定很温暖，但也一定会有些酸楚。时辰到了，李使君上了马车，挥手向人们告别，看着老朋友渐渐远去的背影，我的心也不由得随他而去了……

我的思绪飞呀飞呀，飞到了梓州。我想到了老朋友李使君以后就在这里走马上任了，心里为他感到欣慰。步入梓州境内，那里尽是千山万壑，处处参天大树，山峰高的好像人站在上面伸手就能碰到云彩一样，景象真是壮观啊！山里不时传来阵阵鸟的鸣叫，让人心生遐想。好友的心里此时该是多么愉悦呀！昨夜，幽静的山中下起了春雨，连绵不断地冲刷着这块土地。此刻我想，好友李使君上任的日子应该是个大晴天，天边肯定会出现美丽的彩虹，那该是多么令人振奋的情景啊！郁郁葱葱的大树直通云霄，树枝上挂满了又细又长的雨珠，仿佛从山上倾泻下来的百道清泉。这一切太美啦！可是，当地的妇女辛苦地用木棉花织成的漂亮花布都被拿去纳税了，自己却衣不遮体。农民们也常常因为种植芋头发生的琐事告上官府，真是民不聊生啊！好朋友会断好这些案子吗？

记得汉景帝时，文翁也到此上任，他看到当地如此落后，人心愚昧，人们生活困苦，于是创办了学堂，培育了人才，使当地风气日渐开化，百姓的生活大大改善，渐渐过上了丰衣足食的日子，这不都是文翁先贤的功德吗？如今，好朋友赶去上任，我是多么期盼他能够像文翁一样在那里建功立业，为民做事，大展宏图啊！

马蹄声渐行渐远，我的思绪又飞了回来，我对朋友的未来充满了信心。

【学生自主掌声。教师穿插板书】

土星【展示组】：我们即将小学毕业，我想把这首现代诗歌送给六年级三班的全体同学，题目是：《别挚友》。

我总以为　我们还年少
我总相信　我们还有时间
不知何时　离别的钟声响在耳际

不知何时　寂寞的心情充满胸腔

朋友　毕竟有缘

我们一起度过了六个春夏秋冬

回首往事 百感交集

亲爱的朋友

分别以后 不要难过 也不要再说珍重

亲爱的朋友

带上父母朴实的叮咛

带上老师满怀的期望

带上自己绚烂的笑容

带上你我美好的祝福

奔向美好的明天

明天 是那样灿烂辉煌

又是那样令人神往

我们肩负着梦想

迎接那更美好的太阳

让我们手牵着手 肩并着肩

为了心中美好的梦

向前 向前 再向前

【再次响起热烈掌声】

师：我手写我心，我心起波澜。同学们，天下没有不散的宴席，有相聚总有分离。我们大家即将小学毕业，将要告别老师和同学，步入更高的学堂。六年来，我们大家朝夕相处，互帮互助，建立了深厚的友情，假如此刻我们就要分离，离开母校，离开老师和同学，会有多少心里话要和他们诉说啊！请大家以《别同学》或《赠老师》为题写一首现代小诗，表达自己的离别之情。

【全班学生习作，师巡视指导，学生自由分享小诗】

【评价加分，选出冠军小组，获得读书奖励】

师：同学们，古诗文是我们中华民族灿烂的文化瑰宝，它的艺术生命经久不衰且永放光彩，那就让我们多去欣赏和积累漫漫历史长河留给我们的这些财富吧！

三、文学《三国演义》课堂展示实录

授课年级：四年级　执教老师：崔智芹

师： 同学们，德国诗人歌德曾有过这样一句名言："读一本好书，就等于和一位高尚的人对话"。《三国演义》就是这样一部扣人心弦，薪火相传的岁月经典，下面就赶快进入我们四年级三班的"畅游三国之40分"。

生齐： 品三国名著，拓广阔视野。

师： 这部小说还给后人遗留下许多精神方面的珍珠，它们如文学大海里美丽的珊瑚，在历史的长河中散发出璀璨的光芒。下面进入我们本节课的第一板块：文苑溢芬芳，言辞散清香。请看大屏幕，我给同学们出了几个与三国人物有关的成语、歇后语，请大家积极抢答，争取为你们自己的小组加分，还按照我们以往的惯例，金星回答加40分，木星30分，水星20分，土星10分。

【大屏幕出示题目】

师： 桃园三结义中的人物是谁？

惜时阁金星： 刘备、关羽、曹操。【同学们大笑】

师： 很遗憾，抢到了答题的机会，却没有答对，因此不能给你们小组加分。同学们说桃园三结义的三个人物是谁啊？

生齐： 刘备、关羽、张飞。

师： 王虹瑞，再重复一下同学们说的这三个人物

惜时阁金星： 刘备、关羽、张飞。

师： 乐不思蜀说的是《三国演义》中的哪个人物？

思齐亭水星： 刘禅（chán）。

师： 应该是刘禅（shàn），刘备从小就有当皇帝的志向，因此给他的两个儿子取名叫刘封，刘禅。同学们，封禅是指中国古代帝王在太平盛世或天降祥瑞之时的祭祀天地的大型典礼。可不是我们夏天用于乘凉的"风扇"啊！【同学们大笑，借此说笑，同学们牢牢地记住了禅的读音，就再也不会读成刘禅 chán 了】

师： 水淹七军说的是《三国演义》中的哪个人物？

致格轩土星：关羽

师：（　　）弹琴——计上心来

梅若斋木星：诸葛亮

【后面的问题及同学们的回答略】

师：是啊，每当我们打开三国演义这部书，一个个鲜活的人物形象就展现在我们面前。下面请进入我们本节课的第二板块：三国英雄谱，论坛众生相。

师：全班 9 个小队的同学都报名参加了本次读书交流，请所有队的队长起立，剪子、包袱、锤决定出你们的展示权。得到展示的同学将为你们小组赢得幸运 100 分。

【得胜的两个小组兴高采烈】

师：下面掌声有请致格轩小组闪亮登场。我们都知道倾听既是一种能力，也是一种美德，请大家认真倾听之后，要根据各小组的表现说出你们的评价哦！

致格轩土星：大家好，欲穷千里目，更上一层楼，我们是致格轩的同学，很高兴由我们来为大家解读张飞这个人物。

致格轩土星：张飞，姓张，名飞，字翼德，是涿郡涿县人（今河北涿州），与关羽一样于公元 184 年追随刘备，当时他只有 18 岁。与刘备关羽在征战中显露自己过人的实力。他是三国时期蜀汉的一位重要将领。

致格轩水星：张飞身长八尺，豹头环眼，燕颔虎须，声若巨雷，势如奔马，颇有庄田，卖酒屠猪，专好结交天下豪杰。所用武器是丈八点钢矛，又叫丈八蛇矛。

致格轩木星：在三国演义中，张飞是一个非常重要的人物，书中描写他的章回是很多的。第一回宴桃园豪杰三结义，第二回张翼德怒鞭督邮，第五回破关兵三英战吕布，第二十八回斩蔡阳兄弟释疑，第四十二回张翼德大闹长坂桥，第六十三回张翼德义释严颜，第七十回猛张飞智取瓦口隘，第八十一回急兄仇张飞遇害。

致格轩金星：我们小组从以上故事中精心挑选了一个故事讲给大家听，故事的名字是：《张翼德大闹长坂桥》。东汉建安十三年，曹操打败刘备后，追击刘备到当阳长坂，张飞手拿丈八蛇矛，立马桥上，大喝曰："张翼德在此，谁敢来决一死战。"声如巨雷。曹军听后，都吓得战战兢兢。曹操急忙对他身边的人说："我曾听云长说：翼德于百万军中，取上将之首，如探囊取物。今日相逢，不可轻敌。"还没说完，张飞又瞪圆了环眼大喝曰："燕人张翼德在此！谁敢来决一死战？"曹操见张飞如此气概，颇有退心。张飞看到曹操后军阵脚移动，乃挺矛又喝曰："战又不战，退又不退，却是何故！"喊声还没落地呢，曹操身边夏侯杰惊得是肝胆碎裂，倒撞于马下，吓死了。曹操也吓得带着他的军队回头就跑啊，跑的那个快啊！后人有诗赞曰："长坂桥头杀气生，横枪立马眼圆睁。一声好似轰雷震，独退曹家百万兵。"

展示组齐：我们的展示完毕，谢谢大家！

师：谢谢你们带来的这样一个千古趣谈！

师：掌声欢迎敏学居的同学上场。

敏学居土星：大家好，敏于学而慎于言是我们的主旨，很高兴为大家介绍刘备其人的情况。

敏学居土星：刘备，姓刘，名备，字玄德，涿郡涿县（今河北省涿州）人，西汉中山靖王刘胜的后代，三国时期蜀汉开国皇帝。

敏学居水星：刘备身长七尺五寸，两耳垂肩，双手过膝。【边说边指着旁边的同学，同学们哈哈大笑】

敏学居木星：在三国演义中，刘备是一个非常重要的人物，有关刘备的章回很多：三顾茅庐，桃园结义，破关兵三英战吕布，刘皇叔北海救孔融，曹操煮酒论英雄，皇叔败走投袁绍，玄德荆州依刘表，刘皇叔跃马过檀溪，玄德南漳逢隐沧，玄德用计袭樊城，刘玄德携民渡江，刘豫州败走汉津口，刘皇叔洞房续佳偶，刘备自领益州牧，玄德进位汉中王，汉王正位续大统，雪弟恨先主兴兵，刘先主遗诏托孤儿，陆逊营烧七百里。

敏学居金星：我们从以上故事中精心挑选了一个故事讲给大家听，故事的名字是《煮酒论英雄》，希望大家喜欢。【故事内容略】

师：好一个韬晦之计，不错，让我们用掌声谢谢敏学居同学给我们带来的展示。

师：同学们，谁来评价一下这两个小组的表现？

自省社土星：我想评价一下这两个小组，我感觉他们配合默契，声音洪亮，仪表大方，以后我们展示时也要向他们学习！

师：你是一个见贤思齐的孩子！

思齐亭木星：我更喜欢敏学居同学的表现，他们能边说边表演，我觉得这样很有趣！也能加深我们对故事的理解！

师：不错，能够用自己的语言准确表达自己的心声，了不起！这两个小组不仅故事讲得绘声绘色，还让我知道咱们班的同学能惟妙惟肖的把其中的故事演出来，同学们相不相信，在下一个环节中其他同学有更加精彩的表现？

生齐：相信！

师：好，下面请进入我们今天的第三板块：演经典故事，绎品味人生。

师：下面请执勤班长抽出两个展示小队，抽到的小队也能得到幸运 100 分。下面再请执勤班长抽出两个小队的展示顺序。

追梦苑队员：我们将要给大家表演的故事名字叫《报父仇曹操兴师》。

【小组八个同学分角色用原文讲述故事，一人旁白，一人扮曹操，一人扮陶谦，一人扮夏侯惇，一人扮曹豹，一人扮糜竺，其他两人扮随从。"自是曹操部下文有谋臣……正是本为纳交反成怨，那知绝处又逢生。"】

思齐亭队员：我们将要给大家表演的故事名字叫《空城计》。

【小队八个同学分角色用原文语言表演故事，一人旁白，一人扮诸葛亮，一人扮司马懿，一人扮司马昭，两人扮琴童，其他人扮随从。"却说司马懿前军哨到城下……瑶琴三尺胜雄师，诸葛西城退敌时。十五万人回马处，士人指点到今疑"。】

【在思齐亭、追梦苑小组展示的过程中，他们出色的表演，可爱的动作，不时获得听课老师的掌声。】

师：下面找几位同学评价一下两个小队的表现。

睿智园水星：他们两个小组的表演都给我耳目一新的感觉，对两个人物的介绍也生动有趣。吕天成的同学演出了曹操的凶狠、狡诈。刘子瑞演陶谦哭的时候，他还坐在地上像个小孩似得，好玩极了！

思齐亭金星：只要你们喜欢，我以后还会继续演的像个小孩！【同学们笑】

惜时阁土星：我想评价一下思齐亭的李文宇同学，他把诸葛亮的沉着、冷静表现得淋漓尽致，我们小组以后展示时应多向他们学习！【两个小组同时向评价的同学致谢】

师：你是一个从善如流的孩子！

梅若斋金星：我觉得他们小组各有千秋，各有各的特色，配合都很默契，声音都很洪亮，加上搞笑的动作、神态、语言表演，我觉得将来长大之后他们都可以做演员。

师：不错，说不定，将来那个大片当中主角就是这几个同学，到时杀青可别忘了给我们留张门票啊！

展示队员：无语。

师：怎么这么小气啊，都成大腕了，给留张门票行不行啊？

生：行！【全体人员大笑】

师：说故事，品人物。下面进入我们今天的第四板块：析人物性格，煮心灵鸡汤。

师：罗贯中老先生在《三国演义》中为我们刻画了许多性格迥异的人物形象，下面我们先来说说谁啊？

生齐：【七嘴八舌，其中曹操的呼声最高】

师：好，我们就先来谈谈曹操，期待大家的精彩表现！

睿智园木星：我觉得曹操最大的一个特点是：多疑，狡诈。

师：请说出你的根据！

睿智园木星：在第四回中，曹操疑心吕伯奢要害自己，于是就把吕伯奢一家八口全部杀死，在逃走的路上又遇到买酒回来的吕伯奢，又用诡计把他也杀了，当陈宫责怪他误杀好人的时候，他还面不改色心不跳地说：宁叫我负天下人，休叫天下人负我！

师：好一个宁叫我负天下人，休叫天下人负我！曹操的奸雄嘴脸跃然纸上！

自省社金星：我觉得曹操是个工于心计的人。

师：根据？

自省社金星：在第一回中说，曹操幼时游手好闲，他叔叔看不惯他的行为，就多次和他的父亲曹嵩说要他严加管教自己的孩子，曹操非常生气。有一天，他看到叔叔正向自己的花园走来，于是他就心生一计，随即倒在地上，故意做出口眼歪斜的样子，他的叔叔就赶紧告诉了曹操的父亲曹嵩，曹嵩赶到花园一看，曹操正活蹦乱跳地在那里玩呢，于是就对他说，你叔叔刚才说，你中风了，现在好了吗？曹操就说，我从小就没有那种病，是因为叔叔不喜欢我，所以才说我坏话。从此后，曹嵩的爸爸再也不相信叔叔说的话了！曹操那么小，就想出离间计，所以我觉得他工于心计。

追梦苑土星：我觉得曹操很勇敢。

师：根据？

追梦苑土星：在谋董贼孟德献刀一回中，当满朝公卿都苦于没有计策除掉董卓的时候，曹操笑着挺身而出曰："操虽不才，愿即断董卓头，悬之都门，以谢天下。"私下里他和王允说："闻司徒有七宝刀一口，愿借与操入相府刺杀之，虽死不恨。"你看，满朝文武都惧怕董卓的势力，不敢轻举妄动，只有曹操敢入相府刺杀董卓，由此我感觉曹操太勇敢了！

敏学居土星： 我觉得曹操也是个大度的人。

师： 根据？

敏学居土星： 在第二十二回，陈琳奉袁绍的命令起草了讨伐曹操的檄文，檄文中骂了曹操的祖宗八代，历数了曹操的种种罪行，曹操看到檄文后，惊出了一身的冷汗。但当曹操在官渡打败袁绍后，陈琳被捉而成了曹操的阶下囚，曹操手下的人，都劝曹操把陈琳杀死，因为当年陈琳檄文中骂曹操骂的太厉害了！曹操看看陈琳，说："哎呀，陈琳呀，你骂人就骂了，怎么连我的八辈祖宗都给骂了，你呀你"。陈琳战战栗栗，说："箭在弦上，不得不发尔。"曹操看看陈琳，笑笑，给他松了绑，并给他封了一个官职，让他留在自己身边，为自己效力！

惜时阁土星： 我也觉得曹操是个大度的人

师： 根据？

惜时阁土星： 张绣曾经杀死了他的儿子曹昂、侄子曹安民和手下大将典韦，可是当张绣投降的时候，曹操还是很高兴地接纳了他，并且封为扬武将军，为自己的儿子曹均娶了张绣的女儿，自此两家结为秦晋之好。

师： 这就叫宰相肚里能撑船啊！还有吗？

致格轩金星： 我觉得曹操是个好色的人。【众笑】

师： 根据？

致格轩金星： 曹操和张绣在宛城打仗的时候，张绣的叔叔不幸阵亡，张绣就假投降曹操，之后曹操又看到张绣的婶婶邹氏长得闭月羞花，倾国倾城，于是把她霸占过来，又怕张绣知道后杀了他，于是让典韦为他站岗放哨，张绣真的不敢轻举妄动了。但是张绣和自己手下的偏将胡车儿商量，设计杀死了典韦，曹操因为好色损失了自己的一员大将。

思齐亭土星： 对啊，通过他这一讲，我也想起来了，曹操因为这次好色，确实损失惨重，他的长子曹昂和侄子曹安民都在这一战中丧生，曹操还失去了自己心爱的大宛马。曹操在打败张绣之后，祭奠典韦的时候，他哭着说："吾折长子、爱侄，俱无深痛，独号泣典韦也。由此可以看出，曹操因为自己的失误失去了大将典韦，我想他那时准把肠子都悔青了！

睿智园水星： 我也觉得曹操是个好色的人，并且我还觉得曹操好色有一个特点，他

不喜欢那些花容月貌的小姑娘，而是专好抢人家老婆！【众哈哈大笑】

师： 请说出你的根据。

睿智园水星： 在第四十八回中宴长江曹操赋诗中，曹操带兵攻打江南，心情高兴，喝得醉醺醺得并对左右的文武说过："吾今年五十四岁矣，如得江南，窃有所喜。——昔日乔公与吾至契，吾知其二女皆有国色。后不料为孙权、周瑜所娶。吾今新构铜雀台于漳河之上，如得江南，当娶二乔，置之台上，以娱暮年，吾愿足矣！"说罢，还哈哈大笑！你看，人家大乔、小乔都有自己的丈夫了，你曹操还非得娶人家干吗？

【众笑】

师： 对啊，所以唐朝的诗人杜牧有诗曰：折戟沉沙铁未销，自将磨洗认前朝，东风不与周郎便，铜雀春深锁二乔。写的就是此情此景。

【同学们频频点头，恍然大悟，原来周目标中背诵过这首诗，但并没理解。今天通过读书交流，加深了对这首诗的理解】

追梦苑土星： 老师，我还发现，曹操不仅自己好色，他的儿子曹丕也是个小色鬼！

【众笑】

师： 你们今天怎么都谈这个话题。好！请说出你的依据。

追梦苑土星： 曹操打败袁绍后，他的儿子曹丕见人家袁绍的二儿媳妇甄氏长得漂亮，非得让人家当他的老婆，还把甄氏带到曹操跟前，曹操看了后，还厚着脸皮说："真吾儿媳也"，你看这什么人啊，真是上梁不正下梁歪啊！【众笑】

师： 一千个读者就有一千个哈姆雷特，同学们根据故事说出了自己的见解，了不起！其实，爱美之心人皆有之，只是别像曹氏父子一样，留下千古的笑谈！好了，咱们不再抓住曹操的这个特点不放了啊！再谈点别的！

自省社木星： 我觉得曹操多疑。

师： 说出你的根据。

自省社木星： 曹操杀人无数，因此他就谁也不信任，包括侍奉他的近从。有一次，曹操睡觉时翻身把被子弄到地上，侍从给他拾被子，他手起剑落，杀死侍从，后又假睡，半晌而起，佯惊问："何人杀吾近侍？"众以实对。操痛哭，命厚葬之。人皆以为操果梦中杀人；惟修知其意，临葬时指而叹曰："丞相非在梦中，君乃在梦中耳！"

致格轩水星： 曹操不仅是一个伟大的军事家、政治家，他还是一个文学家。

师：根据？

致格轩水星：在攻打孙权之前，他曾横槊赋诗："对酒当歌，人生几何？譬如朝露，去日苦多。慨当以慷，幽思难忘。何以解忧？唯有杜康。青青子衿，悠悠我心。但为君故，沉吟至今。呦呦鹿鸣，食野之苹。我有嘉宾，鼓瑟吹笙。明明如月，何时可掇？忧从中来，不可断绝。

越陌度阡，枉用相存。契阔谈宴，心念旧恩。月明星稀，乌鹊南飞，绕树三匝，何枝可依？山不厌高，海不厌深。周公吐哺，天下归心。"

师：好了，时间关系，曹操其人我们先谈到这儿，下面我们再来谈谈对三国演义中其他人物的认识！

梅若斋木星：我想谈谈张飞。

师：说吧

梅若斋木星：我认为张飞是一个疾恶如仇的人。你看当刘备为避锋芒，在督邮面前忍气吞声的时候，张飞早就不耐烦了。终于有一天，他重重地教训了督邮一顿，然后他们兄弟三人就投奔刘恢去了。

思齐亭金星：我认为张飞是个敢爱敢恨的人。

师：根据？

思齐亭金星：你看当张飞误以为关羽投降了曹操的时候，他见关羽不由分说，全然不顾昔日的兄弟之情，举矛便刺，但当关羽斩了蔡阳之后，他又因为误会了自己的兄长，倒头便拜。

师：张飞敢爱敢恨的性格太可爱了，生活中我们如果能交到这样的朋友那就得好好珍惜！因为他不会藏着掖着，喜怒哀乐全都写在脸上了！

敏学居金星：我认为张飞是个粗中有细的人。

师：根据？

敏学居金星：在第四十二回，张翼德大闹长坂桥中，他自己一人横矛立于桥上，告诉手底下的二十多个士兵，都砍下树枝，拴在马尾上，在树林里来回驰骋，冲起尘土，以为疑兵，藏在桥东的小树林里！最后把曹操的军队都吓跑了！

追梦苑水星：我觉得张飞是个智勇双全的人。

师：说出你的依据。

追梦苑水星：在六十三回，张翼德义释严颜中，张飞用计活捉了严颜，又用自己的赤诚之心感动严颜，使其归降，为蜀汉又添一员猛将！在七十回，猛张飞智取瓦口隘中，他故意终日饮酒，引张郃下山，最终把他战败！

自省社金星：我认为张飞是个性如烈火的人。

师：根据？

自省社金星：张飞常常喝醉酒之后，鞭打身边的士兵，刘备在伐吴之前也曾规劝他："朕素知卿酒后暴怒，鞭挞健儿，而复令其左右：此取祸之道也。今后务宜宽容，不可如前。"但张飞在关羽死后，让范疆、张达三天之内准备好全军所用的白旗白甲，范疆、张达说时间紧，做不出来，张飞顿时火冒三丈，鞭打他们之后，并告诉他们，三天做不完，就杀死他们，最后，他们没办法，就潜入张飞的寝帐，把他杀死了。

师：是啊，张飞死于自己的性格缺陷，可怜这样一员熊虎大将，没有战死疆场，却死在了两个小人之手，实在令人扼腕叹息！还有吗？

自省社土星：我还知道范疆、张达杀死张飞后，投奔了孙权，但当孙权得知刘备倾全国之兵讨伐东吴为关羽报仇的时候，他权衡利弊，就让手下人，把范疆、张达抓起来送还到刘备处，范疆、张达最后被张苞杀死，为张飞报了仇。

师：是啊，这两个小人被祭奠了张飞的亡灵，也得到了他们应有的下场！时间关系，今天我们的读书交流就暂告一个段落。同学们，通过今天的交流，你有了哪些新的收获呢？请同学们课后，把今天的收获写下来，办一期图文并茂的手抄报！

三国人物论坛

四、名曲《百鸟朝凤》课堂展示实录

授课年级：三年级　　执教老师：祁 军

同学们，文学用文字描绘生活，启迪智慧；音乐用音符述说故事，表达情感，让我们用心聆听唢呐名曲《百鸟朝凤》，领略其中的无穷魅力。课前大家对《百鸟朝凤》的信息资料进行了自主阅读，让我们进入名曲阅读展示第一环节：听音乐，共分享。

【播放音乐：1. 组内交流分享乐曲的资料，推选本组优秀展示员；2. 抽取幸运展示小组，全班展示。】

滴水穿石队金星：刚刚听到的这首乐曲的曲名是《百鸟朝凤》，演奏乐器是唢呐。

滴水穿石队木星：唢呐是我国富有民族特点的簧管乐器。据传唢呐原来是古代波斯和阿拉伯一带的民间乐器，约 800 多年前经过丝绸之路传入中国。现今的唢呐大小不一，常用的唢呐体形较小，有 8 个音孔，是民间吹打乐和民间乐队中的主要乐器之一。

滴水穿石队水星：唢呐除用于欢快、热烈、雄壮等情绪的乐曲外，还能惟妙惟肖地模仿各种飞禽和昆虫的鸣叫，表现力极其丰富。由于唢呐的音色高亢明亮，刚中带柔、柔中见刚，所以也广泛应用于民间的婚丧嫁娶等仪式的吹打乐队或锣鼓乐队中。

滴水穿石队土星：凤，又称凤凰，是我国古代神话中的鸟王。凤凰象征吉祥和富贵。唢呐独奏曲《百鸟朝凤》并不是表现百鸟朝拜凤凰的神话故事，而是以奔放热情的旋律模拟百鸟争鸣和唱的欢腾情景，表现生气勃勃的大自然，抒发人们美好欢乐的心情。《百鸟朝凤》原流行于山东、安徽、河南、河北等地，前身是《百鸟音》。使此曲走向中国和世界音乐舞台的，是我国著名唢呐演奏家任同祥。

滴水穿石队土星：任同祥生于山东嘉祥县农村的一个唢呐世家。跟随前辈艺人到处吹奏，博采众长，任同祥的唢呐吹奏越来越精，越来越妙。1953 年全国第一届民间音乐舞蹈（业余）会演举办时，27 岁的任同祥吹奏的《百鸟朝凤》在北京引起轰动。他也曾带着此曲进中南海怀仁堂，为毛泽东主席和其他中央领导作汇报演出。同年他又被派往罗马尼亚的布加勒斯特参加第四届世界青年联欢节，以一曲《百鸟朝凤》获得银质奖章。接着他在"唢呐王国"缅甸的访问演出中，以《百鸟朝凤》的吹奏赢得了"唢呐迷"当时缅甸总理吴努的赏识，吴努高兴地授予他一枚缅甸国家金质奖章。

师：百鸟朝凤的相关信息资料交由没展示的同学补充。

【补充略】

师：同学们通过学习获得了如此丰富的名曲资料，老师真替你们高兴，相信有了相关知识的支持，同学们再欣赏名曲一定有别样的感受。让我们用放松的姿态用心聆听乐曲的每一个音符，感受曲子的旋律特点和感情基调，进入名曲阅读第二环节：听旋律，辨基调。

【播放乐曲，师生投入其中，或拍手，或摆头】

胸有成竹队水星：百鸟朝凤这首曲子的旋律是轻快而悠扬的。

闻鸡起舞土星：我认为这首曲子的旋律是高亢的、激昂的，表达出了人们欢快兴奋的心情。

一诺千金土星：这首曲子的节奏时而舒缓时而紧凑。

厚积薄发金星：听完这首曲子，我有一种身临其境的感觉，仿佛置身于大自然的鸟语花香之中。

......

师："一千个读者就有一千个哈姆雷特"，听曲人由于心境不同，生活阅历、知识背景的差异，听同一首乐曲会有不同的感受。音乐能产生通感，展开想象、活跃思维，进入下一环节：听音乐，说联想。

壮志凌云木星：听着《百鸟朝凤》这首名曲，我眼前浮现了这样的画面：在一片美丽的大森林里，到处都是鸟，它们在叽叽喳喳地叫着，有小巧的斑鸠、黄鹂，勤劳的啄木鸟，调皮的乳燕，欢乐的喜鹊，报春的布谷鸟……听着它们的叫声，令我心旷神怡。

厚积薄发水星：春天的第一个早晨，布谷鸟就起来报春，它告诉大家：快快播种，快快播种。

一诺千金土星：《百鸟朝凤》这首名曲，让我联想到了许多与鸟有关的古诗，有唐朝诗人孟浩然的《春晓》，唐朝诗人王维的《鸟鸣涧》……我为大家背诵几首。

【学生背诵】

滴水穿石队木星：百鸟朝凤欢快喜庆的旋律把我带回老奶奶八十岁寿辰的喜庆场景中去了，一家人聚在一起，共祝老奶奶福如东海、寿比南山，幸福洋溢在老奶奶脸上……

破茧成蝶土星：欢快喜庆的旋律，也让我想起了正在播放的电视节目《红高粱》中九儿出嫁的热闹场景，一行人吹着长唢呐，抬着大花轿，颠来颠去，好不热闹，就甭提有多好看了！

……

师：同学们的想象力真丰富，下面我们用另一种形式记录下自己的收获吧。进入名曲阅读第四环节：伴音乐，写收获。

【出示化文模板，学生写收获，教师巡视】

【写完的同学全班展示分享略】

师：同学们，名曲真好听，名曲非常有内涵，只要用心阅读，就会有好多好多的收获。让我们期待下一次的名曲阅读展示课吧。

五、影视《长征》课堂展示实录

授课年级：五年级　执教老师：郑艳

师：同学们，根据周目标的安排，这节课又到了我们喜爱的影视课交流展示的时候了。大家高兴吗？

生齐：高兴。

师：在浩如烟海的影视长河中，有许多经典的影片给我们留下深刻的印象。经典影视剧，在满足人们视觉美感的同时，也给人们带来精神的享受，从而激励我们追求更加美好、健康的生活。下面进入第一板块。

生齐：洽谈影视苑，雅趣驻心间！

师：下面请本周的冠军队长抽出今天的幸运展示小队。

追梦苑土星：抽到的是惜时阁。【全队同学高兴喊：耶！】

【被抽小队组长迅速通过划拳决出展示小组】

师：掌声请出今天的展示小组闪亮登场！

惜时阁齐：嗨！大家好！我们是惜时阁 2 小组的队员，我们的主旨是：一寸光阴一寸金，寸金难买寸光阴！

惜时阁金星【展示组】：我是金星队员李晓阳。

惜时阁木星【展示组】：我是木星队员高深江。

惜时阁水星【展示组】：水星队员魏鹏哲。

惜时阁火星【展示组】：火星队员李笑围。

惜时阁土星【展示组】：土星队员柴硕，很高兴由我们来展示。通过前置性学习今天我们组给大家出了一组很特别的题，大家敢不敢应战？

生齐：敢！来吧！

惜时阁金星：好！听题前，我有个要求：请你说出它们分别出自哪部影视剧，这部影视剧中你最喜欢的镜头是什么？为什么让你难忘？

惜时阁齐唱：你挑着担，我牵着马，迎来日出送走，斗罢艰险又出发，又出发，啦……啦……

惜时阁木星：好，开始抢答！

睿智园水星：《西游记》主题曲。

惜时阁水星：你最喜欢的镜头是什么？

睿智园水星：《大闹天宫》

惜时阁火星：为什么让你难忘？理由？

睿智园水星：这个故事中表现出孙悟空的反抗精神，不屈服。

惜时阁土星：再找一位，这部影视剧中你最喜欢的镜头是什么？理由是？

致格轩土星：《真假美猴王》，从中表现出孙悟空对师父的忠心以及一心向佛的信念。

惜时阁土星：好！你们厉害！请听下一题。

展示小组齐唱：滚滚长江东逝水，浪花淘尽英雄，是非成败转头空，青山依旧在，几度夕阳红，白发渔樵江渚上，惯看秋月春风，一壶浊酒喜相逢，古今多少事，都付笑谈中。

惜时阁木星：好，开始抢答！

自省社火星：《三国演义》里的歌词，滚滚长江东逝水……

惜时阁水星：《三国演义》里的歌词，到底包含了什么意思？说明了什么？具体含义是什么？

自省社火星：不语。

师：问题挺深奥啊？谁能帮助解答？

惜时阁水星：简单回答就行。

自省社土星："是非成败转头空。"此句甚为豪迈、悲壮，其中有大英雄功成名就后的失落、孤独感，又含高山隐士对名利的轻视。临江豪迈的英世伟业的消逝，像滚滚长江一样，汹涌东逝，不可抗拒，空留伟业。历史给人的感受是浓厚、深沉的，不似单刀直入的快意，而似历尽荣辱后的沧桑。"青山依旧在"既是对英雄伟业的印证，又是对其否定，但这些都不必深究，面对似血的残阳，历史仿佛也凝固了。

【全班同学响起掌声】

师：薛柯豪真是见识非凡，不仅对《三国演义》内容了解透彻，还能对歌词有这么深的见解！好！我建议再次为他独到见解响起掌声！

师：魏鹏哲你对薛柯豪的回答满意吗？

惜时阁水星：甚是满意，拱手行礼！（全班同学大笑！）

惜时阁火星：最后一次机会了，请听题！

惜时阁齐唱：一个是……

惜时阁土星：好！开始抢答，齐梦晓！

敏学居土星：《红楼梦》片尾曲

惜时阁土星：这部影视剧中你最喜欢的是谁？理由是？

敏学居土星：我最喜欢贾宝玉。因为他不愿受封建社会管制的独特性格。

追梦苑水星：我最喜欢林黛玉。理由：她外貌似仙，超凡脱俗，"两弯似蹙非蹙罥烟眉，一双似喜非喜含情目。态生两靥之愁，娇袭一身之病。泪光点点，娇喘微微。闲静时如姣花照水，行动处似弱柳扶风。心较比干多一窍，病如西子胜三分。

梅若斋土星：我最喜欢贾探春。在抄检大军每到一处，大家都俯首帖耳。唯独探春反应激烈，保护丫鬟，坚决对抗。她无所畏惧，不但顶撞凤姐，拂逆王夫人之意，而且打了王善保家的耳光，表现出敢作敢为的勇气！

睿智园木星：我最喜欢王熙凤。她是贯穿整部小说的灵魂人物，性格泼辣，机关算尽太聪明，结局却是意料不到的草席裹尸。生前死后反差那么巨大，很有冲击力。

致格轩土星： 我最喜欢刘姥姥第一次进大观园。请问我们小组可以表演吗？

惜时阁土星： 好！请！

【王泽贤带领他们小组的4名同学上台表演】

致格轩土星： 贾母置办酒席招待刘姥姥，她刚端起酒杯，只见刘姥姥突然从座位上站起来：老刘，老刘，食量大如牛，吃一头老母猪，不抬头。【边说边加动作表演，众笑】

师： 你们小组简直就是一个黄金组合，掌声送给他们，给我们带来快乐！展示组同学的展示让我们耳目一新，阅读组的同学的回答也别样的精彩，掌声送给最优秀的自己！有谁想评价展示小组。

梅若斋土星： 展示组你们好！你们小组站姿正确，仪表大方，声音洪亮，我很佩服你们！

师： 他们展示的的确很棒！还有谁想评价？

思齐亭土星： 展示组你们好！你们展示能加上自己的理解及动作，这样显得特生动，以后我们小组也要学习你们的这种展示方式。

师： 你真是个会学习的好学生！【展示小组鞠躬致谢】

师： 下面掌声欢送展示小组回到自己的位置！昨天，我们看了什么电影？还记得名字吗？

生齐： 知道！是《长征》。

师： 唯美故事脑中现，语言凝练口才显！下面进入第二板块。

生齐： 谈影视画面，让精彩再现！

【出示精彩镜头，学生小组讨论。用游戏的方式4个小队胜出，讲述画面内容】

追梦苑金星： 大家好！我是追梦苑的金星队员戚航，这部电影主要讲了一个名叫王瑞、小名叫瑞伢子的孩子从一个少年变为一个优秀红军战士的故事。

睿智园金星： 大家好！我是睿智园的金星队员胡炎淼，这部电影中敌军的飞机在红军过湘江时对战士们狂轰滥炸。一枚枚炸弹投入水中，溅起的水花有几丈高。一枚枚炸弹射在房屋上，房子一座接一座地轰然倒塌。残存的几面颓墙上，挂着几十个伤员，他们浑身是血，衣服已经如乞丐服般破烂不堪。看得我毛骨悚然。

致格轩金星： 大家好！我是致格轩的金星队员刘相汶，这部电影中在飞夺泸定桥时，红军们一边在十几根铁索上艰难地攀爬，一边机警地躲避着对面敌人的枪林弹雨，随时有可能丢掉性命，让人不寒而栗。不好！王瑞的姐夫在攀爬中被敌人的子弹射中了，但他双手紧握着铁索，看起来好像摇摇欲坠，我害怕地闭上了眼睛，不敢再看下去。

自省社金星： 大家好！我是自省社的金星队员朱光远，红军在湘江突围的时候，小王瑞的爸爸就牺牲了。到了娄山关时，他们碰上了彝族的人，和彝族的人成了朋友，有一个彝族人也当了红军。可是，有一些彝族人被国民党挑唆，把王瑞的姐姐杀了。在飞夺泸定桥的时候，有 22 个红军战士组成了一个突击队，先爬过去占领敌人的堡垒，在他们抢渡过去后，王瑞的姐夫也不幸中弹身亡了，最后，那个彝族人为了插上红军的军旗，也壮烈牺牲了，就这样，王瑞的亲人都牺牲了。

师： 真不错！每个队的队长都很有智谋，都派出的是本组的金星队员，首先恭喜大家都为自己小组赢得相对应的 50 分。掌声送给优秀的金星队员。

师： 谁想来评价他们小队？哪队最好？简单说一说理由。

梅若斋土星： 我来评价自省社的金星队员，这次展示吐字清晰，很棒！以前回答问题声音总是很小，今天表现很出色，希望你继续努力，加油！

自省社金星： 谢谢你的鼓励，我以后会努力的！【鞠躬致谢】

师： 是啊，安海凤评价的非常好！朱光远进步很大！掌声送给他俩。还有谁来评价？请踊跃举手，你举起的不仅是你的手，更是你的自信！机不可失，失不再来，最后的机会！

惜时阁水星： 我想评价致格轩的金星。你站姿规范，声音洪亮，讲述的画面活灵活现，我很佩服你，我要向你学习！

致格轩金星： 谢谢你的鼓励，我以后会继续努力的！【鞠躬致谢】

师： 几位同学的精彩展示，让我们更进一步了解了《长征》中的故事情节和人物，精彩画面驻心间，人物鲜活荧屏闪，让我们一起进入第三板块。

生齐： 影视杂谈秀，全家总动员！

师： 一分钟交流！每队选派一名代表讲述电影中最精彩或最感动的故事，联系自己的生活实际来谈谈！最后评出影视大王！

【各小队交流并评选】

师：时间到！从敏学居开始吧！

敏学居土星：大家好！我们敏学居经过讨论，派木星队员苏子涵给大家讲故事。

敏学居木星：大家好，我想说毛主席带领红军长征，历尽了千难万险，是现在的人们难以想象的。红军爬雪山、过草地，忍饥挨冻，有时还要吃树根、皮带，他们什么苦都吃了，可是他们为了革命胜利，再大的困难都不屑一顾，最终取得了长征的伟大胜利。看到这些景象，勾起我心中思绪一片：我想到了五星红旗，想到了红领巾。它们都是用战士们的鲜血染红的，我们应该珍惜它们。我的发言完毕，谢谢大家。【全班同学响起掌声】

敏学居土星：老师我想补充可以吗？

师：可以，请说。

敏学居土星：当我看到瑞伢子把上次停电用剩的蜡烛头包好时，我被他这种节约的精神感动了。现在，有哪些人会懂得珍惜，会把用剩的东西包好？我想应该不会有了吧。即使有，也很少。可是我们不能忘了，现在我们的幸福生活正是靠他们这样一点一点地节约、英勇奋战而创造出来的。如果没有他们，也就没有繁荣昌盛的今天！他们的这种行为令人敬佩，值得我们每一个人学习。谢谢大家！

师：同意他的观点吗？同意就应该有掌声！【全班同学响起掌声】

梅若斋土星：大家好！我们梅若斋经过讨论，水星队员刘轩给大家讲故事。

梅若斋水星：长征途中，能和自己的战友一起抗战，是快乐的；当你的亲人相继牺牲时，是痛苦的。正如影片开头那一位老人所说："长征，是我一生当中最快乐的时光，也是我最痛苦的时光。"中国工农红军长征时，基本上都是饿肚子的。有时，一把炒黄豆都能分五六个人呢。如果能像我们现在每天都能吃饱喝足，那他们打起仗来肯定会更加英勇。现在，我们每天都坐在宽敞明亮的教室里，有可口的饭菜，每天都睡在暖和的被窝里。看看过去，想想现在，我们简直就处在人间仙境了。如果我们每天都好好学习，天天向上，成为国家的栋梁之材，那他们就可以含笑九泉了。我的发言完毕，谢谢大家。

【全班同学响起掌声】

师： 是啊！说得多好啊！每天都能吃饱喝足，坐在宽敞明亮的教室里读书，每天都睡在温暖的被窝里。我们是何等的幸福啊！我们还有什么理由不好好读书呢！

思齐亭土星： 大家好！我们思齐亭经过讨论，要派金星队员邢芮源给大家讲故事。

思齐亭金星： 大家好！红军需要渡过天险大渡河，三条小船无法渡过千军万马。王瑞所在部队奉命沿江而下，抢夺距安顺场渡口三百二十里的泸定桥。只有这样，红军才能通过天险大渡河，北上抗日。晚上，下着大雨，悬崖下的羊肠小道，道路泥泞难行，红军战士饿着肚子强行前进，因为对岸就是去增援的敌人，如果让增援的敌人抢了先，后果不堪设想。好在雨越下越大，对岸的敌人不能再走，只好停下来宿营。而红军战士们凭着顽强的毅力，仍旧冒雨、踩着泥泞前进。终于在次日清晨赶到了泸定桥，把增援的敌人抛在了后面。黎明时分的泸定桥一片静悄悄。桥板被敌人拆去，只剩下十三根光溜溜的铁索，挂于离水面十几米高的两岸；桥下水势凶猛，一旦掉下去就没命了。二十名红军号兵被集中起来吹响了惊天动地的冲锋号，飞夺泸定桥的战斗打响了！二十二位红军突击队员用他们的血肉之躯，谱写了一曲人类战争史上惊天地、泣鬼神的英雄壮歌！王瑞最后一位亲人——姐夫肖德昌牺牲了，从悬空的铁索上中弹跌落到汹涌咆哮的大渡河激流中。他的彝族兄长达尔火，这位参加红军才二十多天的小伙子在把弹痕累累的红旗插上桥头堡时，也被流弹击中，挺立在桥头堡一动不动，手里仍旧高举着那弹痕累累的红旗，头上的长发随风飘来飘去！革命先烈用鲜血树立起了一座万世瞩目的丰碑。英雄们的精神靠我们去延续，我们只有发奋学习，做一个正直、勤勉的人，才可以肩负起中华民族伟大而艰巨的责任。我的发言完毕，谢谢大家。

【全班同学响起掌声】

师： 是啊！强渡大渡河，飞夺泸定桥，让我们明白了人的潜力是无限的，勇敢面对困难，自己就变得强大无比。向着一个目标去做，坚持不懈，再困难的事我们也能克服，只要有像红军战士一样必胜的信念。

惜时阁土星： 大家好！我们惜时阁经过讨论，由金星队员崔硕给大家讲故事。

惜时阁金星： 长征时期的那种舍己为人，牺牲自我，保全他人的大无畏革命精神令我感动不已。现在，社会中常流行这样一句话"人不为己，天诛地灭"，我常想，我们生活在一个大世界中，一个地球上，共享一份土地，为何时常发生利益争斗呢？为了一点利益，双方大打出手，毫不留情，那种舍己为人的精神哪里去了？如果人人都能谦让一点，礼貌一点，宽容一点，多理解一点，许多事情不就大事化小，小事化了了吗？如果人人都能无私一点，都能贡献一点，那社会不就更和谐了吗？我的发言完毕，谢谢大家。【全班同学响起掌声】

师：长征中那种无私能够回归到现代社会，让孔夫子那种"仁爱"的儒家思想贯穿始终，这样我们的民族何愁不能强大，不会富强，何惧我们的民族不会屹立于世界民族之林呢？如果人人心中都装着"仁爱"的思想，社会生活中就不会出现如此多的欺诈行为，"切糕"的事件就不会出现；如果人人心中装有"仁爱"的思想，社会就不会出现这么多的贪官、腐败官员，"我爸是李刚"的这类事件也就不会出现。

师：横看成岭侧成峰，以上同学们从多方面畅谈了自己的观点，真不简单，我建议再次把热烈的掌声送给他们！

【全班同学响起掌声】

师：心与心的交汇使我们的感觉更加真实与感动，下面请同学们伴随着音乐，写下你自己最真实的感想吧！进入第四板块。

生齐：汇百家智慧，助写作提升。

【师播放音乐，学生伴着音乐写本节课的收获，三分钟后自主分享自己的小练笔。】

思齐亭土星：想想自己，想想自己的同学，羞愧难当。上网玩游戏、聊天、看视频通宵达旦，逃课、迟到、攀比炫耀、浪费挥霍等。是的，或许这样的生活看起来很自由，但这仅仅是在享受，是在浪费父母的血汗钱。扪心自问，我们在幸福中学到的知识有多少？

梅若斋木星：为了保全战友，保全红军的实力，宁愿放弃自己生存的机会，这种舍己为人，无私奉献的大无畏精神，伟大的革命友谊令人感动。回想现实生活中的我们，生活在21世纪的蜜罐之中，我们享受着各色漂亮的衣服，各种特色的美食。但是，放眼望去，食堂里的餐桌上一片狼藉，残羹剩饭铺满餐桌，白花花的馒头，随处可见，殊不知，这些果实都是革命战士用生命换来的，殊不知今天的幸福生活来之不易。如果老人们看见粮食被这么糟蹋，他们会心疼，我们会吗？我们经常做的就是以鄙夷的目光望着老人的心疼，不屑一顾的指责老人的小气，更有可恶的，抬脚一踢，馒头痛苦地躺在一边，我们则昂首阔步地走开。在战争年代，别说馒头，就是一块小小的窝窝团对于红军来说都是一种奢侈品，我们知道吗？我不希望我们回归到红军的那种艰苦的生活，只是希望不要浪费粮食。纵使你有家财万贯，也请你尊重别人的劳动成果，珍惜现在的幸福生活。

师： 想想长征两万五，看看革命老前辈，我们的心灵会得到洗涤，我们的斗志正受到鼓舞。在影片末尾，毛主席意味深长地说了一句：红军不怕远征难，万水千山只等闲。这句话深深地印在了我的脑海里，时刻鼓励着我，要勇往直前，不退缩。我们应该学习红军战士这种可贵的精神，迎接新时代的挑战。

师： 同学们，美好的时光总是短暂的，心与心的交流往往会有更多的灵光闪现，让我们期待下次精彩再现！

六、时政课堂展示实录

授课年级：四年级　执教老师：路猛

【教师宣布上课，两名小主持人上台】

男： 风声雨声读书声声声入耳

女： 家事国事天下事事事关心

合： 欢迎收看四（5）新闻评述。

女： 首先让我们来熟悉一下我们节目的规则。

【出示幻灯片：1. 人人坐姿端正，认真倾听，积极思考，踊跃发言；2. 新闻发言人举止大方，声音洪亮，新闻内容健康有意义，评述观点条理清晰；3. 评论员语言规范，吐字清晰，观点鲜明。】

男： 节目开始，让我们用掌声请出我们的嘉宾路老师。

师： 大家好，我非常高兴和同学们一起走进四（5）新闻评述。特别期待大家的精彩。谢谢。

女： 同学们，在过去的一周里，你们一定观看和收集了不少有意义的新闻吧。快，让我们进入"小小记者站"。

【学生拿出时政作业，在小组内交流，依据内容和评述，选出组内最好的一条新闻。然后再和另一小组交换，快速选出队内最佳新闻。】

男：各组的新闻已收集完毕，请小记者播报新闻。

睿智园土星：大家好，我播报的新闻标题是《十七岁女孩下水救人后悄然离去》，主要内容是，6月24日下午，有市民在东营市清风湖目击了惊险一幕：一个大约二十岁左右的女孩不慎跌落水中，另一位同样二十岁左右的女孩奋不顾身跳入湖中，把落水的女孩救起后没有留下任何信息就走了。后来记者终于联系上救人女孩，但女孩的父亲说，女孩不想被外界打扰，当时救人时什么都没想，就跳水救人。她只是做了该做的事情。新闻来源：腾讯新闻。新闻我来评：我非常赞赏女孩的做法。当他人遇到危险时，这个女孩不顾一切，舍己救人。可能她的容貌不一定是最美丽的，但是她的心灵和人格是最美的。我的新闻播报完毕，谢谢大家。【掌声】

【教师边听边概括新闻并板书，为后边学生展开评论和投票做好准备。在播报前教师给其他同学提出要求：要求认真倾听，倾听是一种很好的学习习惯。】

自省社水星：大家好，我播报的新闻标题是《的哥连闯三个红灯生死时速救少女》。新闻内容：6月26日晚上10点左右，的哥张伦刚开车经过涪陵五中校门口，几名保安抬着一名女大学生出来，要求张师傅赶紧把女学生送到医院抢救。见情况紧急，张师傅立即打开了应急灯，一路按着喇叭以最快速度赶往医院，一路闯了三个红灯，从学校到医院约有10公里，他只开了10分钟。记者从涪陵巡警大队了解到，由于张师傅救人心切，闯红灯将免于处罚。新闻来源：百度网。新闻我来评：好人有好报！的哥是好样的，他办了一件大好事，是好人，交警也是有同情心的人，于是免了的哥的处罚。真是好人有好报啊。我的新闻播报完毕，谢谢大家！【掌声】

追梦苑金星：大家好，我播报的新闻标题是《广西闹市发生爆炸，已是第三起》。新闻内容：2014年6月30日，广西柳州警方通报……新闻来源：搜狐网。新闻我来评：不要拿别人的生命当成儿戏。读完这则新闻，我感到愤怒和庆幸。愤怒的是他们的行为，庆幸他们已被抓获。发泄对社会的不满也不应该以其他无辜人的生命为代价。这样的行为是可耻的。【掌声】

思齐亭水星：大家好，我播报的新闻标题是《女教师推开学生被汽车撞飞5米远》。

新闻内容：开封市区，考试期间，同学们被统一安排在一家宾馆。6 月 26 日下午……新闻来源：新闻中心。新闻我来评：奋不顾身，舍己救人。读了这则新闻，让我有所感触。这位女老师竟奋不顾身地救自己的学生，真是一日为师，终身为母呀！希望天下所有的老师、家长、学生可以像她这样有舍己救人的心。【掌声】

敏学居土星：大家好，我播报的题目是《男子持刀闯入云南一小学行凶被制服，一名警察受伤》。新闻内容：6 月 29 日 19 时 40 分许，云南省西双版纳景洪市公安局接到报警……新闻来源：新浪网。新闻我来评：勿因矛盾伤及无辜。读了这则新闻，我感到非常气愤，这么小的矛盾差点就伤及学生。没有解决不了的事情，有事应该坐下来谈一谈，不应该报复。另外，学校也应该采取有效措施，特别是下课时，注意学生安全，避免意外伤亡。我再次向大家呼吁：勿因小矛盾伤及无辜。【掌声】

惜时社木星：大家好，我播报的新闻标题是《女子违章停车，被罚后拿一沓钞票砸交警》。新闻内容是：6 月 29 日上午 8 点 40 分左右，南京六合区的白果南路上，民警发现一辆黄色名爵轿车停在公交车乘客上车区……新闻我来评：钱不等于特权。读了这则新闻，我感到十分气愤。有几个钱就了不起呀。你挡住了别人的路，违章停车，就给你个教训。别光用你那几个钱显摆。你以为你谁啊？有了钱就可以肆意妄为了吗？有钱不干些公益事情，来这显摆。记住，钱不是万能的！【掌声】

梅若斋水星：大家好，我播报的新闻标题是《万余图书献给农村娃》。新闻内容是：24 日下午，一位老人拿着一摞图书对记者说："这次来，我准备把孙子、孙女读过的 200 余本书捐给农村孩子！"当天，由德州"筑家 1000 俱乐部"发起的……新闻来源：德州晚报。新闻我来评：一本书暖人心。读了这篇新闻，我感到很欣慰。因为众多的企业和社会热心人士纷纷来到这里，他们都是奔着一个目标去的。那就是为农村娃更好的读书，让他们懂得读书穿越古今，从而使整个社会，整个民族团结一致，永不放弃，手心相连。谢谢大家！【掌声】

致格轩土星：大家好，我播报的新闻标题是《云南干旱近百万人饮水困难》。新闻内容：云南干旱 94.5 万人饮水困难，76 条河道断流了。据云南省防汛抗旱指挥部办公室统计，截至 4 月 21 日，云南全省因干旱造成……新闻来源：腾讯新闻。新闻我来评：读了这条新闻，我既惊讶，又愤怒。惊讶的是在云南这种热带潮湿的地方也会发生旱灾。愤怒的是云南已有近百万人饮水困难了，在我们这里的同学有时洗手后不关水龙头，更有甚者在一旁打水仗，这让我感到十分悲哀。我想对大家说：节约用水，人人有责。【掌声】

女：新闻播报完毕。路老师，请您点评一下我们小记者的表现吧。

师：自古英雄出少年。小小年纪就有如此见地，老师为同学们感到高兴。刚才播报新闻的这些同学俨然真正的记者，口齿清晰，落落大方。（结合当堂学生的表现，个别评价）不错，老师期待同学们在接下来的环节有更精彩的表现。

男：谢谢路老师。童眼看世界，人小见识高。请同学们在刚才播报的八条新闻中，选择自己感兴趣的新闻发表自己的看法，阐述自己的观点。

【学生书面写感悟，提示书写 123。时间大约 3 分钟】

师：同学们，现在我们开始发表自己的看法，说说你对哪条新闻更感兴趣，请把理由说清楚。

致格轩火星：我推选思齐亭的新闻。因为女教师奋不顾身地救学生的表现，让我们体会到了老师对学生的关爱。通过这个事例，我们应该知道，在平时，老师可能做得不好的地方，出发点也是为了我们好。所以我们要学会理解老师。

师：真是谢谢你对老师的宽容和理解。

自省社木星：我也推选思齐亭的新闻。一日为师，终身为母。老师的所作所为深深地刻在我的脑海里。老师无私奉献的精神令我非常感动，我觉得我们也要发扬这种精神。

睿智园金星：我也推选思齐亭的新闻。师生之间的感情就能如此的深，竟可以为了学生舍弃自己的生命。我们应该多向老师学习，回报老师。

梅若斋火星：我推选致格轩的新闻。由于世界人民的滥杀动物，砍伐森林行为，对地球的伤害很大，还有严重的空气环境污染，地球可是我们唯一的母亲呀！我呼吁：保护地球，拯救世界人民共同的家园。

敏学居火星：我推选睿智园的新闻。我们的社会中存在着很多问题，越来越不安定，而这些见义勇为的精神就更为可贵。所以，我希望我们身边有越来越多这样的人，那我们的社会才会越来越美好。

惜时社土星：我推选思齐亭的新闻。作为老师，经常教育我们要舍己为人，老师已经为我们做出了榜样。所以，我们以后也要多帮助别人。

师：同学们说得真好。听到这里，老师有个问题想听听同学们的高见。在这些新闻中，有一条是讲一个女孩跳水救人后不留姓名不图回报的感人事件。在被这个女孩精神感动的同时，我也非常佩服她水中救人的本领。暑假就要到了，溺水是我们一直强调的安全问题。我想调查一下，咱班里哪些同学会游泳？人数不多。那我想听听，我们如何防止溺水？

追梦苑水星：我觉得我们不能到外边的水池里游泳。

敏学居金星：游泳时应该有爸爸妈妈陪同。

梅若斋土星：不要到离水太近的地方玩。

思齐亭木星：我们不要觉得水塘边上水浅不进去就没事。我们老家去年有个小孩就是这样，结果一不小心溜到了水坑里，淹死了。

思齐亭火星：……

师：同学们说得很好。那如果我们遇到有人溺水的情况我们该怎么办？是不是应该跳到水里去救人呢？

梅若斋火星：我认为不行。我们还小，即使会游泳也不一定能把人救上来。

自省社水星：那我们也不能眼睁睁看着别人淹死呀。

追梦苑土星：我们老师讲过，我们要赶紧找一些能浮在水上的东西扔给落水的人。

敏学居金星：那要是距离很远呢？

思齐亭木星：我觉得我们还是赶紧喊人。

致格轩土星：那要是周围没人呢？【众笑】

睿智园火星：那就到远处去喊。

自省社土星：……

师：同学们，你们对于溺水知识了解的真多。大家一定要记住，真要遇到这种情况，一定不要着急跳入水中。要学会理智的救人。否则，不仅救不了人，还会伤害到自己。请主持人继续。

女：时间到了，激动人心的时刻也到了。哪条新闻能获得本周的最佳新闻，谁将被评为今天的明星小记者，我们拭目以待。

男：现在，开始投票。

　　【读一条，投一条】

女：我宣布获得本周最佳新闻的是《女教师推开学生被汽车撞飞 5 米远 》，获得明星小记者的是宋子昂。大家掌声祝贺！【掌声】

男：路老师，节目的最后，请您对大家说几句话吧。

师：首先，恭喜我们的明星小记者。今天，同学们的表现给我留下了深刻的印象。也许，还有同学因为自己的新闻没能入选而沮丧，因为没有获得最佳而遗憾。同学们，今天的你们已经非常的棒了。作为一名小学生，就能够关注社会，心怀天下，这已足够了。最后，老师送同学一句话吧：今日课堂展风采，明朝皆是栋梁材。【掌声】

女：谢谢老师。新闻服务生活，

男：新闻透视人生。

合：四（5）新闻评述到此结束。再见。

七、汉字课堂展示实录

授课年级：一年级　执教老师：贾敏

师：同学们，今天老师要和大家上一节汉字课，那现在就让我们一起进入有趣的汉字王国，认识今天新的朋友吧！进入第一关：汉字浩如海，请你跟我来。

生齐：大家一起来。

师：老师相信大家在课下已经进行了充分的前置性学习，那现在请大家先听老师读每个字的字音与组词，听一听你是否把字音读准确了。

　　【老师读两遍组两个词】

师：老师读完了，大家听清楚了吗？先跟老师齐读一遍好不好？

生齐：好！

　　【师领读生字并组词】

师：大家都读得非常认真，那你在前置性学习的时候，有和老师不一样的地方吗？

行知社金星："数"我只读了一个音，没有发现它是多音字。

师：没关系，下次在这方面多注意就好了。

凌云阁水星："颜"还可以组"五颜六色"，"五颜六色"就是颜色非常多的意思。

师：这个词真是太棒了，你是怎么知道的？

凌云阁水星：我奶奶告诉我的。

师：那意思呢？

凌云阁水星：也是奶奶告诉我的。

师：你做得非常棒！同学们，当我们遇到不懂的词的时候，我们都应该像韩新浩同学一样去问一问，这样你就会越来越优秀了。

师：还有跟老师不一样的吗？

厚德斋木星："旗"还可以组"彩旗"。

师：对，还可以组"彩旗"。怎么想到这个词的？

厚德斋木星：中秋节我跟妈妈去超市的时候，看见超市里挂着很多彩旗，开始我不知道那叫彩旗，妈妈告诉我后就记住了。

师：你真是一个善于学习的孩子！大家看，生字不一定都是课堂老师教的，去趟超市只要你留心也会学到很多知识。

师：不仅爸爸妈妈是我们的老师，周围的同学也可以做我们的老师，让我们互帮互助，共同进步。进入第二关：小组对对碰，争当小先生。

【小组内结对子互查互学，老师巡视指导】

师：通过对子之间互查互学，读音准确，组词正确的同学请举手，举手代表我自信，我很棒。没有举手的同学在下面的环节里要认真学习喽！

【大部分同学都能认识这15个字，少部分同学没能全部过关】

师：这里是展示的课堂，这里是交流的平台，让我们进入第三关：交流自豪，展示荣耀。

致格轩土星：大家好，我是致格轩的队长魏熙哲，我们队推荐金星队员刘一伟代表我们队展示。

厚德斋土星：大家好，我是厚德斋的队长王君文，我们队推荐金星队员郑世航代表我们队展示。

睿智园土星：大家好，我是睿智园的队长薛子涵，我们队推荐木星队员张旭皓代表我们队展示。

行知社土星：大家好，我是行知社的队长马志远，我们队推荐金星队员尹文卓代表我们队展示。

追梦苑土星：大家好，我是追梦苑的队长王正霄，我们队推荐金星队员史文龙代表我们队展示。

凌云阁土星：大家好，我是凌云阁的队长张曼，我们队推荐金星队员韩新浩代表我们队展示。

思齐亭土星：大家好，我是思齐亭的队长杨昊，我们队推荐木星队员曹石天旭代表我们队展示。

敏学居土星：大家好，我是敏学居的队长王英豪，我们队推荐木星队员杜昊轩代表我们队展示。

【队长推选展示队员的过程中，老师根据展示队员的星号相应加分】

师：看来这次的 15 个字真得难不住大家啊，每个小队派出来的都是夺分高手啊！但是花落谁家还不一定，就让我们一起看看今天的幸运小队是哪四个吧！

生齐：剪子、包袱、锤！

师：今天的幸运小队就是我们的厚德斋、睿智园、行知社和凌云阁，大家用有节奏的掌声欢迎四位展示队员上台。

师：在展示队员展示的时候，下面的哪位同学坐得端正听得认真，老师会给他贴一个漂亮的笑脸哦！

【厚德斋金星展示略】

师：郑世航同学展示完了，谁来给他点评一下？

致格轩木星：郑世航同学你的声音洪亮，读音准确，组词正确，非常棒。

厚德斋金星：谢谢。

【睿智园木星展示略】

师：张旭皓同学在展示的过程中把一个字只组了一个词，我们先请他在旁边等一等，看下位同学展示，希望你能在下位同学展示的时候认真听，把这个字学会。

【行知社金星展示略】

师：尹文卓同学展示完了，谁来点评一下？

追梦苑土星：尹文卓同学你读的非常棒，声音也很洪亮，我要向你学习。

师：学习别人的长处，补足自己的短处，你做得很对，张旭皓同学，这个字你认识了吗？会组词了吗？

行知社金星：认识了。"清""清楚""清水"。

师：不错，老师把满分送给你。

行知社金星：谢谢老师。

师：有请下一位同学展示。

　　【凌云阁金星展示略】

师：谁来点评？

行知社水星：韩新浩同学你组的"五颜六色"这个词非常好，你真棒。

师：台上的同学用自己的努力和实力为小队获得了宝贵的加分，让我们把掌声送给他们。我们的汉字经历了漫长的演变过程，让我们一起穿越时空追寻汉字的根源，进入第四关：溯本求源，快乐无边。

师：出示"网"的演变过程，同学们猜猜这是什么字？

敏学居木星：这是"网"字。

师：你是怎么猜到的？

敏学居木星：因为它像一张网。

师：你真是火眼金睛，老师出的字难不住大家。那谁还可以出一个甲骨文让大家猜猜。

思齐亭土星："休"的甲骨文。

师：谁知道这是哪个字？

厚德斋水星：木。

师：对吗？

思齐亭金星：不对。

师：谁再猜一下？

凌云阁金星：林。

师：也不对。大家都没猜到，你来告诉大家这是什么字，好不好。

思齐亭土星：这是"休"。

师：为什么是"休"，知道吗？

思齐亭土星：不知道。

师：那老师来告诉大家，"休"的本义是人靠在树木上休息，"休"的左边画的是一个人，右边是一棵树；人靠在大树上，就是"休"。画甲骨文的时候，不仅要画它的形状，还要看它的意思，能把它的本义说出来会更好，这个字你是从哪知道的？

思齐亭土星：我妈妈从网上给我搜的。

师：你和你妈妈真用心，老师告诉大家，我们的汉字有很多奥秘，大家不仅可以去网络上寻找，也可以到我们的汉字广场去寻找，下节课老师看看谁又能给我们带来新的甲骨文朋友。今天认识了这么多汉字朋友高兴吗？

生齐：高兴。

师：学就是为了用，进入第五关：我行我秀，彰显精彩。请大家用笔画出你喜欢的生字，拿起笔来，大家一起先进行"书写123"。

【生画字】

师：谁来说说你画的是什么？是哪个字？

行知社水星：我画了一面红旗，是"旗"字。

师：不错。

思齐亭土星：我画了数不清的雨点，是"点"字。

师：你很有想象力。

师：同学们，时间总是短暂的，这节课我们马上就要结束了，那现在老师问问大家，这节课你们学的开心吗？【生齐：开心！】那我们下节汉字课再一起来展示交流新认识的汉字宝宝。

汉字课

八、写字课堂展示实录

授课年级：三年级　执教老师：张凌云

师： 汉字是一个个美丽的故事，走进了汉字，就了解了中国。汉字是一种优雅的艺术，走进了汉字，就懂得了美。汉字是全世界最美的文字。热爱祖国，不需要什么豪言壮语，它就在勾画方块字的笔画里。让我们一起书写汉字吧！进入第一板块。

生齐： 开门"秀"字！

【八个小组推荐本组写字漂亮的同学到前面展示写字作业。引导学生欣赏：卷面是否干净，书写是否漂亮。】

睿智队土星： 大家好，我是睿智队队长闫春雨，我们小队推荐王茂宽同学来展示他的写字作业，请同学们欣赏。

【王茂宽一脸灿烂，走上讲台，把写字作业放在实物投影上】

厚德队土星： 大家好，我们推荐孙之一同学代表我们队来展示她的写字作业，请同学们欣赏。

【孙之一自信满满地走上讲台，把写字作业并排摆放在实物投影上】

师： 非常好，请同学们看一下这两位同学的字，发表一下自己见解，卷面是否整洁，书写是否规范？

致远队木星： 我认为他们两个人写的字都非常漂亮，书写认真，都值得我们学习。

好学队土星： 他们两个人的字都非常优秀，但是相比之下我比较喜欢孙之一同学的字，笔画舒展，大气。

求真队水星： 从这两位同学的字中我感到自己的书写仍然有不足之处，要向他们学习。

【其他六个小队依次推荐队员展示练字成果，生进行评价。八个小队评价讨论，共同选出今天的冠军字。】

师： 通过八个小队的展示，老师能感觉出大家练字的积极性，是啊，字如其人，古人云：字不正，心先病。在写字的时候，就需要工工整整、恭敬。字不恭敬，说明我们心不恭敬，这就病了。接下来让我们进入第二板块。

生齐："字"有故事！

【请同学们分享搜集到的书法家练字的小故事】

附

吾儿磨尽三缸水，唯有一点似羲之

王献之是王羲之的第七个儿子，自幼聪明好学，在书法上专工草书隶书，也善画画儿。他七八岁时始学书法，师承父亲。有一次，王羲之看献之正聚精会神地练习书法，便悄悄走到背后，突然伸手去抽献之手中的毛笔，献之握笔很牢，没被抽掉。父亲很高兴，夸赞道："此儿后当复有大名。"小献之听后心中沾沾自喜。

还有一次，羲之的一位朋友让献之在扇子上写字，献之挥笔便写，突然笔落扇上，把字污染了，小献之灵机一动，一只小牛栩栩如生于扇面上。再加上众人对献之书法绘画赞不绝口，小献之滋长了骄傲情绪。献之的父母看此情景，若有所思……

一天，小献之问母亲郗氏："我只要再写上三年就行了吧？"妈妈摇摇头。"五年总行了吧？"妈妈又摇摇头。献之急了，冲着妈妈说："那您说究竟要多长时间？""你要记住，写完院里这18缸水，你的字才会有筋有骨，有血有肉，才会站得直立得稳。"献之一回头，原来父亲站在了他的背后。王献之心中不服，啥都没说，一咬牙又练了5年，把一大堆写好的字给父亲看，希望听到几句表扬的话。谁知，王羲之一张张掀过，一个劲地摇头。掀到一个"大"字，父亲现出了较满意的表情，随手在"大"字下填了一个点，然后把字稿全部退还给献之。小献之心中仍然不服，又将全部习字抱给母亲看，并说："我又练了5年，并且是完全按照父亲的字样练的。您仔细看看，我和父亲的字还有什么不同？"母亲果然认真地看了3天，最后指着王羲之在"大"字下加的那个点儿，叹了口气说："吾儿磨尽三缸水，唯有一点似羲之。"献之听后泄气了，有气无力地说："难啊！这样下去，啥时候才能有好结果呢？"母亲见他的娇气已经消尽了，就鼓励他说："孩子，只要功夫深，就没有过不去的河、翻不过的山。你只要像这几年一样坚持不懈地练下去，就一定会达到目的的！"献之听完后深受感动，又锲而不舍地练下去。

功夫不负有心人，献之练字用尽了18大缸水，在书法上突飞猛进。后来，王献之的字也到了力透纸背、炉火纯青的程度，他和王羲之被人们并列称为"二王"。

欧阳询流连观碑

　　唐代大书法家欧阳询，字信本，谭州临湘（今湖南长沙）人，他练习书法很刻苦，博采众长，精通八种书法，自成一家，人称"欧体"。

　　有一次，他出使归来，骑马路过一处荒郊野外，在乱草丛中发现西晋书法家索靖书写的一块石碑，停马观赏了很久都舍不得离去。走出几里后，又返回来，下马坐在碑前仔细观看，体会索靖草书的妙处。当晚，他回到了住处，彻夜难眠，想着白天看到的石碑。第二天，天一亮，他又骑马赶到石碑前，反复揣摩，并铺开纸，一笔一画地临摹。

　　就这样，他在碑旁待了三天三夜，直到把索靖草书的笔法融会贯通，了然于胸，才高兴地离去。

师：同学们的故事非常精彩，练字只有持之以恒才能取得一定的成就，同时也告诉
　　我们大家，提笔即为练字时。下面进入第三板块。

生齐："冠军"教字

　　【请同学们推荐写字漂亮的同学上台教写字，被推荐同学可教给同学们自己认为
　　写得最好的一个字，讲解需要注意部位的写法。】

师：有请今天的冠军字获得者孙之一同学上台为大家教字。

厚德队水星：大家好，很高兴能得到今天的写字冠军称号。我想教给同学们写"文"
　　这个字。这是一个独体字，写的时候要注意，第二笔横写得倾斜一些。第三笔
　　撇，起笔在田字格的竖上线上，这样写出来的字不呆板，请大家跟我一起试试。

　　【孙之一在黑板上范写，其他同学在练字本上书写。】

　　【同学们练习，请冠军队全体同学上台评析同学们交的练字作业。】

师：同学们，认真书写是一种习惯。只要有写字的机会，就需要大家认真地对待每
　　一笔，练字就是练一种态度，养成一种习惯，所以请同学们一定扎实过好写字
　　这一关！

九、成语课堂展示实录

授课年级：二年级　执教老师：赵娟

师：同学们，在我们广阔的汉语天地里，有一个小小的成语世界。那里有令人心旷神怡的青山绿水，五彩缤纷的奇花异草，生机勃勃的珍禽异兽，还有朗朗上口的至理名言令人受益匪浅。同学们想不想到这个成语世界走一走呢？

生齐：想。

师：好！今天，就让我们打开记忆的闸门，在成语世界里尽情地浏览观光吧！让我们一起走进成语乐园。

生齐：快乐成语，精彩无限。耶！

师：每个汉字都能够溯本求源，而每一个成语也有它的历史来源，让我们进入第一关：成语故事。

师：老师知道同学们最喜欢听故事了，今天老师就给大家带来一则故事，故事的名字叫《胸有成竹》。在这里老师要提醒大家，要用心倾听，待会儿老师可要提问，答对者要为你们队赢得幸运分的哦！

【师讲故事略】

师：老师故事讲完了，下面就要考考大家啦！请听题，谁能用简单的语言告诉老师，这则故事讲了一件什么事？

厚德斋土星：这个故事主要讲了一个叫文与可的人，他很擅长画竹子，而且平时特别喜欢观察竹子，所以画出的竹子特别像。

师：说得很棒，果然用心去听了。还有要说的吗？

致格轩木星：这个故事讲了文与可画竹子时，他心里已经装着竹子了。

师：说得多好啊！

师：同学们知道文与可为什么画的竹子这么好吗？文与可在自己家的房前屋后种上各种各样的竹子，无论春夏秋冬，阴晴风雨，他经常去竹林观察竹子的生长变化情况，琢磨竹枝的长短粗细，叶子的形态、颜色，每当有新的感受就回到书房，铺纸研墨，把心中的印象画在纸上。日积月累，竹子在不同季节、不同天气、不同时辰的形象都深深地印在他的心中，只要凝神提笔，在画纸前一站，平日观察到的各种形态的竹子立刻浮现在眼前。所以每次画竹，他都显得非常从容自信，画出的竹子无不逼真传神。这就是文与可！我们要向他学习，做一个生活的有心人。

师： 说到这些想必同学们已经知道"胸有成竹"的意思了吧！"胸有成竹"的意思就是：原指画竹子要在心里有一幅竹子的形象。后比喻在做事之前已经拿定主意，做好准备。

师： 谁能用"胸有成竹"说一句话。同学们可以在小队思考交流片刻。

师： 谁来说一下。

致远阁木星： 我胸有成竹地告诉老师，我会用这个成语写句子。

师： 真棒！会学以致用。还有没有？

行知社水星： 这次考试我认真检查了，我胸有成竹地说，考 100 分没问题。

师： 同学们你们真是思维敏捷，每当老师提出问题时，你总能胸有成竹地回答。

师： 磨杵成针，滴水石穿，所有的成功不是一蹴而就的，需要我们日积月累，才能马到成功。下面就让我们展示一下平时积累的成果吧！进入第二关：成语接龙。

生齐： 胸有成竹、竹报平安、安富尊荣、荣华富贵……返老还童。

师： 成语接龙展现了大家的丰硕成果，但是我们每位同学是不是才思敏捷，反应灵敏呢？就让我们进入第三关：成语抢答！

师： 请同学们听题，请你说出带有动物名称的成语。

凌云阁土星： 马首是瞻

行知社木星： 贼眉鼠眼

同济社水星： 羊肠小道

致格轩土星： 虎背熊腰

德馨斋木星： 狼吞虎咽

      ……

师： 带有动物名称的成语太多了，先展示到这儿，没有抢到的请听好下一题，请你说出含有反义词的成语。

睿智园土星： 左邻右舍

行知社水星： 大街小巷

致远阁土星：大惊小怪
同济社金星：异口同声
行知社土星：大同小异
致格轩木星：虎头蛇尾
　　……
师：你们真是太厉害了，带有反义词的成语你们竟然知道这么多，真是令老师佩服，老师这里还有一道题，看看能不能难住你们。请听题，说出带有人体部位名称的成语。
行知社金星：口是心非
致远阁木星：头重脚轻
致格轩金星：心急如焚
凌云阁水星：目瞪口呆
凌云阁土星：手无寸铁
德馨斋金星：胆战心惊
　　……
师：同学们你们真是太棒了，老师要为你们竖起大拇指，你们让老师感到心服口服。那接下来同学们还为我们带来了哪些精彩呢？让我们拭目以待吧！
师：下面让我们一起进入成语第四关：成语乐园！
生齐：指手画脚猜成语，耶！
师：首先请班长抽出四个幸运队，被抽到的队各选出 1 名演技高的同学上台来抽取成语，用一分钟的时间准备，还可适当加一句提示语，让自己的组员猜测，每人表演的时间为一分钟，猜对一题加 20 分，猜错不扣分。
【班长王涵抽出幸运队：行知社、致远阁、睿智园、同济社】
睿智园代表上讲台抽取成语准备，动作表演，组员猜成语。

成语：狼吞虎咽

行知社代表上讲台抽取成语准备，动作表演，组员猜成语。

成语：抓耳挠腮

同济社代表上讲台抽签准备，动作表演，组员猜成语。

成语：东倒西歪

成语展示课

致远阁代表上讲台抽取成语准备，动作表演，组员猜成语。

成语：一本正经

师：紧张而又刺激的指手画脚猜成语这一环节结束了，四个队都准确无误的猜对成语，让我们一起为四个幸运小队分别加上 20 分。

师：同学们，今天，我们一起感受到了成语带给我们的乐趣，其实，在我们的学习生活中，如果用上了成语说话，也能为你增添不少色彩呢！不信让我们试试吧！请同学们思考片刻，用你喜欢的成语说句通顺的话吧！

致远阁水星：星期天我和妈妈去超市，超市里琳琅满目的商品让我眼花缭乱。

师：太厉害了，能用上两个成语，"琳琅满目、眼花缭乱"，厉害！

同济社土星：上周星期天我感冒了，妈妈带我去打针，疼的我是龇牙咧嘴。

凌云阁水星：上课铃响了，同学们迫不及待地走进教室。

师：同学们说得太好了，真是让老师大吃一惊，让老师对你们刮目相看。为你们这么出色的表现鼓掌吧！

师：同学们，成语与我们生活息息相关，在今后的学习生活中，让我们更多地去积累成语吧！让成语丰富我们的语言，丰富我们的学习，丰富我们的生活，让我们的生活五彩缤纷，充满阳光。

十、朗读课堂展示实录

授课年级：三年级　　执教老师：郭晓燕

师：今天老师为大家带来几则有趣的绕口令，咱们来读一读。

生齐：①东边来了一只小山羊，西边来了一只大灰狼，一起走到小桥上，小山羊不让大灰狼，大灰狼不让小山羊，小山羊叫大灰狼让小山羊，大灰狼叫小山羊让大灰狼。

②清早起来雨稀稀，王七上街去买席，骑着毛驴跑得急，捎带卖蛋又贩梨。一跑跑到小桥西，毛驴一下失了蹄，打了蛋，撒了梨，跑了驴，急的王七眼泪滴，又哭鸡蛋又骂驴。

师：绕口令不仅有趣还可以矫正发音部位，促使反应敏捷、用气自如、吐字清晰。经常练习绕口令对提高我们的朗读能力是很有帮助的。今天我们再来上一节朗读课。第一板块：听读在线。

【播放《小摄影师》朗读录音】

师：听完录音，你们有什么想说的？

厚德斋金星：我感觉录音中老师的朗读很流畅，我在前置性学习朗读中经常添字、漏字和重复。

潇湘阁土星：我认为录音中老师读的很有感情。

睿智园水星：录音中老师把高尔基和小男孩的声音读的不一样。

睿智园土星：老师的朗读像在讲故事一样，特别愿意继续往下听。

师：那我们怎样才能像录音中的老师那样把文章读得流利有感情、引人入胜呢？

青云亭木星：我觉得应该把文章读熟练，特别注意不要读错字。

兰若轩水星：我觉得不同的人物要读出不同的语气，高尔基是个成年人，语气应该沉稳些，小男孩应该是稚气可爱的。

师：你说得真好！人物年龄不同说话特点就不一样，当然，还要结合当时的故事情节来推测。

师：让我们进入课堂展示第二板块：小组赛读。

【1. 同学们在小队内交流前置性学习成果，互相听读评价。

　2. 板书评价要求：读音准确，吐字清楚，语气适合，停顿恰当。

　3. 小队长组织本队同学推选队员上台展示。】

师： 让我们进入课堂展示第三板块：各显风采。

淡雅居土星： 大家好！我们是淡雅居小队，我们推举×××同学代表我们小队展示。

【八个小队以此派出代表】（淡雅居、厚德斋、兰若轩、青云亭、惜时社、睿智园、潇湘阁、追梦苑）

师： 每个上台展示的同学都会为小队赢得 30 分，比赛获胜的同学再为本小队赢得 20 分。

【用游戏"剪子、包袱、锤"的方式决定上台展示的顺序。同学们摩拳擦掌跃跃欲试。】

师： 同学们，参加比赛的同学已经站到了讲台上，让我们看看谁能在这次朗读比赛中得到大家的认可。同时，台下的同学们都是评委，你们认真倾听就会有机会为今天的朗读者们投票。朗读比赛开始进行。

【学生朗读展示略】

兰若轩木星： 我认为厚德斋的黄文硕同学做到了读音准确，吐字清楚，我支持他。

青云亭金星： 刚才刘一诺同学在开始读的时候把"……手里拿着一架照相机"一句重复读了两遍。

惜时社土星： 我觉得刘一诺同学有些紧张了，她开始时出现了重复可是后边读得比较流畅。

师： 你们都听得很认真，不仅发现了问题，还找到了问题的症结。老师认为要想克服紧张的毛病还可以把自己想象成是文中的某个人，跟随文中的人物一起或高兴或着急，就能避免过度紧张了。

追梦苑水星： 我还听到胡凯月同学在读"他仔细打量着高尔基，咧开嘴笑了，然后用手指了指沙发，说：'请您坐在这儿看报纸'"这句话时把"然后用手/指了指沙发"错读成"然后用手指/了指沙发"。

师： 嗯，我想很多同学都听到了这处错误，这是什么原因造成的呢？

潇湘阁金星： 我觉得胡凯月同学读得不够熟练，才会出现这种情况，他应该再继续练习朗读。

师：你说的有道理，要想朗读好文本首先要熟练掌握文本内容。老师想提醒同学们，看刚才这句话，"然后用手指"在课本的21页末尾，而"了指沙发"在课本22页开头，也就是说朗读者需要翻页才能把这句话读完整，这样就容易引起失误。以后再遇到这种情况，大家要提前准备，知道下一页写的是什么就不会把句子读破了。

兰若轩金星：老师，我想再读一次这个句子。

【又读了一遍刚才的句子，没有出错，大家都为她鼓掌。】

师：请大家继续发言。

厚德斋水星：刚才刘浩特同学在读第七自然段中"高尔基拿了张报纸，按小男孩的吩咐坐下。小男孩摆弄了很久很久，说：'一切准备停当'"这句话中，小男孩说的话朗读语气过于平淡，因为在这之前高尔基作为有威望的成年人完全听从小男孩的吩咐和安排，配合小男孩的摄影。小男孩在说"一切准备停当"这句话时应该是高兴和信心满满的语气。

师：你分析的有道理，请你来读读这句话好吗？

【该生朗读，其他同学鼓掌表示认可】

师：我们来投票，选出本节课的"朗读小能手"。

【投票评选，评选结束后为相应小队加上20分。】

师：让我们进入课堂展示第四板块：我来挑战。参加挑战的同学，在老师准备的几段文字或者自己的课外阅读中，任意选取一段挑战朗读，只要能做到读准字音、不添字、不漏字、语气适当就视为挑战成功，为其小队加上20分。

【学生挑战朗读略】

教师小结：朗读是一门艺术，有其自身的规律，值得大家去学习和研究。期待下次朗读展示课上大家的精彩表现。

十一、观察课堂展示实录

授课年级：五年级　执教老师：张辉

师：用眼睛去观察，用大脑去思考，用心灵去感悟，用真情去描述。同学们，欢迎大家相聚在五年级三班的"观察 40 分"。根据周目标的安排，多数同学都观察了日出，做了充分的准备。"纸上得来终觉浅，绝知此事要躬行。"现在我们就一起进入观察第一板块——

生齐：多彩图片现生活

师：下面掌声请幸运小队的代表展示。

【本周冠军队队长提前抽取观察课的幸运展示小队。幸运小队通过划拳决出展示队员，队员精心制作课件准备展示。】

行知社水星：大家好，下面我代表小队给大家展示一下日出的过程。大家看，星期天早上四点半我和妈妈来到广场时，小队的同学已经来了四位，此时天刚蒙蒙亮，慢慢地天空变成深蓝色的，接着东边的天空慢慢变红，红彤彤的犹如火烧云一般，接着太阳露出了头，露出的部分放射出金色的光芒，我和我的小伙伴们都被这美景惊呆了，太阳越升越高，天空越来越红，地下的地板砖也反射着太阳的光芒。太阳出来了，照耀着大地，温暖着大地，也温暖着我。我的介绍完毕，谢谢大家！

师：有耕耘就有收获，看潘晓峰一脸的幸福讲述观日出的过程，感受观察给他带来的快乐。

凌云阁火星：大家好，我很高兴为大家介绍日出的过程。刚开始日出时，天空中洒下几缕金光，灰蒙蒙轻纱似的天空中有了一线生机，我仍然感到<u>丝丝</u>寒意。五分钟过后，太阳就渐渐穿过了地平线，可那么缓慢，好似一个不想从被窝中爬起的孩子。渐渐地，太阳越升越高，温度也随之升高，随之，浑身感到温暖了许多。终于，太阳冲破了云层，整个身子发着金色的光芒。给世界万物带来了温暖。新的幸福的一天又开始了！

致格轩金星：大家好！为了让我更好地观看日出，我们一家三口向着泰安出发。下面为大家介绍观察日出的过程——东岳之巅，日出奇观。

周六傍晚，我和爸爸妈妈抵达泰山宾馆稍事休息，准备一览东岳日出之奇观。当我爬到山顶时，周围还是漆黑一片，伸手不见五指。四点多钟，远处天际边出现了日出前的五彩云霞。可我经过一夜的攀爬，眼皮开始打架了，太阳却像一个害羞的小姑娘迟迟不肯露面，我双手合十默默祈祷：太阳公公您老赶紧出来吧，让我一睹为快。终于，在天边，一个红点露出来，这个红点越来越大，最后扩大成一个金黄的半圆。太阳终于跳出云海，人们用欢呼声迎接太阳的大驾光临。太阳出来了，映红了云，映红了脸。瞧！这是我和太阳的照片，爸爸赋诗一句："巨人之手能擎天，梓萌伸手托太阳。"

师： 结果是美好的，过程是艰辛的，三个多小时的车程，漫长而漆黑的徒步登山路，梓萌让我们明白了什么叫不经历风雨怎能见彩虹。

同济社水星： 大家好，下面由我来代表我们队讲述日出过程。四点钟闻铃而起，用最快的速度穿衣洗漱，四点十五分来到观日出点，四点十八分天边泛红，温度21摄氏度，我盼着太阳早点展露笑脸。四点四十分地平线变紫，天空变为深红。四点五十六分天边出现红晕，温度22摄氏度。五点零一分太阳渐渐升出地平线。五点零四分太阳露出1/3。五点零六分太阳全部露出。五点零八分太阳离开地平线，冉冉升起。五点十分云彩渐渐变为白色。五点十二分日出一树高。五点十五分日出三杆，温度22.5摄氏度。我的发言完毕，谢谢大家。

师： 展示组的精彩展示完毕，相信大家肯定收获颇多，现在机会来了，只要站起来机会就属于你。

睿智园土星： 李梓萌同学声音洪亮，落落大方，以后的讲解我要向你学习！

厚德斋木星： 四位同学的讲述各有千秋，我觉得宋亦婷的介绍更胜一筹，她用精准的数字告诉我们日出前后的变化，带给我们不一样的感觉。在以后我也会用数字去说明。

师： 非常好，你很善于学习别人的优点。

师： 我们的观察课是在家长的指导监督下进行的，他们身兼数职，不仅是践行者，还是指导者、评价者，接下来让我们静静地聆听爸爸妈妈的感受。进入观察四十分第二环节——

生齐： 家长在线话感受，耶！

致格轩水星家长： 10月3日凌晨4点半，晓伟就起床了，她对小队一起看日出的活动非常的兴奋。梳洗完毕，五点十分我们从家里出发。外面还是漆黑一片，路上的路灯也不亮，只有零星的几家店铺的灯光在闪烁着。到了电影院，空旷无人，我们来到养鱼池边，晓伟指着天上星星说：妈妈你看，这几颗亮晶晶的星星就像是镶嵌在深蓝色绸缎上的宝石，弯弯的月儿也挂在东边的天空上，它们倒映在水里是多么的漂亮！

观赏的兴趣与周围寂静的环境形成了明显的对比，等了一会，孙芳倩也到了，两人说说笑笑，打破了周围的沉静。陆陆续续又来了几个同学，她们后来又把观赏地点移到了电影院的平台上。站在上面，她与同学一起观察天空的变化，以及云彩色泽的变化。当她看到云彩由黑青色逐渐变为红色又变为橙黄色时非常高兴。

同时她也观察到红红的云彩把天空的颜色染成了两种，一种是淡青色的，一种是深青色的。慢慢地太阳也露出了头，晓伟与同学们欢呼雀跃着。她们开心地感受着太阳从露出一点点到全部出来的过程，感受着太阳由暗红变为火红又变为橙红，以及到后来肉眼不能观看的金色的过程。

通过这次对日出的观察，不但孩子们感受到了日出之美，就连平时忙于工作的家长们在看到壮丽的日出过程时也是一片赞美之声。让家长和孩子同时感受到大自然赐予人类最美的景观，意义重大。

【三位家长感言略】

师：四位爸爸妈妈的发言道出了所有家长的心声，我想请几名同学谈谈自己的感受。

同济社水星：妈妈，谢谢您十一年来给予我的精心呵护，【转身向妈妈深深鞠了一躬，掌声响起】为了我，无论是特色活动，还是各种实践课程，只要提出，您总会积极响应。请您放心，我一定继续努力学习文化知识，力所能及分担你的家务，让更多的快乐写在您的脸上。

德馨社土星：爸爸妈妈不仅为生活奔波，我的爸爸妈妈也十分注意培养我的自理能力，并在过程中给予指导帮助，但我却那么调皮，以后我会坚持自己的事情自己做，不让爸爸妈妈操心，不增加他们的负担，做一个好儿子。

师：听了家长的感言，我内心的触动也是很大的。感动各位家长的支持帮助，感动于同学们实践课程中得以历练。"问渠那得清如许，为有源头活水来。"下面让我们进入第三关——

生齐：声情并茂读文章！

厚德斋火星：大家好！我很高兴为大家展示我的观察日记。

日出东方

外面还是黑漆漆的一片呢，妈妈就叫醒了我。才五点！但为了看日出，我还是起了床，睡眼惺忪的和妈妈前往文化娱乐中心。

路上，没有一点声音。偶尔有一辆车驶过。天上还闪烁着星星，一弯月亮在东方悠闲地踱着步。东方微微泛起了鱼肚白。这座小城还在沉睡。

五点二十五分，到了文化娱乐中心。边晓伟和于瑞珂已经到了。朱曦、邵自成和孙登航也相继来到。这时，东方稍微红了一点，光线亮了一些。打太极的、扭秧歌的人也来了。

东方的云越来越红，像是红颜料在纸上无声渲染。湖面上也倒映着这一片红，波光粼粼的，甚是壮观。无数的鱼"摩肩接踵"地向着太阳升起的方向游去，争先恐后地向东方朝拜。

云又变了。像是有谁给这火红的云勾勒出一条金边，让它显得更美了。接着，金色把红色完全覆盖了，一朵金色的云展现在面前。顷刻，那湖，那树，那人，像是被镀上了一层金，俨然成了一个金色的世界。

六点零八分，从那地平线探出了一点红脑袋。随后太阳一点点地升起来，最后喷薄而出！黎明随之到来。一条在水里铺成的金光大道通往太阳。真是"日出江花红胜火，春来江水绿如蓝"啊！

气温比日出前高了一度，三度。广场上晨练的人多了。路上的车也多了。大街热闹起来了。整座小城在阳光的照耀下苏醒了！

日出东方，新的一天拉开了序幕！

【同济社土星】张老师布置了观察任务后，我们小组迅速行动起来，选择了"种一种"。我们一致同意种蒜苗，在种植之前，我们先上网搜集了种植的方法，有两种——水中种和土里种，为了便于对比，我们分别种了蒜苗，看种在哪里长得快，长得好。同时，我们每天都观察，为此还专门准备了温度计、湿度计、刻度尺，随时测量。通过"种一种"，我们学到了好多知识，比如：温度计、湿度计如何读数及怎样才能让蒜苗保持持续生长等。另外，我们还将观察过程照了下来，请大家欣赏。

【学生展示自己种的一盘蒜苗】

【其他小队展示略】

师：刚才，4位同学向我们介绍了他们的观察过程，同学们听后一定有话要说，展示荣耀，交流自豪。进入观察第三板块：花落谁家。看一看谁是今天的冠军组。

【阅读小组选出代表评价】

睿智园金星： 我认为刚才的展示中，5 队展示的最好，不仅观察日记内容翔实，而且观察的过程叙述的也清楚。既有文字说明，又有图片展示，还有小组同学间的互相交流。所以我们小组认为今天的冠军组非 5 队莫属。

德馨社土星： 我认为 1 队的同学展示的好，因为他们在展示时有详细的网上资料介绍，并且在观察中还有温度计、湿度计的测量，真真正正去动手试验了，这值得我们所有人学习，所以我们小组选 1 队。

【16 个小组长举手表决，选出冠军组】

师： 经过大家的评选，我宣布今天的冠军组是：5 队。我们为 5 队加上 100 分。

师： 我参与，我提高；我体验，我自豪。进入观察第四板块：百花争艳。

师： 下面是全班互动，自主挑战时间，想展示的同学可以展示观察日记，也可以展示资料。根据不同星号为小组加不同分数。请展示的同学主动到讲台上来。

看日出

"日初出大如车盖""日初出沧沧凉凉"，这两句是古人对日初出时的形象描述，初次读到这两句，感觉大自然真是太美了、太神奇了。于是，我下定决心，一定要早起，来观察日出的美丽景观。

今天凌晨五点，我便从热乎乎的被窝里爬了出来。天灰蒙蒙的，周围寂静得很，偶尔从远处传来几声汽车的长鸣。风凉丝丝的，拂过脸颊，竟有一丝惬意，刚才的睡意顿时烟消云散。空气是如此的清新，我不自觉地深深吸了一口气。街道上空无一人，一排排的杨树如敬业的士兵，傲然挺立，陪伴着我前行。

大约过了 20 分钟，我来到了看日出的最佳地点——市府广场。广场上已经人流如潮，有打太极拳的，有跳健身操的，有练剑的，还有跑步的……热闹极了。我可顾不上欣赏这些，我的眼睛目不转睛地盯着东边的天空。只见两条彩带不停地变换长度，大约过了五分钟，彩带逐渐隐身，幻化出一片红。紧接着，透过远处的树丫，我看到了太阳的一点点头，慢慢地就在我眨眼的工夫里，太阳偷偷蹿出了许多，红红的，没有一丝耀眼的亮光，仿佛害羞的小姑娘在和你玩捉迷藏的游戏。又过了 10 分钟，太阳已经爬到了树梢，她俏皮的样子就像一个高傲的公主，在做着演讲，那样自信和从容。

快看啊，今天的太阳真美，又大又圆！跑步的人群被一名孩子的叫声吸引，马上停了下来，齐刷刷地向东看。真美啊！又大又圆的太阳，倒映在波光粼粼的湖面上，再加上路边的白杨树和迎客松，分不清哪是真实景观哪是水下倒影。

半个小时过去了，太阳已高高地挂在天空，放射出万丈光芒，这时再也不能直视她了，我只有静静地享受着阳光照射的那份舒适和快乐。

有太阳的日子天天都有快乐，有快乐的时光天天都有美好的希望，愿人们在大好春光里享受生活，努力工作。

【其他同学展示略】

师：刚才几位同学向我们展示了他们的观察所得，写得认真，观察仔细，并且"种一种""看一看"明白了好多的道理。我相信在座的其他同学也有了自己的收获，读人读事读生活，希望同学们都能在以后的日子里，拥有一双慧眼，认识世界，享受人生。

师：美好的时光总是非常的短暂，相信这一期的"观察 40 分"一定给同学们留下了难忘的回忆。"世事洞明皆学问，人情练达即文章"，希望同学们继续观察，留心生活，做一名有心人，享受生活情趣，提高生活品位。让我们相约下一次的"观察 40 分"。

十二、语文家政课堂展示实录

授课年级：五年级　　执教老师：张书才

师：同学们，按照周目标与课程规划，这节课让我们一起走进家政美食展示乐园。语文生活化，生活大课堂，把生活搬进课堂，同学们分享收获，尽展风采。今天我们有幸邀请到的嘉宾有资深语文教师李老师，美食专家宋老师，他们将对同学们各个环节的表现特别关注并进行点评。另外，我们的课堂上还来了两位特殊的客人——学生家长，让我们掌声欢迎。

【教室里响起热烈的掌声】

师：经过课前小组、小队的层层选拔，本次家政活动中一批优秀选手脱颖而出，他们将在接下来的各个环节，交流自己的成果，展示自己的风采，让我们拭目以待。首先，让我们一起进入家政美食展示第一环节——

生齐：多彩图片现生活，耶！

师：哪些小队将成为今天的幸运小队呢，下面请八个小队的优秀选手到前面来。每两人为一组，采用剪刀、石头、布这种游戏的方式决出胜负，胜者有机会展示。

【学生游戏开始】

我们来看一下结果，取得展示权的是忠信斋、自省斋、慎独阁、致远阁。祝贺以上四个小队首先获得幸运 50 分。接下来再看他们的表现。首先请第一位选手上台展示。

【学生结合照片讲述家政活动过程】

忠信斋木星：大家好，我是忠信斋的木星队员，我们的主旨是：忠诚守信是为人之本。我这次学做的是家庭版的"蚂蚁上树"。下面我结合照片来讲述做这道菜的全过程。需要的材料：粉条 1 把、青椒 1 个、葱末、姜末、蒜末、肉末、豆瓣酱、老抽酱油、鸡精、油、水、花椒等。

请大家看屏幕，先把葱、姜、蒜、肉切成末，再把粉条剪短一点泡好。把青椒切成丁（块），再切一些葱花备用。再看这一张照片，开始上锅点火了，等锅里的水干了，再倒油，放花椒。油热了，再放豆瓣酱。把姜末、葱末、蒜末一起放入，炒出香味后，再把肉末放进去。我炒，我炒，我炒炒炒，我一边唱一边炒，等到肉末炒出香味变色，然后再放上粉条并加水，水刚好和肉平行。继续翻炒，我再炒，我炒，我还是炒炒炒。直到把水炒干了，再放上青椒丁（块）。最后炒上 1 分钟，便可以出锅了。出锅后，再撒上一些葱花，便可以了。看，这就是我做的"蚂蚁上树"，你学会了吗？这道菜的味道还是非常不错的哟！我的展示完毕，谢谢大家。【掌声响起】

师：听了你刚才的讲述，大家都快流口水了！【生笑】请问这道菜你是向谁学的？

忠信斋木星：这是周末妈妈特意带我去姥姥家，向姥姥学的。我姥姥可是家庭大厨，做的菜非常好吃，会做好多菜呢！

师：刚才听了你清晰简洁的讲述，透过你自豪的表情，我想大家一定有话要说。

慎独阁土星：听了孙文迪同学条理有趣的讲述，我不但学会了这道菜的做法，更让我感到她的口语表达能力非常好，我很佩服，要向她学习。

思齐斋木星：我感到孙文迪做事非常认真，并从中体验到了乐趣，让我们感受到她内心很有成就感，所以在展示时非常自信，这是非常可贵的。

师：同学们边听边思，分享自己的收获，真会学习！接下来让我们掌声请下一位同学来讲述展示。

自省斋火星：大家好，我是自省斋队的火星队员，我们的主旨是：吾日三省吾身。今天我向大家讲述一下我做"家常春饼"的全过程。周末我和我妹专门去了新华书店。在二楼找到了关于菜谱的书籍，翻了好几本，可算找到了自己满意的菜，迅速抄到本上。一回到家，我就兴高采烈地给妈妈看了一下我选的这道菜，得到妈妈的肯定。又一次当起了小厨师，心情无比的激动。请大家看大屏幕。

做这道菜需要的原料有：面粉、豆芽、韭菜、鸡蛋2个。先把韭菜择洗干净，切成寸段；再把2个鸡蛋打入碗中，加葱花、盐、鸡精、料酒搅拌均匀。这个可难不倒我，我打鸡蛋的技术可是一流的，从来没有失败过。面粉在盆里加水和好，在案板上撒点面粉，揪成大小相同的剂子，揉一揉，用擀面杖擀圆。我哪里会揪，总共揪了八个，大小还不相同，大家看还特意来了一张特写呢！我自己看了就想笑。再往不粘锅里加少许油加热，将刚刚擀好的饼放进去，大约10分钟左右饼就烙熟了，夹出放在盘子里。呵，香气迷人呀，忍不住尝了一口，真好吃，不错！接下来做菜这一环节，甚是熟练，在平底锅内倒油烧热，加花椒炒香后捞出，淘气的小油点都蹦了出来。再将鸡蛋液倒入锅中翻炒，而后倒入韭菜和豆芽略炒，"啊，啊，啊……"我的手啊，好烫，好烫，我不禁大叫起来，锅沿把我的手都烫红了，小失误。不一会儿，炒好了，盛到盘子里，将菜夹到饼里，卷起来，就大功告成了。我的展示完毕，谢谢大家！

师：虽然春饼的形状大小不一，但肯定味道甚佳。经历是宝贵的，体验才能有成长，让我们用掌声祝贺她的成功。【掌声响起】

【慎独阁水星讲述制作寿司，致远阁土星讲述制作可乐鸡翅，过程略】

师：同学们小小年纪学做菜的过程如此丰富多彩，是老师始料未及的，你们用自己的行动验证了一个事实：潜能无限！当然，你们的精彩表现与家长的支持是分不开的，她们不仅是指导者，还是品尝者、评价者，让我们一起聆听他们的感受吧。进入家政美食展示第二环节——

生齐：情真意切话感受，耶！

明德阁火星的家长：首先感谢老师对孩子全方位的关注，如果不是学校开设家政课，我也不会想到让他做菜。通过这件事，让他能体会到除了学习书本知识外，在生活中去体验学习这也是非常重要的。做完菜，他说："让我真正体验到'看花容易绣花难'的道理。"听到这句话，我感到很欣慰。相信，通过不断地锻炼，孩子们一定会体会到很多他在书本学习中所不能知道的东西，真正促进他们的全面发展。

【教室里响起热烈的掌声】

慎独阁土星的家长：星期天，孩子对我说："妈妈，我要再学做一道菜。"我就答应了。于是我们打开电脑，从中选定了"小炒豆腐"这道菜。

接下来，我们上街，孩子自己买了这道菜的所需材料。回到家他开始张罗着做这道菜，备料切菜，别看姜丝切成了姜条，切的还有模有样的就像大厨一样认真仔细。备好料开始煎制豆腐，等油热后，要往锅里放豆腐块，他说："妈我不敢。"我告诉他从锅边慢慢往里放，就烫不着了，但有一滴油还是溅到手上了，可是他很坚强，继续做这道菜，以下几个步骤还很顺利。等出锅后，端上桌尝了一口，不错，色香味俱全，比以前做的大有进步。听了我的表扬，他高兴地说："我觉得做菜很有成就感很有乐趣，以后我要多做菜。"

看到孩子的高兴劲，特别感谢贵校开设的家政课，几年的培养孩子掌握了生活的技能，还提高了孩子的独立能力，最可贵的是孩子体会到家长的辛苦，从小知道感恩，让我们家长也从中分享到了幸福与快乐。

【教室里响起热烈的掌声】

师：这是致格斋土星的家长发过来的感受，让我们一起来分享一下。

纸上得来终觉浅　绝知此事要躬行

自从学校开了家政课，这让一向"饭来张口，衣来伸手"的女儿喜欢上了做菜。每每我做一道新鲜菜，她总会好奇地向我"讨教"做菜的方法。为此，也积累了不少做菜的秘诀。有时候还会在众人面前夸夸其谈她的那些"理论"；有时逢友聚会，也会亮亮她的拿手菜——西红柿炒鸡蛋。因此博得过很多的赞赏。

周末她兴致勃勃地对我说："妈妈，这次家政课上，我就做那道'风味豆腐'吧。"我一听便笑了。因为菜名是她自己取得。为了让她爱吃还要保证营养这是我独创的一道菜。于是我追问道："这你可从来没有做过，行吗?""先把豆腐切成块，然后，在油里炒好，再放上些西红柿片炖一会儿，最后把打好的鸡蛋放上不就行了吗。"说起来容易做起来可就不一样了。

按照她的要求我备好了原料。中午她就要大显身手了。刚到家她便迫不及待地洗手、系围裙。等一切就绪，炒菜正式开始。第一道工序切豆腐：她拿起刀，迟迟不敢下刀。不知道这第一刀先从哪开始。我心里暗想，豆腐可不比其他的蔬菜，虽然软，要想把它切成均匀小块可不是一件容易事。这时只见她额头上冒出了汗珠，又因为之前夸下海口，所以不好意思向我求助。看到她左右为难的样子我只好主动帮忙。在我的指导下终于把豆腐切成了"小块"。接着又把葱花和西红柿切好，鸡蛋调匀。一切准备好了，就等着开火下锅了。

打开火，倒上油，油熬好就把葱花和豆腐倒上了。厨房随即传来"啊、呀"声，接着是一股呛鼻的油烟味，原来烟机忘开了。再看看锅里的豆腐，已经噼噼啪啪的响个不停。人呢？原来女儿因为害怕油溅到手上已经躲得远远的了。等响声小了，她才敢过来用铲子翻动豆腐，但在底下的那些已经粘锅了。经过一番折腾，她的"风味豆腐"终于做好了。看着女儿兴奋的样子，我也有说不出的愉悦。

我边品尝着女儿的"杰作"，边问她："你从这次家政课中收获了什么？"一听这儿，女儿却一改刚才的兴奋，顿时满脸严肃的样子。郑重其事地说："妈妈，想和做真的不一样。没有做的时候觉得没什么难的，可是真的做起来可就没这么简单了。"听到女儿说出的这番话，我从心眼里感到高兴。因为今天她学会的不只是一道菜，而是一种做事的道理啊。

是啊，无论做什么事，在没做之前的那些道理，就像是背课文一样，虽然能背诵的很熟练，但是没有去做去实践，就如同空想一般。从实践中去摸索总结，你会受益匪浅啊。"妈妈，我以后做什么事情一定要学会谦虚，没有亲自做过的，绝不再夸海口"。女儿认真地说。

家政课的收获可真不少！从每一次的锻炼中总会有不同的感受。更让我欣慰的是看到了女儿的成长。

今天这道菜，女儿虽然做的不怎么好吃，可是我们却吃得津津有味，因为我们从中品尝着别人吃不出来的、更吸收不到的营养！

师：谢谢各位的肺腑之言，您的讲述令我们感受到一种别样的幸福与感动。相信家长们的感受不仅会成为孩子们成长的新动力，还会带给家长以及我们更多启发。

谢谢您的支持！好，进入我们家政美食展示第三环节——

生齐：硕果累累品成绩，耶！

【1. 学生文字表达家政过程与感受。2. 学生家政美食作品】

致格斋水星：大家好，我是致格斋的水星。我来与大家分享自己用文字记录下的家政活动过程与感受。

巧做"红糖糯米藕"

众所周知，藕是天然的保健品、营养品（据医书记载有通窍化瘀功效），身上还有一个个大小不一的孔。某位大师利用了这一点，创造出了一道红遍天下的佳肴，且人人都交口称誉"有创意！"——它就是"红糖糯米藕"。

如果给你 100 克糯米，一节藕，你会做出什么？下面让我来给大家介绍一下"红糖糯米藕"的做法吧！

藕与糯米是最重要的，红糖与枣也是必不可少的，四大主材料，可是"缺一不可"哦！先把糯米泡在水里。趁它们在泡澡，我再把藕那裹着泥的"外衣"脱下来。嘿，这藕不肯脱下来！我只好拿着削皮器，一下一下，将它的"外衣"削下来。真不容易呀！但是，世上无难事，只怕有心人。藕最终还是屈服了。削好皮的藕白白胖胖，这时，泡糯米的水变白了，水少了一些，这些"喝"足水的糯米圆滚滚的，并且变大变软了。下一步，是最关键的一步，也是最难的一步。那就是把糯米填到藕的孔里。唉，我现在真是佩服那位大师了。能沉得住气把那么多糯米填到十几个藕孔中，而且还是填满。

在几次尝试后，我有了经验，把一些糯米撒到有藕孔的地方，然后用筷子把糯米拨到洞孔中。这样，每个孔都会或多或少地进一些糯米。半小时后，终于填满了！我长舒一口气，紧接着又开始下一道工序。我在蒸锅里加入水。一会儿，蒸锅里的水开始沸腾，气泡不停地冒出来。我把藕放进去，又在水中放进一些红糖，到水变成较深的颜色。再放进十颗枣，十全十美，嘻嘻。25 分钟后，"红糖糯米藕"就出锅了！揭开锅盖，一股枣香飘出来，真是沁人心脾。我贪婪地闻着。

接下来要把藕切成片。只见大小不一的洞中嵌满了被染红了的糯米。红糯米没有丝毫跑的迹象。我把藕切片，一片片斜着摆放到盘里，又将红糖汁浇到上面。经过灯光的照射，无论在"香"还是"色"上，它显得更加诱人了。下面要看味道如何了。咬一口，啊，藕不软不脆，有一种清香感，再加上糯米的黏，红糖的甜，算得上美味了。

我成功了，心里无比的高兴与自豪。

师： 大家听了她用风趣幽默的语言，将红糖糯米藕的制作过程形象生动地展现在我们面前，你的内心有什么感受呢？请谈一谈。

明德阁土星： 她在做事的时候不但认真对待，在记录感受时充分展开了想象，写出了自己的心理活动，这是很值得我学习的地方。

致远阁水星： 从中我听出了做事要有耐心，遇到任何困难都不要退缩。

【其他学生习作分享略】

师： 同学们精彩的展示结束了，我们请特约嘉宾李老师对同学们的表现进行点评。

李老师： 今天我非常荣幸参加大家的这次家政美食展示课。大家的表现令我非常惊讶与高兴，让我有很多的收获与感悟。功夫在课外，在平时的积累与锻炼。综观以上各环节，同学们无论以什么方式呈现自己的家政活动过程与成果，都表现得异常精彩，语言表达条理清晰，生动有趣，让人听后快乐无比。其次，展示荣耀，交流自豪，体验成长，收获自信，已充分展现在你们的言行之中。另外，同学们不仅提高了能力，体验到了快乐，还悟出了许多道理，向同学们表示祝贺，希望大家再接再厉！你们是当之无愧的"家政小能手"。

【掌声响起】

师： 谢谢李老师！每位家政小能手为本小队赢得 100 分。祝贺他们！【掌声响起】又到了激动人心的时刻了，下面请同学们呈上自己的菜肴，接受美食专家宋老师的评价。

【嘉宾宋老师根据既定的色香味俱全标准，评选优秀菜肴，也就是该环节的家政小能手】

师： 向本环节荣获家政小能手的同学们表示祝贺！为本小队赢得 100 分。【掌声响起】进入家政美食展示最后一下环节——

生齐： 美食联欢享快乐，耶！

【为各环节选出的"家政小能手"颁奖，快乐大联欢——品菜，留影】

师： 同学们，纸上得来终觉浅，绝知此事要躬行。生活是我们的老师，生活是学习之源，走进生活，学会生活，就会带来意想不到的人生收获。一节课匆匆而过，同学们在快乐中度过收获的四十分钟。感谢嘉宾、家长的参与，让我们共同期待下次家政展示！也期待同学们能有更多的收获，更精彩的表现！

十三、语文科普《会吃鸡蛋的瓶子》课堂展示实录

授课年级：四年级　　执教老师：唐永霞

师： 同学们，科学的发展推动着人类的进步，科学技术每天都在改变着我们的社会生活，所以学科学、爱科学、懂科学已成为我们每个人的必备素质之一。今天这个科普实验非常有趣，它的名字是——

生齐： 会吃鸡蛋的瓶子！耶！

师： 一听名字就非常有趣。周日让同学们在家动手做实验，现在都准备好了吗？

生齐： 准备好了！

师： 下面让我们进入科普展示第一个环节——

生齐： 精彩瞬间话实验！

师： 李博源同学在周日把自己做实验的过程让妈妈用手机拍了下来，一是可以拿来与大家分享，二是可以作为童年生活的美好记忆，真是两全其美！下面就请李博源同学上台展示自己做实验的过程！

【多媒体出示：精彩回眸话实验。具体要求：态度自然、声音响亮、语言生动、叙述条理】

师： 在众人面前，把自己做实验的过程展示给大家，并能有条理地叙述下来，这就是语言表达能力的训练。请同学们结合以上四项具体要求，认真倾听，然后才能给展示的同学正确的点评。下面请开始展示。

自省社水星： 请同学们看第一张图片，这是我准备的实验器材：这是我爷爷烫酒用的烧杯，这是一个煮熟的、剥了皮的鸡蛋，这是点火用的打火机和纸条。第二张图片是用打火机点燃了纸条放进烧杯里，不知怎么的，纸条好点，但一扔进烧杯里就灭了，只剩下一缕黑烟。这是第四回才点着的。一会儿，我马上把鸡蛋放到烧杯口上"让它吃"，然后一眼不眨地望着鸡蛋，说来也奇怪，我等了约有三分钟吧，这鸡蛋也不见往下吞，正在我失望的时候，唉，鸡蛋开始慢慢往

下降，我一眼不眨地望着它，大叫着："妈！妈！快看啊！瓶子吃鸡蛋啦！瓶子吃鸡蛋啦！"妈妈飞快地跑来，以为发生了什么大事，说来也奇怪，自从妈妈到来之后，鸡蛋就再也没被瓶子往下吞，始终停在瓶口，妈妈说是被我喊声吓住了！大家看，我的实验做到这里，不算很成功！

【同学们响起热烈的掌声】

师：刚才李博源同学利用图片和我们分享了他做实验的过程，哪个同学来点评他刚才的讲述？

思齐亭土星：李博源同学在讲述做实验的过程中，能做到站姿端正，态度大方，语言生动，叙述条理，唯一不足的就是声音小了一点儿。

自省社水星：下次一定改正。【鞠躬致谢】

师："科学的真知来自实验的证实，我们动手操作的本身就是对科学知识的验证。实验总会有成功和失败，这也正是科普实验的魅力所在！李博源同学只做成了一半儿，其他同学做的怎样？相信会有很多同学都想诉说，下面进入科普课第二个环节——

生齐：声情并茂读化文！耶耶耶！

【多媒体出示：声情并茂读化文。朗读要求：声音响亮，叙述条理，朗读正确、流利、有感情】

师：下面请同学们通过抽签的方式选出四个幸运小组代表展示。开始！

【学生通过剪子、包袱、锤游戏的方式抽取幸运小组】

师：这是四个幸运小队选出的代表，请根据提示要求朗读自己的实验化文，下面请同学们认真倾听，他们是否达到了朗读的要求。
　　思齐亭小队水星薛卓佳同学朗读自己的化文。

有趣的实验——会吃鸡蛋的瓶子

　　按周目标的要求下周又要上科普课了，这可真是令人振奋的事情，因为我们又可以做科普实验了！这个实验光听名字就让人很兴奋——会吃鸡蛋的瓶子！奇怪吧？于是在周日我就按校本教材上的要求自己在家做起来了，做的怎样？请慢慢听我道来。

　　这个实验需要的材料不多，一个瓶子，一个煮熟的鸡蛋，一个打火机，几根细条卫生纸，很简单，一共四样！说做就做，瓶子好找，我随手拿了一个爸爸刚喝完的啤酒瓶，鸡蛋也好说，让妈妈早晨做饭时多煮了一个，把卫生纸撕成细条预备好，打火机家里有，一切准备就绪，我抑制不住怦怦直跳的心，小心翼翼地拿火机把卫生纸点着了，迅速扔进酒瓶里，说来也怪，一扔进去火就灭了，直冒烟，我一连扔了三次，到瓶里就灭。真是出师不利啊！什么原因呢？望着瓶子里未燃尽的纸条我发了一阵呆，莫非啤酒瓶子太高？可能是吧，于是我又换了一个低矮的白酒瓶，很顺利，我一连扔了三根纸条都能在瓶内烧完，随即我就将剥了壳的鸡蛋放到了酒瓶口，然后就目不转睛地望着鸡蛋，希望它马上被瓶子吞下去。说也奇怪，鸡蛋丝毫也没有动的迹象，我一连看了五分钟，十分钟，它丝毫不动！看来我的实验失败了。

失败乃成功之母！我立即拿过校本教材仔细阅读，对照自己的做法寻找失败的原因。仔细读了好几遍也没有发现可疑的地方。于是我就拿过瓶子和鸡蛋仔细看，哦！我突然明白了，我的这个鸡蛋比酒瓶口要大很多，这就是原因吧。于是我又重新找了一个较小的鸡蛋剥壳以后刚好能放在瓶口不漏下去。当我又一次点燃了纸条放了三次，飞快把鸡蛋放在瓶口时，我的心都快蹦出来了！我目不转睛地望着鸡蛋，开始还是不见动静，正当我失望之余，突然发现鸡蛋下端逐渐拉长，拉长，椭圆形的鸡蛋都成了长的了！我激动的嘴巴张得都快闭不上了，马上成功了！突然鸡蛋扑达一下断为两截，里面居然流出了鸡蛋黄！这是个糖心的鸡蛋！这是意想不到的！随即上面那块也掉了下来。我惊喜地大叫起来，成功啦！成功啦！可惜家里没人和我分享！

也许是尝到了成功的甜头，我以后又做了两次，只成功了一次。还是那个瓶子，差不多大小的鸡蛋，同样的操作，为什么不一样的结果？我思考了很久，得出这样的结论：在外界大气压相同的情况下，纸条燃烧越充分，瓶内的气压就越低，对鸡蛋的"向下吸力"就越大；还和鸡蛋的大小、鸡蛋的熟透程度有关，鸡蛋越小，鸡蛋煮的越嫩就越好吸，相反鸡蛋个越大、煮的过老就会阻力大，更不容易成功。

通过这个实验，我不仅学到了科普知识，还懂得了做事失败要寻找原因，认真分析道理，真是受益匪浅！我爱做实验，你做成功了么？

【全班同学响起热烈的掌声】

师：薛卓佳同学的实验过程真可谓精彩。她不仅做成功了实验，还分析了失败的原因，这种不甘失败、善于动脑的做事态度最值得我们学习！请下一位同学与我们分享他做实验的经过!

【三名同学朗读自己的实验化文略】

师： 刚才四名同学分别与我们分享了他们做实验的经过，既有成功的惊喜，也有失败的遗憾! 还有自己的感悟，真是收获多多! 俗话说，百闻不如一见，大家不妨再大显身手重做一次，再体验一下那心跳的感觉如何? 好，让我们进入科普课第三关——

生齐： 激动人心现奇迹。

【全班分组做实验，教师巡视指导、观察】

师： 同学们，大家做的实验怎样? 都成功了吗? 哪个组的代表来说说实验的情况?

致格轩土星： 我们小队做得很顺利，只做了一次就成功了。张武略点燃了纸条迅速扔进了瓶里，燃尽后，刘家硕马上就把熟鸡蛋放在了瓶口上。刚开始看不出往下沉，大家很着急，都想放弃重做，多亏了张佳慧沉住气，后来就看出下沉了，越来越明显，最后成功了。

师： 看得出你很开心，祝贺你! 能说说你当时的心情吗?

致格轩土星： 做实验时有些紧张，很担心做不成。成功的那一刻我很激动! 做实验就是把理论变为现实，真实现了!

师： 通过本小队做实验，你能得出什么感悟?

致格轩土星： 我想我们小队做成功了实验，是因为我们小队队员之间的团结协作，是大伙共同的智慧!

师： 说得真好! 团结就是力量! 这就是我们组织化合作的核心。下面哪个同学再分享一下实验的经过?

惜时阁土星： 我们不幸运，一直点了很多回，一放到瓶里就灭，鸡蛋放上了两次都没见动，所以实验很失败!

师： 实验失败这是正常的，谈谈你的感受?

惜时阁土星： 这个实验在周日我自己在家做成了一次，这次很期待，感到很是奇怪。

师： 科学的魅力就在于创造，实验的过程就是我们动手创造的过程，结果成功与否都是次要的，主要的是我们在这个过程中的思考、感悟和成长。我们做了这个实验，不只能图个有趣好玩，这个实验的原理是什么? 在生活中还有哪些案例? 下面让我们进入科普课第四个环节——

生齐：学以致用是根本。

师：请哪位同学说说这个实验的科学原理？

梅若斋水星：这个实验的科学原理是利用大气压。当瓶子口敞开的时候，瓶子里的大气压和外界的大气压都是一样的。当我们把纸条放在瓶内燃烧的时候，就把瓶子里面的氧气燃烧了，瓶外的大气压就会大于瓶内的大气压，当熟鸡蛋放在瓶口的时候，外界的大气压就会将鸡蛋压进瓶里，看上去就是瓶子吃鸡蛋了，我的发言完毕。

【同学们响起掌声】

师：闫雨欣同学刚才说出了这个实验的原理。大气压原理无处不在，在生活中有哪些应用呢？谁来举个例子？

致格轩金星：农民伯伯春天里用抽水机浇地，抽水机就是利用了大气压的原理。

师：朱瑞珏同学说的这个事例很好，抽水机设计的原理就是利用大气压造成压力差把水抽上来。谁还能再举个事例？

自省社水星：妈妈每日给自行车打气儿，打气筒就是利用大气压原理。

睿智园土星：妈妈每天要打理新烫的头发，她就是利用大气压原理从瓶里往外压出保湿露。

思齐亭木星：赵伊冉一说我想起了很多事例，妈妈用的香水瓶，夏天里灭蚊子用的枪手。

师：刚才同学们说出大气压在生活中的广泛应用，利用大气压原理的生活事例无处不在。学科学，懂科学，用科学，我们的生活离不开科学，让科学服务我们的生活！

十四、语文地理《爱我家乡》课堂展示实录

授课年级：一年级　　执教老师：边冬梅

师：同学们，乐陵是我们的家乡，它地处鲁西北平原，是闻名中外的金丝小枣之乡。8、9月间，走进乐陵，在村庄，在田野，在弯弯曲曲的小路两旁，到处是坠满红玛瑙般果实的绿枣树。它们有的如钢筋铁骨般的大汉，有的如亭亭玉立的少女，也有的如驼背弯腰的老人……站在枣林观光塔上，50万亩枣林一望无际，

绿波涛涛，红浪滚滚，如同面临红绿相间的海洋，构成了一幅迷人的枣林风光图，令人心旷神怡！更令我们骄傲自豪的是我们乐陵还出了一位大人物——宋哲元将军，他酷爱读书，生活俭朴，作战勇敢，是我国著名的军事家、抗战名将！下面，哪位同学能说一说你对我们乐陵的了解。

自省社土星： 我知道我们乐陵有一个市府广场，那里很大很大，每到周末的时候，爸妈都会带我到那里锻炼身体。

思齐亭木星： 去年的时候，我和爸爸、妈妈还有妹妹去过万亩枣林，枣子正熟，可好看了，我们一家还登上了观光塔，在塔上，能看到大片大片的枣林。

睿智园水星： 我家小区附近有一个元宝湖，湖里有许多红色的可爱的小鱼儿，可漂亮了！

……

师： 听了几位同学的发言，老师真高兴，没想到同学们年龄不大，对咱们乐陵的了解还真不少！让老师感受到了同学们对我们的家乡乐陵的热爱之情！今天这节地理课，我们依然谈乐陵！下面，进入第一板块：爱我家乡。上周，我和几位同学的家长搜集了几首赞颂我们乐陵的诗词，并让同学们进行了背诵。下面，各小队分别上台展示一首诗词。

追梦苑土星： 大家好！我是追梦苑队的队员，接下来，由我们小队的同学为大家展示《颂乐陵》。

【展示完毕，大家给予掌声。展示组同学鞠躬并说"谢谢"】

【其他小队展示，所背诗词不同】

师： 背得真不错。老师期待着有一天我们班的同学们也能写一首诗，表达自己对家乡的热爱之情！下面进入第二环节：足行枣乡。

通过了解，老师知道了上周周末，同学们按照老师的要求在爸妈的带领下认识了我们乐陵的主要中小学校。接下来，老师非常想听一听大家在"足行乐陵"过程中的所见所闻，所感所想。下面，我们请出本周的进步之星抽取为大家展示的幸运小队，看今天花落谁家！掌声有请进步之星——致格轩金星田伟鹏同学。

【田伟鹏同学上台抽取幸运小队】

致格轩金星： 我抽取的幸运小队是惜时阁小队。

师： 祝贺惜时阁小队的同学们，你们赢得了今天的展示机会。期待你们的精彩展示！

下面掌声有请惜时阁小队的同学闪亮登场。

【温馨提示：（1）站姿标准，（2）仪态自然大方，（3）声音适中，（4）讲述比较清楚。】

惜时阁土星： 大家好！我们是惜时队的队员，我们队的主旨是：一寸光阴一寸金，寸金难买寸光阴！【各队员分别作介绍】

惜时阁金星： 上周六上午，爸爸开着车带着我和妈妈分别去认识了安居小学、第三中学、实验中学、第一中学，出了我们小区顺着东环大道向南，一会儿就到了第三中学，学校门口右边有一个图形，上面有各种颜色，特别漂亮。爸爸告诉我：那是个地球仪的图案，为了便于认识地球，人们仿造地球的形状，按照一定的比例缩小，制作了地球的模型仪——地球仪。我很喜欢，心里想：地球真大呀！回去我让爸爸给我买一个地球仪，去学习更多的知识。离开三中，爸妈又带着我认识了其他三所学校。那天，我很高兴，因为我知道了四所学校的位置。

惜时阁木星： 上周六下午，妈妈用电动车带我参观了四所学校——阜盛小学、安居小学、实验中学、第一中学。出了家门，妈妈提议，先去离我家最近的安居小学，也是我叔叔家弟弟读书的学校，我很高兴。妈妈告诉我，先向南走，再向西拐就是安居小学，在路上，妈妈还教我认识了方向。到了安居小学，我发现安居小学的校园比我们实验小学的大，但是整个校园比校外的大街要低很多，听妈妈讲，下大雨的时候，整个校园就成了一个大湾，水很深，只有用抽水机去抽，有时候要等水抽干净后学生才能上学。然后，我们又向东走，认识了阜盛小学的位置，离开阜盛小学，我们又去了实验中学和第一中学，路上，妈妈一直在考我识别方向，还不错，对于妈妈的提问我的回答完全正确，这是我那天最高兴的一件事！

惜时阁水星： 上周日上午8点，妈妈开车带我去参观了三所学校——阜盛小学、安居小学、实验中学。因妈妈班上有事，就没去第一中学。出了我们小区，我问妈妈我们这是向哪个方向走，妈妈提示我背背语文课本上的小短文《东西南北》，我小声背诵，高兴地告诉妈妈这是向北走，妈妈也很高兴。不一会儿，我们向东一拐弯，就来到了实验中学，我发现实验中学里有很多楼房，妈妈告诉我，实验中学就是原来的第一中学，第一中学搬到新校区了，这里就成了实验中学，经过门卫同意，我和妈妈到校园里转了一圈，看到校园非常整洁，我还看到一些老师正在办公室里工作，心里想：老师真辛苦！离开实验中学，我们又一路向南，参观了两所小学，我发现这两所小学都不如我们的学校漂亮！

惜时阁土星：周日上午，爸爸开车带着我和妈妈、妹妹帮我完成老师布置的地理作业——认识我们乐陵城区的四所学校。从盛泰名都花园小区，我们向南、向东先去了第三中学，在画有地图的大门口，妈妈给我和妹妹照了一张相片。接着，爸爸开车带着我们一直向南走，大约过了 5 分钟的时间，我们来到了阜盛小学。听爸爸讲，这里就是他的母校——四中，现在已搬到老一中那儿去了，就是现在的实验中学。在学校大门口，妈妈还给我和爸爸、妹妹合了一个影呢！离开阜盛小学，我们向西、向北参观了安居小学，又向南、向西来到了我最想去的学校——新一中。在学校门口我们下了车，哟，好大的大门啊！以前从没有看到这么大的大门，再往里看，校园干净极了，整齐的楼房一排接一排，我还看到了绿绿的小草和美丽的鲜花。远处，好像还有一座小拱桥，真漂亮啊！妈妈告诉我，这里曾经培养出了许多优秀的学生。妈妈问我：将来想不想来这里读书，我兴奋地点点头。一定好好学习，争取考上新一中！最后，我们一家人恋恋不舍地离开了这里。

惜时阁土星：我们的展示完毕！【齐鞠躬】

师：听完展示组同学的汇报，老师真为他们高兴。因为通过认识参观学校，他们有了这么多的收获！今后，老师希望大家利用各种形式，例如：网络、书籍、请教家长老师、到家乡的各处走走转转，更多地了解我们的家乡乐陵！老师更希望同学们从小努力学习知识与本领，长大后用智慧把我们的家乡建设得更加文明、和谐、美丽、富饶！

十五、数学阅读《平行与相交 》课堂展示实录

授课年级：四年级　执教老师：韩玉珍

【教学目标】

1. 使学生进一步认识直线、线段、射线。知道三者之间的联系与区别。渗透事物间相互联系和变化的观点。

2. 培养学生关于线段、射线、直线的空间观念。

3. 感受数学与生活的密切联系，培养学习数学的热情。

4. 让学生在具体情境中认识同一平面上两条直线的位置关系：相交、平行。

5. 会用直尺、三角板画垂线和平行线。

6. 让学生体验把生活问题抽象为数学问题的过程，通过丰富多彩的探索活动，进一步培养学生的观察能力、空间想象能力和动手操作能力。建立垂线和平行线的空间观念。

【知识要点】

1. 认识平行线。

2. 两条直线的位置关系。

3. 平行线的画法。

4. 认识垂线、垂足。

5. 过一点会画已知直线的垂线。

6. 两点间的距离。

7. 点到直线的距离。

8. 利用平行线和垂线解决生活中的问题。

【相关旧知】

立体图形、平面图形以及线段、射线、直线、角的有关认识。

【问题导航】

1. 你能在学过的立体图形或平面图形中，找出任意两条线，说一说它们之间的位置关系吗？

2. 怎样画已知直线的平行线？生活中哪些地方存在平行与相交的现象？

3. 两条直线在什么情况下互相垂直？过一点，你会画已知直线的垂线吗？在生活中有哪些垂直的现象？

4. 线段的特征是什么？怎样测量一条线段的长度？连接两点之间的线，你有多少种画法，你认为哪条线段最短？

5. 从直线外一点画几条不同的线段（其中一条是垂线）与这条直线相交，你认为哪条最短？

6. 你能举出生活中应用"两点之间线段最短"和"点到直线的距离"的例

子吗？

【前置性学习】

1. 在生活中找到你认识的立体图形（正方体或长方体），观察图形中两条线的位置关系。

2. 用硬纸片制作你认识的平面图形（如：三角形、长方形、正方形、梯形、平行四边形、菱形、五边形、六边形等），指一指图形中的线，观察任意两条线的关系，再把它们画在 A4 纸上，把每条边无限延长，观察两条线的位置关系有没有变化？与家长一起上网查询了解平行线的相关知识，用语言准确描述一下。（所制作图形的大小要适中，课堂展示时必须让所有同学看清）。

3. 折一折：把一张长方形的纸，对折两次再打开，你发现了什么？把折痕用直尺画出来，观察这几条折痕的位置关系。量一量，它们的长度。（渗透长方形的两组对边平行且相等）

4. 做一做：利用方格纸或条格纸，画一组平行线。

5. 画一画：画一个 9 行 10 列的点子图，在点子图上画出一组平行线。

6. 用自己的语言说一说什么是平行线。（注意：在同一平面内）找一找生活中的平行现象。

7. 想一想：两条直线相交成直角时，我们可以说这两条直线（　　　），其中一条直线是另一条直线的（　　　），两条直线的（　　　）叫作垂足，用（　　　）表示垂足。

8. 找一找：

①在学过的平面图形中互相垂直的两条边；

②在汉字中找出互相垂直或互相平行的线段；

③生活中的垂直现象。如：高压线与电线杆互相垂直。

9. 画一画：利用三角尺、量角器画一组垂线。在方格纸画一组垂线。在点子图上画一组垂线。

10. 做一做：

①过直线上或直线外一点画已知直线的垂线；

②通过给一条直线画两条垂线，我发现了（　　　）（渗透已知直线的所有垂线都互相平行）。

11. 从直线外一点向直线画几条不同的线段，观察哪条线段最短，然后分别测量各条线段的长度，我的发现是（　　）。

12. 小游戏："抢凳子"。

……

红点表示四个小朋友，蓝点表示小板凳。它们的位置如上图。想一想，谁最有可能抢到板凳？这样公平吗？

13. 找一找：生活中应用"两点间的距离"和"点到直线的距离"的例子。

14. 通过梳理本单元知识体系你有哪些收获，又有哪些困惑？

【组织化合作】

1. 自主合作：学生按照老师提供的前置性学习卡自主学习，梳理本单元的知识体系。【自主学习形成第一个知识高地】

2. 学生与家长合作：学生在梳理知识体系的过程中，如果遇到困难可以通过请教家长来解决。然后把自己梳理的知识体系讲给家长听。如果家长有更好的建议，再完善自己梳理的知识树。也可以通过上网搜集相关资料来解决问题。

3. 生生合作：自己在前置性学习的过程中，可以与组长或自己小组内的其他同学通过电话交流。【组内合作形成第二个知识高地】

4. 师生合作：碎片化指导。老师利用早到校、课间、路队时间了解学生的前置性学习情况。比如，哪些学生对本单元的知识掌握得好，哪些同学哪个知识点掌握得不好。也可以通过飞信与学生沟通。重点难点部分老师录一段音频，发到班级微信群里。

个性化指导：对学困生老师重点指导。【如，李×等】

【课堂展示】

第一板块：小组交流。

师：同学们都梳理了《平行与相交》这一单元的知识体系，（板书课题）下面进入我们课堂展示的第一板块：组内交流。

【学生起立，组内交流，老师巡视指导】

【交流要求】

1. 按金星、木星、水星、火星、土星的顺序，让小组内每位同学都说说自己梳理的知识体系。

2. 交流时间大约 6 分钟，交流时声音尽量控制在组内成员听见即可。

3. 通过交流，小组长把组内的成果和问题进行整理、记录。选出本队展示的队员，以备展示。

第二板块：成果展示。

师：【击掌三下，同学们身坐正】哪个小队将成为我们今天的幸运小队，我们拭目以待！【值日班长抽签决定展示小组，记分员差异积分】。

值日班长：思齐亭

生齐：耶！【抽到的小队队员欢呼起来，其他同学把羡慕的眼光投向了思齐亭小队的队员】

师：给思齐亭小队加上幸运 50 分。请问思齐亭队的队长，今天你队派出的展示队员是谁？

队长：火星队员吕昭硕

师：掌声请出吕昭硕（教室里响起热烈的掌声，老师在黑板上给思齐亭小队加上 50 分）

火星【展示组】：大家好！我是思齐亭的火星队员，下面由我为大家展示《平行与相交》这一单元的知识体系。这一单元的知识点有：平行、相交、点到直线的距离。

首先，让我们从平行开始复习。大家看，我手里拿的这个长方体，【边指边说】平行是什么呢？在同一平面内，不相交的两条直线互相平行。其中一条直线是另一条直线的平行线。【手指不在同一平面内的两条边】这两条边就不平行。我们知道了什么是平行，如果让我们自己来画一组平行线，应该怎么画呢？【老师发现有没坐好的学生，走过去轻轻地拍了拍他的肩膀】画平行线可以借助直尺、点子图来完成。借助直尺有两种方法。第一种：把直尺放好，然后握住两支铅笔，让其中一支铅笔贴在直尺边缘上，之后画出。【边说边在黑板上作图】第二种：用一支铅笔在尺子的两边画。因为尺子两边本身是平行的。我们还可以利用点子图来画。【边说边在点子图上画平行线，老师发现有两名同学窃窃私语，目光示意他们认真听】

【火星队员继续展示】通过本单元的学习我还知道了过直线外一点 A 画出已知直线的平行线。首先，把直尺与直线对齐，然后用三角板的一条直角边与直线重合，另一条直角边与点 A 重合。直尺沿着点 A 所在的直角边平移，画出平行线。【你的直尺没和直线重合，突然一名学生说话了，老师示意让展示的同学继续展示】

【火星队员继续展示】知道了平行线的画法，我们再来看平行线在生活中的应用：马路上的斑马线是平行的，黑板对边是平行的……生活中有好多好多平行的现象！【这时下面的同学开始说自己生活中发现的平行线，老师对着下面的同学做了个暂停的手势，展示组队员继续展示】

相交有两种情况：不垂直和垂直。在同一平面内，两条直线形成交点，说明这两条直线相交了。两条直线相交成直角，叫作互相垂直。其中一条直线是另一条直线的垂线。两条直线的交点叫垂足。生活中有这样的实例。例如，十字路口是垂直的，两块瓷砖拼起来中间的缝与相邻的边是互相垂直的……【还有很多互相垂直的现象呢，下面的同学纷纷说自己发现的生活中的垂直线象，老师又对着大家做了个暂停的手势】

火星【展示组】： 我们再来看两点间的距离和点到直线的距离。两点间的距离指的是：两点之间线段最短，线段的长度叫作两点间的距离。【展示同学在黑板上画出一条线段】我们再来看点到直线的距离。从直线外一点到这条直线所画的垂直线段最短，它的长度叫作点到直线的距离。生活中也有这样的实例。大家都测量过身高吧？其实，如果把我们的头看作一个点，把脚与地面看成一条直线，我们测量的就是点到直线的距离。【同学们频频点头，一个学生叫出声："我怎么没想到呢，每年我都在墙上做一个标记，看我又长高了多少？"】这就是我们小队梳理的《平行与相交》的知识体系，我的展示完毕，谢谢大家。【行鞠躬礼】

师： 刚才吕昭硕把自己梳理的知识体系展示给大家，在过程中大部分同学们听得很认真。但有几个同学手在下面做小动作，走神了，希望接下来的时间大家有更好的表现，下面先请自己小队的队员评价一下吧！

土星【展示组】： 吕昭硕基本上能把我小队的前置性学习成果展示出来，声音洪亮，自然大方，并注意在展示的过程中与全班同学目光交流。不过他在展示的过程中语言不够规范，有的知识点没展示清楚，作图也不是很规范，不过我认为他的表现已经很棒了。【小队内其他同学不约而同地鼓起掌来】

火星【展示组】：谢谢大家。【回到自己的座位上】

师：思齐亭小队内还有补充吗？

金星【展示组】：在作图的过程中他展示用直尺画平行线的时候，应该先拿着直尺让同学们看一下，大家看，【拿着直尺环视大家】直尺的对边本身就是一组平行线，我们可以直接用直尺画出一组平行线，然后再在黑板上画出来，作图时还要提醒大家直尺不要动，否则画出的线就不一定平行了。

师：好！还有补充的吗？

水星【展示组】：我们小队没有补充的了。

师：其他小队有补充的吗？【其他小队的队员纷纷举手】

追梦苑木星：我来补充关于平行线的画法，也可以利用直尺（平移）来完成。两把直尺，一把横着放，一把竖着放。让竖着放的尺子的边缘贴在横着放的尺子上。
【边说边在黑板上展示】

自省社金星：运用三角板和直尺一起完成。首先用三角板画出一条直线。然后用直尺与三角板对齐（一条直角边），平移画出。

师：这样画和刚才吕兆硕展示的第一种平行线的画法有区别吗？

生齐：没有区别。

师：平行线的画法有很多种，我们可以选择最简单的方法。

睿智园金星：我来补充，我们也可以利用格子图来画，也可以用折一折的方法来画。
【大家请看，我手中是一张长方形的纸片，对边对折再对折，这两条折痕就是一组平行线】

致格轩火星：在展示的过程中，他落下了一个知识点。垂线的画法。过直线外一点作这条直线的垂线。【上台展示】我们先要用三角板与直线对齐，平移到点上。然后过这个点画出直线，别忘了标垂直符号。

致格轩土星：不对，这样展示语言不严谨。应该说过直线外一点作已知直线的垂线时我们可以用直尺和三角板来完成。首先我用直尺的边和已知直线重合，再用三角板的一条直角边与直尺的边重合，然后平移三角板，当三角板的另一条直角边与点重合时，过点沿直角边画直线即可。【边讲解边作图】

梅若斋火星：不用直尺也能过直线外一点作已知直线的垂线。【上台展示】三角板的一条直角边与已知直线的边重合，然后平移三角板，当三角板的另一条直角边

与点重合时，过点沿直角边画直线即可。【边讲解边作图】

师：数学语言有其严谨性，作图要规范，这样展示大家是不是更明白？把掌声送给他，队长要记好本队发言的人员，加上相应的分数。大家还有补充的吗？

敏学居水星：第二种方法更简单一些，我认为越简单越好，简简单单学数学嘛。

生：哈哈！

敏学居土星：还有一个知识点是过直线上一点作已知直线的垂线。首先用三角板的一条直角边与这条直线对齐。然后平移到点上，画出垂线。别忘了标出垂直符号。

自省社土星：点到直线的距离的画法这个知识点展示小组没展示吧？

空竹亭水星：对，这个知识点落下了，老师我想请我队的金星队员李雪航来展示。【同学们的目光集中到李雪航身上，李雪航怯怯地站起来，他的队长握了一下他的手，教室了响起一片掌声，他走上讲台】

追梦苑金星：在前置性学习时，我做得不对，在队长的帮助下我学会了，下面我就展示给大家。我们先要用三角板的一条直角边与直线对齐，然后将另一条直角边平移到点上。最后过这个点画出直线，别忘了标垂直符号。这条垂直线段的长度就是点到直线的距离。【展示语言不够流利，声音小，但方法是对的。教室里爆发出鼓励的掌声，他兴奋地走下讲台】

师：李雪航同学用了先……然后……最后……多有条理呀！

睿智园木星：我发现在我们的生活中，还有很多的平行和垂直现象。比如，我们学过的汉字：中、国。既有垂直又有平行。【把自己事先写好的汉字指给大家看，边指边说哪是平行线，哪两条边互相垂直】

惜时阁木星：我们学过的英语字母中也有这种现象。【学生纷纷在字母和汉字中找平行和垂直的例子】

师：同学们对本单元的知识掌握的不错，我还要检测一下大家，进入第三板块：八仙过海。

【课件出示】

一、判断下面的话是否正确，为什么？

1. 两条直线不平行就一定相交。（　　　）

2. 两条平行线间的距离处处相等。（　　　）

3. 过一点可以画无数条射线，可以画一条直线。（　　　）

4. 两条线段平行，它们一定相等。（　　　）

二、作图题

1. 过 A 画直线 a 的平行线，画直线 b 的垂线。【注意书写 123：1. 全体学生按正确姿势握好笔；2. 小组内互查握笔姿势；3. 开始书写】

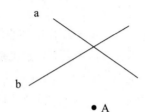

2. 在这组平行线里画出一个最大的正方形。

_____

_____

三、用一用：如图，煤气工人要从 M 点处修煤气管道到对面的楼房，要使管道长度最短，请你画出管道的位置。

. M

_____

【生看题，并在小组内交流】

【值日班长抽取 3 个展示小队，每个小队自愿派队员展示，金木水火土，实行差异积分，其他小队也可补充，教师适时点拨、总结。强调作图的规范性】

师：在交流中收获，在展示中成长，让我们进入第四板块：得知得智，谈谈我们的收获吧。

空竹亭土星：通过本节课，我对《平行与相交》这一单元有了更加系统的了解。

追梦苑火星：只要相信自己就一定能行，李雪航今天的表现很棒。我建议给他加十分的鼓励分。

李雪航【起立行鞠躬礼】：谢谢大家，我会继续努力的！

惜时阁金星：李雪航的队长值得大家学习。

莲文轩土星：我们应该把学到的知识运用到生活中，让数学为我们服务。

师：【总结升华】同学们今天的表现非常好，本单元需要注意的是：在同一平面内，两条直线的位置关系。两条直线互相平行，如直线 a 和直线 b 互相平行，则 a 是 b 的平行线，b 是 a 的平行线。距离指的是一条线段。课下同学们再根据本节课的学习补充一下自己的知识树，等待下节课金星队员和木星队员展示吧！

【课下队长把自己小队本节课的得分情况作总结】

十六、数学实践《条形统计图》课堂展示实录

授课年级：四年级　　执教老师：张学岭

【教学目标】

1. 在统计的过程中，培养学生搜集数据的能力、交流能力和表达能力；初步形成统计意识，发展统计观念，体验数学与生活的密切联系，培养学生实事求是的科学态度。

2. 初步体验收集数据的过程，了解统计的意义，能对一组数据进行整理、描述和分析。

3. 认识条形统计图，明确用 1 格可以代表多个单位，体会条形统计图的优点。能根据条形统计图提出问题并加以解决，能根据数据做出合理性的判断和预测。

【新知要点】

1. 1 格代表 1 个单位的条形统计图的认识及特点。

2. 1 格代表多个单位的条形统计图。

3. 条形统计图的结构特征，条形统计图的优点。

【旧知关联点】

1. 利用统计表或其他方法收集、整理、描述数据。

2. 一个完整的条形统计图包括几部分。

【问题导航】

1. 你知道一个完整的条形统计图是由哪几部分组成的吗？

2. 收集数据时，你用了哪些方法？怎样统计一组数据？

3.你能把收集的数据在条形统计图上表示出来吗？通过观察条形统计图，你得到了哪些信息？

【前置性学习】

1.（1）下面是明明的成长记录表：

表3

年龄	出生	1岁	2岁	3岁	4岁	5岁	6岁
身高（厘米）	51	75	86	94	102	109	116
体重（千克）	4	11	16	18	20	21	23

思考：明明随着年龄的增长，身高和体重是怎样变化的？这些数据用什么形式表达更直观？你得到了哪些信息？

表4

项目	学习	睡觉	活动	吃饭	其他
时间（小时）	7	10	4	2	1

（2）合理安排时间。小红一天的作息时间安排统计表。

根据统计表中的数据完成统计图。时间（小时）

表5

10									
9									
8									
7									
6									
5									
4									
3									
2									
1									
0		学习		睡觉		活动		吃饭		其他

从统计图中，你获得了哪些信息？根据这些信息你想说什么？

2. 调查四年级级部每个班前十周的得星情况（纪律、路队或卫生）【先绘制统计表，再用统计图表示。你可以选择自己喜欢的内容进行调查。例如：小队内每个同学的校服尺码，每个同学的鞋码、同学们喜欢吃的蔬菜、我们班的同学是否吃早餐等】从统计图中你得到了哪些信息？你有什么建议？

3. 参考的调查内容：

①调查实验小学四年级级部各班的男、女生人数。

②各班午休情况。午休的有多少人，没有午休的有多少人。

③调查四、六班每个同学的校服尺码。【单位用厘米】

④调查超市一周内某个商品的销售数量。

⑤调查十字路口某一分钟内车辆的行驶辆数。【可以选不同的四个时间段】

调查四年级级部各班女生人数，提前画好统计表。

表6　实验小学四年级级部各班女生人数统计表　　2015年×月×日

班级	四（1）	四（2）	四（3）	四（4）	四（5）	四（6）
女生						

根据表中的数据绘制条形统计图。

4. 通过前置性学习，你有什么收获，又有什么困惑？

附：调查方法的指导。

（1）课题的选择与小组认领：学生可以根据自己的能力和生活经验进行自主选择调查内容。但要求每个学生必须经历调查的过程，记录好相关的数据。

（2）调查内容以小组为单位进行调查，调查时准备好笔和笔记本，要及时做好记录。在学校内调查时，说明我们调查的目的，希望得到老师或同学的帮助，如果得到帮助，我们学会感恩，表达出最真挚的谢意。要懂礼貌、尊重别人，注意安全。语言要规范、完整。调查时间可以选在下午预备铃之前或阳光大课间。组长了解我班同学家是否有开超市的，让他调查一下一周内某个商品的销售量或一周的营业额。

（3）温馨提示：一定要按照要求去做，如果影响了班级纪律，就失去了调查的意义，我们将取消调查资格。小队长进行监督和管理，互相提醒，力求达到最佳效果。

【组织化合作】

1. 自主合作：按照前置性学习的要求，复习条形统计图的相关知识，如果有疑问，可以查阅相关资料。提前画好统计表，明确行和列表示的意义。

2. 学生与家长合作：家长利用周末带领孩子去十字路口调查，家长记录，学生数某一分钟内车辆通过的辆数。有条件的家长，可以提前和超市的有关负责人联系，让学生去超市调查，鼓励学生自己做。学生把统计的过程，收集、整理和描述数据的方法说给家长听。家长给出一些合理的建议。

3. 生生合作：在小组内每个同学都说一说调查的过程，在描述数据时，分别用了什么方法，尽量让金星队员多说。在小组内解决不了的问题，组长做好记录，请教其他队的队员。

4. 师生合作：碎片化指导：在下楼做操的过程中我问了刘××调查情况，他根据各班的班级星语，统计了四年级六个班的卫生得星情况，他用1格代表一个单位绘制了条形统计图。

个性化指导：利用飞信我问了潘××，我了解到：她利用下午小活动课调查了四年级级部各个班的男生和女生人数。我建议她根据表中的数据，试着绘制条形统计图，可以用1格代表多个单位进行绘制。

【课堂展示】

师：同学们，这节课我们来展示《条形统计图》的有关内容。

【板书课题】条形统计图

下面进入第一板块：合作交流

师：请同学们在小组内依次认真交流调查的过程和解决问题的方法，其他同学认真倾听，有不同的意见及时补充，组长做好记录。

【交流要求】

1. 按金、木、水、火、土的顺序，在小组内每位同学都说说自己在统计过程中遇到的问题以及解决的办法。

2. 声音都控制在自己小组内的组员听到，交流时间大约为5分钟。

3. 组长把组内的成果和问题进行整理、记录，以备展示。

师：【手势，生坐正】同学们都统计了自己喜欢的项目的数据，画出了统计图，说明同学们真正能够根据问题导航进行前置性学习，在此对大家进行表扬。但老师发现有几个同学画图不是很规范，以后要注意呦！

师： 展示荣誉，交流自豪，进入第二板块——

生齐： 展示自我，精彩无限！

师： 大家用掌声请出展示的同学闪亮登场！（老师提前做好了八个小队的签，值日班长进行抽签，被抽到的小队加幸运分50分。今天抽到的小队是：追梦苑）

木星【展示组】： 大家好！我是追梦苑A组的木星队员，下面由我代表我们小队来展示前置性学习的成果。昨天我和史振豪利用小活动课调查了四年级各班1～10周的路队得星情况。我们是这样调查的：我们提前画好了统计表。大家请看：（把统计表画在素描纸上展示给大家看）

表7

	四（1）	四（2）	四（3）	四（4）	四（5）	四（6）
纪律之星	6	7	9	9	5	7

我拿好了笔和本，分别去了各班的教室前，观看了班级星语。我记录，史振豪数数。我们统计了各班前10周的纪律情况，并填写在表格中。然后回来后，我们小组根据统计表，画了条形统计图。大家请看：（把已经做好的条形统计图展示给大家）因为以前学过简单的条形统计图，我们知道应该这样来画。写好标题，四年级级部各班纪律得星情况统计图，日期是2015年1月19日，横轴表示班级，竖轴表示得星个数，我们用1格代表1颗星，例如，四（1）班有6颗星，我就数了6个格，然后涂上颜色，以此类推。通过画条形统计图，我们知道了一个完整的条形统计图包括：标题、日期、横轴、纵轴。通过观察条形统计图我看出了四（5）班纪律之星最少，望他们以后多加努力。我的展示完毕，大家有没有补充或订正的地方？

【首先是追梦苑小队的同学补充】

水星【展示组】： 我来订正，在条形统计图中，您把纵轴说成了竖轴了。横轴表示的是班级，纵轴表示的是个数，你说了，但是没写上。

土星【展示组】： 我来补充，在条形统计图中您应该标明标题和日期。通过上网我还知道了横轴表示的是类别，纵轴表示的是单位。

木星【展示组】： 谢谢！

睿智园水星： 我来补充，在同一个条形统计图中，数据越大，直条越高；数据越小，直条就越矮。

惜时阁木星： 涂的很清楚也很漂亮，如果在上面写上数字就更好了。

木星【展示组】： 谢谢您的建议，就听你的，现在我就写上！

自省社火星： 我发现您画的这个图不是很规范，线段不是很直。

木星【展示组】： 谢谢您的提醒，以后我画图时，会更加规范的。

师： 下面抽出我们今天的第二个幸运小队。刚才坐姿最端正的是赵展同学，由你来抽签。【幸运小队是梅若斋队】

师： 【123，向前看、身坐正、脚放平！】下面请梅若斋小队的同学继续为我们大家展示！掌声有请！

水星【展示组】： 大家好！我是梅若斋小队 B 组的水星队员，下面由我代表我们小队为大家展示前置性学习成果。我和孙昱潇利用阳光课间时间统计了四年级级部各班的男、女生人数。我们通过问各班的班主任老师得到了各班的男、女生人数。我们六班是我问了八个队长，然后进行计算得到了我们班的男生是 45 人，女生是 31 人。我们绘制了这样的统计表。大家请看。

表8　四年级级部男、女生人数统计　　　　　　　　2015 年 1 月 19 日

	四（1）	四（2）	四（3）	四（4）	四（5）	四（6）
男生	43	41	55	42	43	45
女生	36	40	23	34	35	31

　　在前置性学习中，我们根据统计表中的数据，制成了这样的条形统计图。【学生在前置性学习中，已经在素描纸画好了条形统计图】我们首先写出了统计图的名称，横轴表示统计表中的班级、纵轴上的数据表示每班的男生人数。但是在制图时，我发现四（3）班男生有 55 人，如果画 55 个格太麻烦了，该怎么办呢？于是我问了妈妈，我和妈妈一块查了资料，发现用 1 格可以代表多个单位。为了方便画图，我是用 1 格代表了 5 个单位进行画的。例如，四（3）班男生是 55 人，就在四（3）班的上方对准 55 的位置，画出统计条，涂上颜色，再标出数据 55。我画了两个条形统计图。

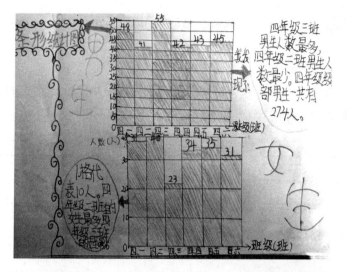

　　一个是四年级级部男生人数条形统计图，一个是四年级级部女生人数条形统计图。通过条形统计图，我发现了：四年级（3）班男生人数最多，女生人数最少。四年级（2）班男生人数最少。我还发现了各个班都是男生比女生多。我建议学校在分班时，男、女生人数均衡一些。我的展示完毕。

土星【展示组】：我来补充，通过小组交流，这两个统计图也可以合成一个统计图，大家请看（把已经做好的统计图展示给大家）。

　　横轴表示统计表中的班级、纵轴的数据表示每班的男生、女生人数。并且每个班先画男生人数，再画女生人数，这样画以后便于比较，一下就能比较出各班男生、女生人数的多少。我的展示完毕，大家有没有需要补充或订正的地方？

致格轩土星：我来补充，所涂的直条中间应该隔一行。我是这样画的（把已经画好的统计图展示给大家）。

土星【展示组】：我接受您的建议，以后我会注意的。

睿智园火星：我的建议是，男生人数用蓝色的涂，女生人数用粉色的涂，用不同颜色的笔标注一下，就更好了。还有画图时，应该用铅笔来画。

土星【展示组】：谢谢您的提醒，以后我会改正的。

思齐亭水星：我来订正，四（1）班男生有 43 人，但是彭广悦在统计图中涂的是 48 人，你涂错了。太马虎了！

水星【展示组】：谢谢您，以后我会注意的！（梅若斋小队的同学展示完毕，回到座位上）

惜时阁金星：我想问问大家，条形统计图有什么优点呢？

敏学居土星：我通过一个例子来说明。我统计了我们小队最喜欢吃的蔬菜，把调查的数据画了一个统计表。大家请看。

表9　敏学居小队喜欢吃蔬菜的情况统计表　　　　2015年1月20日

种类	芹菜	土豆	茄子	西红柿	冬瓜
人数	3	3	2	2	0

然后我用1格代表一个单位，制成了条形统计图。大家请看。

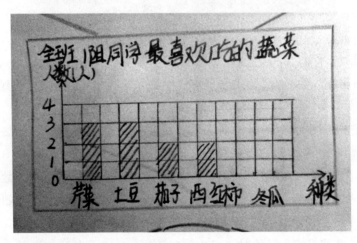

在条形统计图中，我一眼就看出来了，喜欢吃土豆和芹菜的人数最多，喜欢吃茄子和西红柿的人数一样多，都是2人，没有人喜欢吃冬瓜。我给大家的建议是：不要挑食，要合理饮食。

自省社金星：条形统计图可以直接看清各种数量的多少。

致格轩木星：条形统计图可以更直观地看出某个物品的多少。

敏学居水星：条形统计图可以清楚地看出数据的多少。

追梦苑火星：条形统计图可以看出具体数量的多少。

睿智园土星：条形统计图能够清楚地表示数量的多少。（这时课堂气氛达到了高潮，同学们都想说自己对条形统计图的认识。)

师：同学们真聪明，非常好，能用数学语言表达自己的观点。我们知道整个统计活动分四步走：收集—整理—描述—分析。展示的非常好，说明同学们的前置性学习非常到位，希望同学们继续努力，加油！下面我们就用统计的知识解决生活中的数学问题！进入第三板块：八仙过海，各显其能。

师：书写 123。【1. 全体学生按正确姿势握好笔；2. 小组内互查握笔姿势；3. 开始书写】

下面是某自然博物馆"五一"黄金周 7 天参观人数统计图。

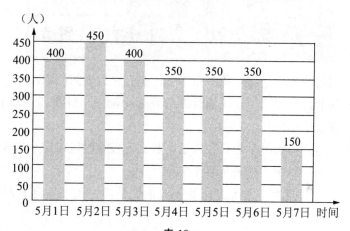

表 10

①这是一个（　　　）统计图，从图中可以看出 1 格代表（　　　）人。

②从图中可以看出，（　　　）日的参观人数最多；（　　　）日的参观人数最少。

③你还能提出什么数学问题？你会解答吗？

2.（铁××拿着已经做好的条形统计图）我来考考大家，请同学们根据统计图回答问题。

①图中水平方向表示（　　　），竖直方向表示（　　　）。

②图中一格代表（　　　）枚。

③通过这个条形统计图，你得到了哪些信息？

师：在交流中收获，在展示中成长！我收获，我快乐。下面进入第四板块：得知得智。

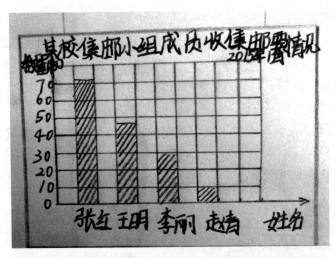

敏学居木星：通过今天的学习，我对条形统计图有更清晰的认识。

致格轩火星：这节课我知道了在画统计图时要标明标题，日期，还知道了1格可以表示1个或多个单位。

惜时阁金星：通过这节课的学习，我知道了数据比较小时可以用1格表示1个单位，数据比较大时可以用1格表示多个单位。

思齐亭金星：展示的同学非常大方，我要向他们学习。我回答问题时，声音太小，总是害怕出错。

师：认识到自己的不足，你以后一定会有更大的进步，老师期待你越来越优秀！

睿智园木星：我喜欢这样的数学课，数学很好玩！……

　　　　【学生们很兴奋，都主动地站起来说自己的收获和感想】

师：数学课给我们带来的，不仅仅是知识，还有快乐！同学们自主学习的意识和能力都有了很大的提高，老师为你们感到高兴！数学课堂给我们带来无穷的乐趣，老师期待你们将会更加精彩！

　　　　【差异性加分，金星队员是50分，木星队员是40分，水星队员是30分，火星队员是20分，土星队员是10分，课下队长把自己小队的成绩做总结】

师：课下同学们再在小组内交流本节课的有关知识，准备下节课金星队员和木星队员展示。

十七、数学导学《8加几的进位加法》课堂展示实录

授课年级：一年级　执教老师：高洁

【教学目标】

1. 使学生在学习了9加几的基础上，自主探索得出计算8加几的计算方法，使学生进一步理解"凑十法"，并能正确熟练地口算8加几。

2. 培养学生初步的观察、比较、抽象及概括能力，动手操作能力和对知识的迁移类推能力。

3. 培养学生合作学习和数学应用的意识。

【新知要点】

用"凑十法"熟练计算8加几的进位加法。

【相关旧知】

1. 10以内数的分成。

2. 9加几的进位加法。

【问题导航】

1. 你会计算9+6吗？8+5呢？

2. 你能说一说20以内数的进位加法的计算方法吗？

3. 你能用所学的方法解决生活中用加法解决的问题吗？

【前置性学习】

1. 数一数：数出20根铅笔，每10根捆成一捆（最好用皮筋扎起来）。

2. 摆一摆、说一说：9和6合起来是多少？分别拿出9根和6根铅笔，数一数，再用符号画一画，并列出算式，把计算过程讲给家长听；再用铅笔摆出8和5，数一数8和5合起来是多少，试着用符号画一画，列出算式，并跟家长说一说计算方法。

3. 做一做：家长说数，孩子用铅笔摆，用符号画，并列式计算，讲清计算过程和方法。

4. 同学们去参加"读万卷书行万里路"活动，致远队有男生8名，女生6名。致远队一共有多少名同学？用铅笔摆一摆、用符号画一画，并列式计算。

【组织化合作】

1. 自主合作：自己摆一摆、画一画并列式计算，思考计算过程、方法。

2. 学生与家长合作：把摆、画的过程做给家长看，并把计算过程、方法讲给家长听。有困惑不解之处可以请教家长等。

3. 生生合作：

①对子交流，取得知识的互补；

②组内交流，组员说给组长听；

③组长提醒、督促组员完成前置性学习。

4. 师生合作。

碎片化指导： 老师利用早到校、课间、路队时间询问督促、了解、指导学生的前置性学习情况。对学生的自主学习情况做到心中有数。

个性化指导： 了解底线学生的困惑之处，加以指导。

【课堂展示】

第一板块： 复习旧知。

师： 同学们已经把学具准备好了，是吗？

生齐： 是！

师： 我们先来数一数你的铅笔够不够20根？

【生动手数已捆好的铅笔，师巡视】。

师： 同学们，在数的过程中，我发现代志诚有一个好办法。代志诚你说一说，怎么数不会出错，数给同学们看。

同济社木星： 一根，两根，三根……【生边数边向下推铅笔】

师： 代志诚的办法好不好？

生齐： 好

【师给代志诚所在队同济社加40分】

师： 数完了吗？有问题吗？

生齐： 没问题。

师： 好，现在我们开始做游戏。先拿出9根铅笔，怎么能快速的拿出9根铅笔？

睿智园水星： 从一捆中抽出一根，剩下的正好9根。

师： 再拿出6根铅笔，剩下的铅笔放回原处。

【生动手拿铅笔】。

师：9 和 6 合起来是多少？

生齐：15

师：你能画一画并算一算吗？

生齐：能。

师：准备练习本，注意书写 123。

【生拿练习本，取出铅笔，开始写，写完身坐正】

师：谁想给同学们展示？

土星【展示组】：大家好！我是致格轩的土星队员高树博，下面由我来为大家展示。

先拿出 9 根铅笔，再拿出 6 根铅笔。把 6 分成 1 和 5，9 加 6 分出的 1 等于 10，10 再加 5 等于 15。9 和 6 合起来是 15。（边说边拿，学生板书）我的展示完毕。

我还可以用符号画一画（生画图）。

我还可以用算式来表示：

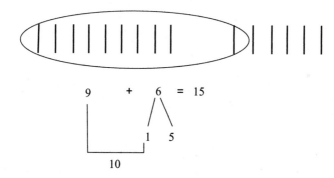

师：你用什么方法计算的？

土星【展示组】：凑十法。

【师板书，并给致格轩加 10 分】

第二板块：交流展示

师：关于 9 加几的进位加法都会了吗？

生齐：会了。

师：把铅笔收回，我们继续来摆。先拿出 8 根铅笔，再拿出 5 根铅笔。

生拿铅笔，师板书课题《8 加几的进位加法》

师：你们数一数，8 和 5 合起来是多少？

生：13

师：刚才我们是数出来的，你能试着用学过的方法画一画，算一算吗？

【生边画边算】

师：画完以后，对子交流一下你的学习成果。【对子之间互相说，交流大约 2 分钟，交流时声音尽量控制在组内成员听见即可。师击掌三下，生身做正】

师：谁来给同学们展示？

金星【展示组】：大家好！我是行知社的金星队员杨润声，下面由我来为大家展示。先拿出 8 根铅笔，再拿出 5 根铅笔。把 5 分成 2 和 3，8 加 5 分出的 2 等于 10，10 再加 3 等于 13。8 和 5 合起来是 13。（边说边拿）我可以用符号画一画，（生画图），我还可以用算式来表示，（生板书）我的展示完毕。

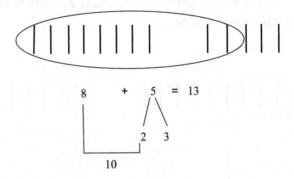

师：你为什么把 5 分成 2 和 3 而不是分成 1 和 4？

行知社金星：因为 8 加 2 才能凑成 10

师：今天杨润声展示的很棒，把掌声送给他吧。【行知社加 50 分，其他同学鼓掌，杨润声自信地走下讲台】

第三板块：巩固练习

师：老师昨天晚上也进行前置性学习了，做了几道题你们来当一下小老师看看我做的对不对，好不好？

生齐：好！

师板书算式。

师：大家看这儿，有问题或者找出错来的就举手告诉我。

张桐阳到黑板上来和同学们说一说，我的哪一个对哪一个不对，或说其中的一

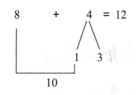 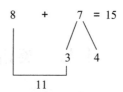

个也行，我错在哪儿了，你帮我纠正一下。

火星【展示组】： 我是空竹亭的火星队员张桐阳，今天由我来为大家展示。4 应该分成 2 和 2 才对。

师： 为什么分成 2 和 2?

火星【展示组】： 因为 $8＋2＝10$

师： 请你把正确答案写一写。【生板书，给空竹亭加 20 分，继续点名】

火星【展示组】： 大家好！我是厚德斋的火星队员郭荣浩，下面由我来为大家展示。我认为老师做得对。

师： 大家看，老师用的方法简便吗？哪种方法比较简便？

火星【展示组】： （齐）凑十法。

师： 这道题，怎样用凑十法?

火星【展示组】： 应该把 7 分成 2 和 5，这样才能凑成 10。

师： 这道题，老师把 7 分成 3 和 4，$8＋3＝11$，$11＋4＝15$ 得数是对的，只不过方法不简便，咱现在寻找的是简便的方法，不容易出错的方法。请郭荣浩按"凑十法"再计算一遍。【生板书，师给厚德斋加 20 分】

师： 大家来看一看咱这节课学的是什么？

生齐： 8 加几的进位加法。

师： 我们还学了一种计算方法叫"凑十法"。下课后，试着用"凑十法"做出下面几道题。【师板书】

　　$7＋6＝$　　　　　　$6＋5＝$

【课下队长把自己小队的成绩做总结】

师：【小结略】

十八、英语综合课堂展示实录

授课年级：五年级　　执教教师：肖萍

T：Good morning, boys and girls.

Ss：Good morning, Miss Xiao.

T：How are you today?

Ss：I'm fine, thank you.

T：First, let's listen to a song "How many do you want", then sing it together.

(Ss listen to the song and sing the song together)

T：Next，let's have our " English Integrated Course". First let's go into Step One "Let's review". Let's review the words we have learned .

(Show the words on the screen—sandwich, salad, hamburger, ice cream, tea, dance, draw, cook, swim, speak, delicious, hot, sweet, favourite, hungry, thirsty, wonderful, strict, funny, helpful

Let Ss review them in groups and read the words in groups or say the words in English or Chinese)

T：Then, let's go into Step Two " I can read".

(Show the key words on the screen or blackboard).

picnic 野餐	need 需要
food 食物	buy 买
shopping list 购物单	bottle 瓶子
kilo 千克、公斤	milk 牛奶
water 水	egg 鸡蛋

First I" ll read the words for you, listen carefully.

(T reads the words one by one, Ss listen to the teacher)

Then please read the words in your groups.

(Ss read the words one by one, and choose one student to read the words)

And then please show your reading.

(All the leaders choose one member to read the words, and they will get suitable scores. No. I will get 4 scores. No. 2 will get 6 scores. No. 3 will get 8 scores. No. 4 will get 10 scores. And if they make any mistakes, they won't get any scores. And the teacher should write the scores on the Bb. And at last the teacher should ask the Ss to read some words that they couldn't read correctly)

T: Very good. You did very well in this step, but some pupils should study harder. And let some students tell us how they study English at home. (In this step, the pupils can learn some learning methods from the others)

And then let's go into Step Three " I can write. " Are you ready?

Ss: Yes!

(In this step, the teacher will read the words, and the Ss will write down the words on their small white boards. After writing they will check the words with their partners, and they will get 10 scores if they can write all the words correctly. And the leaders should add their scores together)

T: Ok, let's see which group is the winner in this step. And let them share their learning methods with us.

(The winner group members share their learning methods and show their word cards one by one)

T: Very good. I'm very proud of you. Next let's go into Step Four " I can say".

(In this step, the Ss will choose any words to make up sentences, and they will write down the sentences on their small white boards, then read the sentences in groups in order to check the sentences together)

T: Ok, stop here. Please show your sentences.

(All the leaders choose one member to read their sentences, and the teacher should write the key sentences on the Bb and ask the others not to say the same sentences or the same structures. If there's something wrong with the sentences, ask the Ss to correct them. At last, let Ss read the sentences together)

Wonderful. You made so many good sentences. After class please write them down on your Exercise books.

Ss：Ok.

T：Perfect. Now let's share what you learned today (Knowledge or learning methods).

Ok! I'm very happy to see that you learned so much.

Next，let's go into the last step, Step Five " Let's know". Let's see what we will learn next week. First I'll read them one by one, please follow me.

Ss：Yes.

(In this step, the teacher will show another ten new words to the Ss and let Ss follow)

ride 骑，乘	photo 照片 dive 跳水	plant 植物
play 踢，打，演奏	bottle 瓶子	collect 收集
bike 自行车	make 制作	clock 时钟，钟

T: After class, please try your best to read and write the key words. And make sure you can read them correctly. Then try your best to use them to make up sentences as more as you can. You can learn the new words from the computers, mobile phones and so on. Ok, so much for this class, bye—bye.

Ss：Goodbye, Miss Xiao.

十九、英语诵读课堂展示实录

授课年级：五年级　　执教教师：范连鹏

Twins' Bedroom

Step 1 Greetings

T：Hello! Boys and girls!

Ss：Hi, Mr. Fan.

T：How are you today?

Ss：I'm fine. Thank you.

T：OK, sit down, please. Today we will show the passage—Twins' Bedroom.

Step 2 Warming—up

T：Before our new class, I want to ask you some questions. If you can answer me, please put up your hands and answer me. If you are right, you can get ten points. OK?

Ss：OK.

T：Yeah, listen to me carefully! Have you got your own bedroom?

S1：Yes, I have.

T：Oh, what's in your bedroom? Can you tell me?

S1：It has a new bed, a desk and some books.

T：Yes, very well. Sit down please!

T：Have you got your own bedroom?

S2：Yes, I have.

T：What's in your bedroom?

S2：A desk, some books, a chair, my new schoolbag, and some toys in my bedroom.

T：Oh, very done. Sit down, please.

T：Who has your own bedroom? And what's in your bedroom?

S3：I have my own bedroom. My bedroom has a desk, a big window, a beautiful curtain.

T：Oh, I think your bedroom is very nice. Good. Sit down please!

Step3 Best Pronunciation

(Take out of a picture of Twins' Bedroom)

T：Look! This is the Twins' Bedroom. It's a very beautiful room. What can you see in the bedroom?

S1：Two beautiful rooms.

S2：Some books on the desk.

S3：There is a kite under the bed.

T：You did very well. Now let's listen to the tape about the Twins' Bedroom.

OK，turn round and face to me. Let's listen to the passage.

(Listen to the passage)

T：OK. Please stand up and let's show your harvest to your partner.

(Ss stand up and recite the passage with standard tones each other)

T：OK，please sit down，and then let's show your best pronunciation.

S1：Hello, everyone! I'm No. 3 of Group One. I am going to recite the Twins' Bedroom for class.

T：You recite very fluently and made no mistakes. So you can get thirty points. Please clap for him.

S2：Hello, everyone! I'm No. 2 of Group Two. I am going to recite the Twins' Bedroom for class.

T：Your voice is very nice. You recite very fluently and made no mistakes. So you can get twenty points.

S3：Hello, everyone! I'm No. 3 of Group Three. I am going to recite the Twins' Bedroom for class.

T：I think he is good at pronunciation，so she can get thirty points.

S4：Hello, everyone! I'm No. 3 of Group Four. I am going to recite the Twins' Bedroom for class.

T：You did very well. You can get thirty points.

S5：Hello, everyone! I'm No. 2 of Group Five. I am going to recite the Twins' Bedroom for class.

T：You did very well. You can get twenty points.

S6：Hello, everyone! I'm No. 3 of Group Six. I am going to recite the Twins' Bedroom for class.

T：Your voice is very nice. You recite very fluently and made no mistakes. So you can get thirty points.

S7：Hello, everyone! I'm No. 2 of Group Seven. I am going to recite the Twins' Bedroom for class.

T：You did very well. You can get twenty points.

S8: Hello, everyone! I'm No. 3 of Group Eight. I am going to recite the Twins' Bedroom for class.

T: You did very well. I am very happy. You can get thirty points.

Step 4 Challenge

S1: Hello, everyone! I'm No. 1 of Group One. I am going to recite the Twins' Bedroom for class . And I want to challenge Group Five.

T: OK. Group One and Group Five challenge for the winner.

(The two pupils read the passage and students choose the better one and get ten points)

S2: Hello, everyone! I'm No. 3 of Group Two. I am going to recite the Twins' Bedroom for class . And I want to challenge Group Six.

(The two pupils read the passage and students choose the better one and get thirty points)

S3: Hello, everyone! I'm No. 2 of Group Three. I am going to recite the Twins' Bedroom for class. And I want to challenge Group Seven.

(The two pupils read the passage and students choose the better one and get thirty points)

S4: Hello, everyone! I'm No. 2 of Group Four. I am going to recite the Twins' Bedroom for class. And I want to challenge Group Eight.

(The two pupils read the passage and students choose the better one and get twenty points)

Step 5 Drawing Talent

T: Now. Let's take out of your own picture of your bedroom. Introduce it to your partner.

(Pupils stand up and introduce their bedrooms with standard tones)

T: Your pictures of bedrooms are very beautiful. Who wants to introduce your bedroom for class?

S1: Hello, everyone! I'm No. 4 of Group One. I am going to introduce my bedroom.

T: Your voice is very nice. I am very happy.

S2: Hello, everyone! I'm No. 3 of Group Eight. I am going to introduce my bedroom.

T: You did very well. Clap hands for her.

S3: Hello, everyone! I'm No. 4 of Group six. I am going to introduce my bedroom.

T: You are very good. I am very happy.

Step 6 Feeling

T: We all have our own bedrooms. We should often clean our bedrooms. And we should keep them clean. We should love our bedrooms. And we should love our family.

(Write the sentences on the blackboard "We love our bedrooms. We love our family" And read the sentences together)

T: Now look at the points. Which group is the winner?

Ss: Group xxx.

T: We should learn from them. Let's clap hands for them. OK, this is our class. Class is over. Bye!

他人眼中的风景

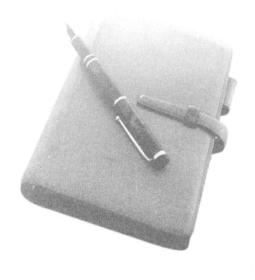

有人说身边无伟人，一个人的成就最难打动身边的人；也有人说同行是冤家，做教育的人最难获得同人的认可，尽管有很多专家、领导到过学校并给予高度评价，尽管各种媒体做过不同角度的报道，但是，我最在意的还是师生的成长、家长的满意度和教育同人的看法。信手摘录几段相关文字，看一看知情者和同行者眼中的映象。

一、李升勇和乐陵实验小学的价值

中国教育报刊社·人民教育家研究院常务副院长　徐启建

我不知道一种价值究竟要经过多少岁月的风沙和时代的转换才能真正得到凸显。就像唐僧西天取经需要九九八十一难，水落石出的那一天总是让人感觉无限漫长。

纵然李升勇已经成了名满天下的校长，尽管乐陵实验小学已经成了示范一方的名校，但据我观察，我们还远远没有真正体会到李升勇和乐陵实验小学改革的价值。声名热闹非凡的背后，我想李升勇应该是孤寂的。

李升勇和他的乐陵实验小学改革，不是某某课堂，不是某某文化，不是某某教育，更不是某某模式，但偏偏五湖四海浩浩荡荡而来的学习者，有的是奔着课堂而来，有的是奔着文化而来，有的是奔着模式而来。

而在这些一个个的点上，我认为李升勇和乐陵实验小学并没有太多的光鲜可以炫耀，有时甚至是要丢丑，相形见绌的。比如，拿课堂教学来说，李升勇就多次推脱不愿拿到一些全国会议上去做示范课展示，他说他们的课不好看，而也正如他所说，颇有一些看过他们课的人偷偷告诉我"他们的课场面不好看"。当然，给我评点他们"破破烂烂"的校园文化之类的人也有不少。

真正的生活并不像电影上演的那样华丽，况且面对那些往往需要到处去兜售的特色项目、示范课之类的"大片"，李升勇和他偏居一隅的乐陵实验小学向来就缺乏"白富美""高富帅"的演员，也更缺乏"巨资打造"基础。这就是在一个偏远落后的小县城里做教育的真相。

但这种"不好看"和"真相"并没有妨碍李升勇和他所在的乐陵实验小学为我们的教育探索做出的巨大的价值。相反，在这种"不好看"和"真相"中，我们更能观察到李升勇和他的乐陵实验小学改革的价值——教育绝对不在先天，而在后天，只要找到一条通往罗马的正道，走得再艰难也终成正果。

李升勇的"正道"是"回到原点，整体思考"。

回到原点，就是去除一切纷扰，真正找到教育的哲学观、价值观，从根上去思考教育应该怎么做和不应该怎么做。我最佩服李升勇的一点就在这里，他总是能在哲学的宏大层面不断吸取营养去思考和观照他们具体的教育，而正因为"根正"所以才"苗红"。

整体思考就是心中始终放着一个"大局"，时刻警惕"盲人摸象"的教训。教育就像蜈蚣，有很多条腿，你一条腿走得再快，也快不到哪里去，相反，如果每条腿都在沿着自己应有的轨迹在动，再怎么慢也慢不到哪里去。

正因为这种"价值观、教育观"的照耀，李升勇这个"巧妇"虽然难为"无米之炊"，但也终究在"穷乡僻壤"折腾出了一片天地。即使由于"营养缺乏"而常常显得"步履蹒跚"，但"'红日'当头，灿烂还会远吗！"

《中国教育报》校长周刊做主编时，采访报道的第一个校长就是李升勇，我在当时写他的那篇文章中写道："有专家说，'杜郎口中学的课堂改革这几年那么响，但如果和乐陵市实验小学的课堂改革比起来，只能算改了一半！'"

为什么杜郎口中学课改只是一半？其实，我说的就是"回到原点，整体思考"的问题，杜郎口中学的改革只是"一条腿的前行"，而乐陵实验小学课堂改革是他们迈开的第一条腿，其他的"腿"也都有力地动了起来，他们是整体思考、整体推进的改革。我不认为乐陵实验小学已经或大部分完成了它的改革，他们选择的道路决定了他们始终在路上，也正因为始终在路上，他们才能不陷入模式的陷阱，也才能不断进取、成长、完善。李升勇试图建立的是一个开放的体系而不是封闭的模式。

"当前，中小学校长主要有三种类型：行政校长（以点的形式做事，上级叫作什么就做什么）、事业校长（以线的形式做事，做事有自己的安排，知道先做什么后做什么）和体系为王的校长（带着体系概念做事，工作有规划）。李升勇要做体系为王的校长。"

我很欣赏李升勇的选择，这正是解读李升勇的密码所在。

二、辨识李升勇校长与课程创新

山东省齐鲁学院　李秀伟

一所用课程来育人的学校，从农村，在课程开发中走向全国；一位让国家课程落地生根的校长，在小学，在课程开发中引领时代。李升勇校长是和他的乐陵实验小学一起成长起来的，他们在现代教育体制内重新审察人与世界的关系、人与人的关系，不再迷恋教育模式、教育范式、教育框架，而在探索学校的教育思维、教育态度、教育未来，一种"新"的学校教育状态正在这里自然地生长。

校长话语到"学校精神气质"

木心说：老子精炼奥妙，庄子汪洋恣肆，孟子庄严雄辩，墨子质朴生动，韩非子犀利明畅，荀子严密透辟，孔子圆融周到……他们的用字，比喻，都成专利，别人冒充不得。

我常在想，李升勇校长呢？他在实践中创生着自己的话语体系，这一话语体系是责任感的、课程的、超现代的、可复制的，从"大课堂""大课程"到"大教育"，所有能够给出的判断里，或许最准确的只有一个"大"。

"大知闲闲"，大智乃豁达。

"大言炎炎"，大道才猛烈。

"微言大义"，大义有担当。

"高文大册"，大为成经典。

一个"大"字，让我们能够发现这是一位引领学校后现代教育实践与发展的校长，他在自己的教育园地里拥有了超越传统和超越现代的力量。

否定、扬弃、超越是李升勇校长话语体系的基本特征，而这些特征也代表了这所学校所有人的教育实践，超越学校模式，超越学校特色，甚至在学校文化之上构成一种"学校精神气质"，代表着未来学校的方向。

1. 建设性

批判并不意味着"袖手旁观"或者"听天由命"，而是一段重建的历险。改变一所学校实属不易，为这一类学校找到改变的规律更难。李升勇 1999 年 12 月到乐陵市实验小学当校长，现实考量之下，李升勇忧患并选择的是不仅仅改变当时的乐陵实验小学，而是探究中国"这一类"农村薄弱学校的发展之路。于是，从"大语文教学"，到"大课堂"教学改革，直到今天的学校课程重建，乃至对整个基础教育发展的方向性探索在这里开始。

16 年的坚持，16 年的批判与重建，真正的教育在乐陵实验小学发生。改革在这里实现着，改教学目标，改教学依据，改教学流程，改校本课程，改教材文本，改课堂形式，改合作方式，改课堂评价。沿着专业的路径，走在"整体、建设性"的精神路径上，李升勇校长和他的乐陵实验小学有勇气说出：我们将改变中国学校教育的现在和未来。

2. 自然生态性

教育生态是"人的发展"的自然生态，追问人的发展的本质，李升勇校长在不同的场合阐述了他的教育与课程思想：

"世界万物皆是吾师"；

"草根民主"；

"教育不是埋头种地"；

"让学生的思维站在指尖上"；

"新知是旧知上的自然生成"；

"一个人不能左右生命的长度，但可以拓展生命的宽度"；

"关注底线学生"；

"不服正统和学院派"

……

每一个犀利的观点背后都是对教育的深思熟虑，每一个畅达的教育主张背后都是在实践中的获得。洋溢着对人与人生存空间的关注，构成了乐陵实验小学课程开发以及课程开发带来的教育生态后现代特质。

这是《学校品牌管理》对乐陵实验小学课程的描述：对课程内容进行有效拓展，实现了各类课程之间的相互联系和渗透，使学科课程、活动课程与潜在课程相互关联与补充，做到了学校教育、社会教育与家庭教育的结合与统一。

3. 过程性

张志勇研究员将教育哲学定义为过程哲学，以人的"智慧复演"理论让教育回归"人学"。教育过程观来自怀特海的过程思想，在他那里，所谓过程并不是在原地转圈，而是不断"向新奇的演进"，教育不断打开自己的空间，不断促进学生向新奇演进。

在乐陵实验小学，将"书本的课堂"变为"生活的课堂"，将"学校课堂"变为"学校—家庭—社会"多方位的课堂，将课堂从学校拓展到社会，拓展到家庭，拓展到孩子的生活世界。凡是生活所能触及的空间都是课程、都是课堂。

这是一个大的空间演进，那么，具体到学生的学习过程中呢？

在这里，一个学生每天都有准确的学习目标，然后形成周学习目标，周目标汇集成学期总目标，最后形成学生的发展目标；而在顶层设计中，则又实现了倒置，先是理解人的发展，由此分解到学科课程目标，继而是学期目标，周目标，学习目标。目标构成课程，引领的是过程中的发展。学生的课堂是"大"的，包括"前置性学习""组织化合作""课堂展示"。前置性学习，就是在正式课堂教学之前，师生所进行的目标明确的自主学习过程，它具有认知性和生成性。有了"前置性学习"，"组织化合作"和"课堂展示"无疑成为学生乐之好之的学习过程。

内在的成果是过程性的，而乐陵实验小学在李升勇校长带领之下的课程与教学改革也是过程性的。2008年他们就提出了"语文大课堂"。7年过去了，他们的"语文大课堂"改革似乎还在路上。至今，在乐陵实验小学甚至找不到一个完整、系统的课程体系，这与学校享誉全国的课改地位是极不相符的，然而，这就是笔者所理解的"过程"，在否定之否定中的批判、自我批判与发展的教育过程。

4. 解释性

"让国家课程落地生根"，这是李升勇校长喊出的最具后现代勇气的话语。有人会说，这不是一种"执行"思想吗？这不是一种顺应和遵从吗？

如果将学校教育看作一种具有意义的过程，那么"培养什么样的人"的意义是由国家课程标准所涉及的一整套目标体系所构成的。"解释性"地执行就构成了对国家课程价值与意义的实现过程。学校课程开发是对国家课程文本的"解释"，这是一种多元化的、开放性的课程理念。特别是，当一个国家建立起课程的"大目标"结构时，国家课程事实上已经包含了能够进入学校的所有课程目标，学校层面的课程管理既不是特色化，也不是补充论，因为"补充论""特色化"看似在放大学校课程管理权限，事实上是窄化了国家课程的价值。这一点，乐陵实验小学的课程开发回归了理性。

所以，李升勇校长用"国家课程校本化"（校本课程的本质是对国家课程的内化与整合）、"学科课程综合化"（数字化时代需要通才，学科间相互渗透）实现了对国家课程的落实与超越。

5. 合理性

用李升勇校长的判断来看，"教育在于唤醒""愿学比会学更重要"等思想，与福柯的观点都是不谋而合的。

这就让我们可以解释为什么乐陵实验小学的学生"按照划定的路线在学校里行走""做广播体操时每个学生都有自己的点""家长接送学生有严格的规定路线和行走轨迹"……这也是为什么学校教师都怕李升勇校长却都愿意接近李升勇校长，并愿意跟从李升勇校长，因为，一切规则已经在这所学校里内化为所有人的"习俗"并被大家认可了这是有价值、有意义的"习俗"。

这是规则，不是规训，按照一定的规则行事，最终成为一种习俗，这就是教育所能够给予学生的"合理性"发展，而这，就是后现代主义者利奥塔、维特根斯坦们所倡导的。

学校即"多元化学习社区"

课程在学校里的价值不仅仅是以文本的形式出现的，课程是学校教育目标与追求得以实现的载体，课程引领教育实践，这是乐陵实验小学10多年课程改革的最大收获。"立己达人，五十年以后见"是学校的校训，其含义不仅仅指为了未来而努力，更重要的是要以一种完整的生命观来看待今天的教育，每一天都要接受课程的引领，从而让生命具有自我超越的内在力量。"人生劳作的主要乐趣就在于使自己成为不同于昨日的另外之人。"（福柯）我们还是愿意透过李升勇校长的话语来触摸这所学校的课程。

1. 站立在中国触摸教育前沿

"我们要改革中国基础教育，乃至改变世界基础教育的方向。"

为什么有底气做出这样的承诺？凭什么得出这样的判断？来到乐陵实验小学教育现场我们确知，从根本上说，在于他们在贴地行走中掌握了教育的规律，并按照教育规律坚持，从而触摸到了教育发展的最前沿理论。我们来看早在 2001 年李升勇校长对于"大课堂观"的基本阐释。

我们的大教育观：学校教育要回归原点；

我们的大教学观：教学是教育的一部分，教学必须服从服务于教育；

我们的大目标观：教学的最终目的是满足学生生命成长的需求和民族社会发展的需要；

我们的大课程观：校本课程是对国家课程的活化、细化和软化；

我们的大教材观：教材等于生活与文本的总和；

我们的大课堂观：课堂是师生生命成长的平台；

我们的大学生观：学生是有待于发展的生命个体；

我们的大评价观：评价是促进生命成长的推助器；

我们的大成才观：把自身潜能最大化就是成才；

我们的大教师观：世间万物皆是吾师；

我们的知能观：能力不是老师教出来的。

这些观点鲜明的判断不是来自凭空臆想，每一个观点背后的实践支持都足以写就一次课程改革的探险传奇。立足古老传统的鲁北土地，却在世界性的思维空间里纵横捭阖。

在关于教育的"原点"的论述中，李升勇校长给出了三个词：过程、人、社会化。今天看来，这三个核心词汇也构成了课程的新观念。首先，课程代表的不是静态的文本，而是一个开放的教育过程，是有学校的教育价值观所统整的进入学校的一切课程的动态实践活动。第二，人是课程主体，人的主体效应是借助于课程来实现的，既包含着人的课程创造，又包含着人在课程中的成长。第三，社会化是教育赋予人的发展的根本属性，如何理解这个社会也决定着人如何理解课程，是人在社会认同与自我归类中的发展与蜕变。

就在这所"老师初中毕业学历不达标的占了三分之一，类似体育专业老师带语文数学课，非专业任职教师又占了三分之一"的师资条件来说，很多人认为，能够把课上起来就不错了，课程改革那是连想都不敢想的事情。

然而，奇迹就在发生着，现在，从这所农村学校，每年几十位教师到全国各地进行讲学，传递他们在课程改革中的探索与收获。教师理解课程，教师就是课程专家。"真正的课程专家在中小学的课堂上，在课程开发的现场"，这一理想主义的诉求在这里成为现实，这是学校所需要的课程状态。"多元化的学习社区"需要每一个有课程思维、课程思想的人来构建，遍寻中国基础教育改革创新的现场，他们做出了"不可能做出"的成就。

2. 在封闭的体制范畴内打开制度框架

"学生按照直线走路，每个学生做操有自己的固定点，那也是彰显个性。"

这是乐陵实验小学众多的"规则"与"约定俗成"的制度之一，这也是李升勇校长在全国各种教育论坛向专家挑战的一句话。其实，李校长挑战的不仅仅是专家，还有体制内的种种约束，而他所打开的制度框架的方式则是教育的规律，是他对教育、对自身责任的深层次的思考：

> "作为一个负责任的校长，是急功近利抓成绩，还是根据学生生命成长需求来搞教育，是有着本质不同的。我常常说，做一个校长要考虑的是对下负责还是对上负责。假如只对上负责的话，眼睛盯着的是上级领导，是上级给你的这份权利，而不是工作，说到底那是对自己的利益负责；假如对下负责的话，眼里心里就是学校，是老师，是学生，是家长，就会想着怎么去服务老师和学生，服务社会和未来。"

> "抓升学率，抓教学质量，对不对？应该说是我们目前的正确做法。但我们的教育如果把眼睛始终盯在这个层次上，无论是培养出来的人，还是培养人的人，无论是学校，还是教育都会'画地为牢'，局限在一个狭隘的圈子里，最后导致'只见树木，不见森林'。我们把教育定位在服务、生长、成功，就是为了突破传统教育的窠臼，给学生、老师、学校一个新的教育意识，一种新的改革思路。学生的成功就是老师的成功，老师的成功就是学校的成功，学校的成功就是教育的成功！当我们的教育真正培养出的是一个个鲜活的具有高尚的道德品质、良好的生活习惯的人时，培养出来的才是'真正大写的人'，我们的教育才是真正的成功。知识啊，能力啊，都是教育的载体，至于教学质量啊，升学率啊，学校设施啊等一切问题都会瓜熟蒂落水到渠成地自然解决。我想，只有这样的教育，才是真正的教育，这样的改革，才是真正的改革！"

微言有大义，而真正的教育价值不能仅仅体现在教育情怀和一般意义的教育管理上，如果那样，就不是乐陵实验小学了，也不是李校长的境界，他们沿着制度打破制度的智慧和决心仍然体现在更深层次的课程上。

学校里的教育改革有些领域是不能改的：学生的发展目标、课程的实践目标，地方教育行政部门规定的课程表设计等。然而，只要找到了终极目标，教育就可以在变革中殊途同归。

他们的语文课有基础性课程、文本性课程和实践性课程，同样是语文课，貌似只能学语文，但是，在这里，语文是"大语文"，语文课可以上成名画课、名曲课、经典课、时政课、书法课、地理课、影视课……于是，就有了在小学一年级的课堂上，学生流利地背诵《长恨歌》《出师表》；小学五年级的课堂上，学生能够背诵中学课文《桃花源记》《蜀道难》，甚至有的学生能够背诵大学生学习都有困难的《九张机》。这就是个性，规则与个性同时融合于一所学校的教育实践中。

为什么语文、数学、英语、音体美在这里有了不同的面孔？因为，在他们的理解中，国家课程有广义和狭义之分。"从广义上来说，指国家有关部门制定和颁布的各种课程政策，比如，教育部制定、颁布的课程管理与开发政策、课程方案，各类课程的比例和范围，教材编写、审查和选用制度等。从狭义上来说，国家课程是指国家委托有关部门或机构制定的基础教育的必修课程或称核心课程的课程标准。"

而无论从哪个意义上来说，国家课程都不是教科书所能够替代的，无论选择什么内容，无论采取什么方式，完成了国家课程的制度、标准，就是学校管理课程的核心，而在这个完成的过程中，学校的权力空间、实践空间极大地拓展了。

乐陵实验小学的课程开发来到了课程最前沿，破解了欧美一些国家在校本课程开发过程中的不合作、假合作倾向。其实，在我国，由于"补充性的校本课程"耗费了学校、教师过多的精力却在学校里"没有名分"，"名不正言不顺"，甚至很多校长一边要求教师开发课程，一边自我怀疑"这有用吗？"

还是回到基本理念上来看，乐陵实验小学课程开发的制度性突破也突破了校本课程在补充性开发、特色化开发中处处叠加、交叉甚至遭到自我否定的怪圈。

3. 坚守课程而放弃功过

"只想做一名教育路上的朝圣者，追寻教育的真谛，营造美好的教育环境，让成为我校学生的孩子们接受良好的教育，获得终生幸福的能力。"这是李升勇校长的教育独白。

在效率化、功利化、市场化影响下的学校教育逐步成为"唯特色"取向的"异形"后，特别是 2011 年国家倡导普通高中特色发展的思路之后，一方面，追逐特色成为一种常态；另一方面，给自己的学校安插、界定特色也成为一种变态化的发展。学校教育的特色是可以打造的，但肯定不是一蹴而就的，更不是一种标签。

其实，能够体现一所学校教育特色的唯有课程最值得发掘，而乐陵实验小学在课程开发中取得了极大的突破，却久久不愿也没有做出"特色化"的标示，笔者曾戏称，这所学校课程改革启动最早，课程改革的成果已经走向全国，到现在为止却没有属于自己的课程标签，甚至没有一个值得拿得出来展示的课程体系。

乐陵实验小学给出的答案：课程就是课程，研究教育就是用教育的方式去研究。

10 多年过去，乐陵实验小学的课程开发经验回归真正的课程，回归真正的教育，继而破解了校本课程开发受制于官员、专家、媒体、时尚、生活而唯独不是课程本身的问题。属于学生的课程就此建构起来。

对课程的解释与重新建构，是乐陵实验小学改革经历的一个缩影。致力于学习先进的经验，却不盲目迷信这些经验；致力于建构自己的思想，也不停留于这些思想；致力于表达自己的教育理解，却不重复这些教育的理解。在乐陵实验小学的教育改革过程中，从来就不向往理论，他们自认是"草根的"，却始终沿着正道前进。在李升勇校长的课程与教学描述中，从未出现晦涩的概念，他迷恋可操作与可复制，却与后现代教育哲学在此并行。因为教育者在教育发生现场的反思能够直指问题的核心，而他们在现场的改革才能够以未来关注当下。

三、乐陵市实验小学"素描"

泰安市泰山附中　孙明霞

对于乐陵实验小学，我的确有太多太多想说的话，关于李升勇校长，关于实验小学的老师们，关于实验小学的学生，学校的搬迁，文化小使者，课程改革，星光论坛，60 元钱买的大门，还有系列德育活动……但真的开始动手，面对眼前的屏幕和手中的键盘，突然发现，因为情之深，竟然如此的词不达意，不知从何说起。

"山东乐陵实验小学，虽然只是一所落后县区的小学，但李升勇校长近十年来一

旧校大门

直坚持教育改革。先从教师培训开始，下午学生放学后，老师们进行学习交流和讨论，经常延续到很晚，被老师戏称为'星光论坛'；利用周末节假日李校长就带领老师们到济南、淄博、泰安、烟台等地参加各种培训活动，由于经费紧张，他们就租大巴车带上干粮天不亮出发，当天返回，路上李校长就跪在副驾驶的位置面向车厢和老师们研讨交流，这一教研方式被称为实验小学独有的教研方式——'跪着教研'；在提升教师专业素质的同时，他带领老师们先从语文学科开始进行课堂改革，到课程改革，再到教育改革。现在语文大课程改革取得很大成功，在全国富有影响，各地参观学习者络绎不绝，李校长和实验小学的老师们也经常被邀请到全国各地分享他们的"大课程改革"成果。众多报纸杂志先后派记者前往采访、报道……

　　这是去年我发表在《福建教育》杂志上的文章《名校之名从何而来》中的一段话。

　　当时，编辑看到这段话的时候，专门电话问我："真有这样一所学校吗？他们真的是这么做的吗？效果真的这样好？"我给予了肯定的回答，并告诉编辑，我只是写了很少的一点点，他们这些年进行课程改革、老师和学生的故事很多很多，讲上三天三夜也讲不完，有机会的话，可以去看看……编辑一听，"太好了！还有这样的学校，太让人感动了，我们中国就缺少这样勇于探索、不断发展的好学校。有机会一定去学习……"

作为一个"外人"，我相信没有谁比我更了解乐陵实验小学了，因为和李校长十年的相识，因为和乐陵实验小学老师们多年情同手足的交往，让我觉得，于乐陵实验小学而言，我不是外人，而是"家人"。我听了太多太多李校长和实验小学老师的故事，深入了解了很多他们课改的经历，也时常参与到他们的活动中，还有我们成立的民间团队"现代学校教育发展联合会"，让我感觉，我从没有远离过乐陵实验小学，而是就身在其中、伴她左右，和乐陵实验小学的老师们同呼吸、共成长。

的确，乐陵实验小学是一个让我非常感动的团队。从校长到老师到学生，没有到过乐陵实验小学的人是无法体会的——原本那么薄弱的一所小学，原本很多学历都不达标的老师，现在却经常听到他们应邀外出讲学、上公开课的消息；只是一群落后农村的孩子，却个个文明有礼、知识面广、落落大方侃侃而谈，他们的素质绝不亚于大城市的学生。

到乐陵实验小学考察学习的教育同行都会发现：实验小学每一个老师的脸上始终都挂着幸福的笑，都在拼着命的工作，生怕自己做得不够好。是不是他们得到了很多额外的报酬或奖励？有的参观者忍不住就问实验小学老师工资多少，奖金多少，加班费多少……当他们听说实验小学老师工资非常低，从没有一分钱的加班费，也没有任何奖金或奖励的时候，惊呆了——没有奖励，你们为什么干的这么卖命？

记得几年前在1+1教育网上曾有个老师发起一个讨论：教师的幸福从哪里来？实验小学张辉老师应邀参与了讨论，写了一篇短文《当我穷得只剩下学生，我依旧拥有幸福》，文中提到，自己工资只有1700多元，每月支出却很多，最后所剩无几、囊中羞涩，但是，"钱的短缺丝毫不会影响到幸福。看着孩子们精神饱满的来到学校，静默、读书、练字。课间歪着脑袋争着抢着给我捶背，讲故事、猜脑筋急转弯。每天和孩子们快乐的游戏，当他们拉着拽着和我做游戏。看着孩子们一天天长高，一天天懂事，不知什么时候，孩子们已学会了打扫卫生，放学后会主动清扫。教室里的花再也不用我费气劳神，他们会按时浇水、松土。看到孩子们的点滴成长，我真的很幸福"。

我很为实验小学的师生们感到自豪，遇到了李升勇这样的校长，十多年的探索发展，让老师发生了脱胎换骨的变化，为学生健康成长提供了良好的条件。我想，这就是他们"为什么没有奖金还这么卖命"的缘由。

我也很幸运，认识了李校长和他的团队，我从李校长身上学到了很多很多，他对老师和学生高度负责的精神，他善于学习与思考的态度，他对所有人的包容与友善……这些品质，时时影响着我，也改变着我，让我在这个教育极端功利化的时代看到了什么是求真、求实，什么是做真教育，什么是高品质的教育。

李校长似一盏灯，就在我的前方，让我在这个极度浮躁的社会能保持一种警醒，不会迷路。

四、乐陵市实验小学印象

——选自网友蓓晓梦途的博客

早就想来乐陵实验小学看看，看看校长李升勇，看看他的"大语文""大课堂"。2014年11月27日下午，初冬的寒风、细雨中，走进了乐陵实验小学。

短短的两个多小时，看了孩子们的入校路队，听了学校管理的报告，看了丰富多彩的36个班的课堂改革现场。

虽是走马观花，也有了一些感受。

（一）一个好校长就是一个好学校

这是一个传统的观点，也是一个现在有争议的观点。反对者认为，"一个好校长就是一个好学校"强调的是人治，应该是"一个好制度比一个好校长更重要"。可是，没有一个好校长哪来一套好制度？就是有了好制度，校长素质不行，如何实施？因此，就中国目前的教育背景、教育形势来说，这个观点还是很有道理的。

在走进学校前，上午又聆听了李升勇校长的报告。这是第二次听他的报告，第一次是在聊城。李升勇是一个有思想的校长，每次听他的报告，都有感触和启发，他成了乐陵实验小学的一张名片，很多人是先知道了李升勇，才知道了乐陵实验小学。

乐陵实验小学的改革是在理论指导下的改革，这个理论不是来自研究机构的专家，不是来自某本专著，而是来自校长李升勇对现实教育的思考和研判。

（二）课改的关键是教师

教师的教学改革主要靠什么？是自己的内涵，是自己的专业素养。现在很多学校在教学手段、教学设施上下了大力，把所有财力用在了改善办学条件上。从前些年的"校校通"到几年前的"班班通"，再到现在的"人人通"，教学手段、教学设施达到了国际水平，让人耳目一新，叹为观止。

走进乐陵实验小学，教室里没有安装多媒体，没有"班班通"，也没有"人人通"，只有几个多媒体教室，甚至在一个音乐教室里，还使用着一台破旧的电视机。教师的教学是常规手段，该读的读，该写的写，该思考的思考，该讨论的讨论。教师教的投入，学生学的投入。不热闹，不好看，但实在，但实惠。

我想起了杜郎口中学，教室里尽管安装了多媒体，但是他们的教师在课堂上也很少使用，倒是教室四周的黑板使用率很高。越来越多的人认识到，多媒体只是一种辅助手段，决不能代替教师的教和学生的学。

（三）文化建设是课改持续发展的不竭动力

没有补贴，教师们却争先恐后地干，这从一个侧面折射了乐陵实验小学的团队文化。

（四）课改的基础是把小事做好，做到极致

乐陵市实验小学的实践证明：教育是无处不在的细节，路队就是走出了名校。

教育就是培养良好习惯，在小学阶段所有的理想信念教育都不应是空洞玄虚的说教，而是耳染目睹的影响和大化小、虚化实的身体力行。

他们做到了，他们成功了。

（五）课改发展的灵魂是创新

1. 课程创新

在乐陵实验小学，课程设置满足于学生生命成长的需求，不是口号，而是贴地行走的具体实践。

2. 课堂创新

李升勇和他的团队用周目标导航、前置性学习、组织化合作、栏目化教学等"模具"和流程，完成了对传统课堂结构的颠覆性重构。

3. 教材创新

学校将语文教材向其他学科延伸，向社会、向学生生活延伸，把教材分为文字版、电子版和生活版三种形式。教材根本不是单一的教科书，而是生活的全部，是固化的生活（文本）和现实生活的总和。

乐陵实验小学，中国农村小学教育的一面旗帜！

在乐陵实验小学，课堂上，学校以合作学习为主，前置性学习起到了关键作用，老师的话非常少，主要是引导着学生如何自主学习，老师的作用主要是推动作用。

乐陵实验小学，关注的是学生的学习状态和生成，思维的宽度与深度，强调的是学生生成的体验与成就感的培养。在课堂上，学习评价不是一种静态的评价，而是一种过程性的动态评价，从周目标的过关检测，到前置性学习的态度与方法，再到小组交流讨论，都是一种"大评价观"的体现。

此次乐陵实验小学的参观，让我近距离感受了李校长"大课堂、大教育"的观念，让我在教学中受到了启发，我们在教学中可以有效渗透合作学习理念，从低年级就可以渗透合作学习的方法与技巧；可以每周制定学习任务与计划表，让学生明确，家长督促完成；有学习，有评价，评价一定要跟上，评价一定要切实到位；从低年级开始让孩子多读书，多积累语文素材，不要把视野仅局限于课本；挖掘学生的潜能，可能每个孩子基础不一样，但是每个孩子都有进步的空间，老师的作用就是把这个空间让它尽可能地扩大，让每个孩子在每一天都有所进步与成长！

五、在平凡中见证不平凡

江苏省东海县石湖中心小学　吴立向

"众里寻他千百度，蓦然回首，那课却在灯火阑珊处。"山因势而变，水因时而变，人因思而变，因变而进。沐浴着春风，踏着春天的脚步，走进乐陵这片圣土，给我们带来了佳音。

转眼间在乐陵实验小学一周学习已结束，我们在这平凡的日子里，了解了一位不平凡的校长，打造的一支不平凡的团队，创造的不平凡的业绩。在一个经济欠发达，各方面资源不足，师资力量欠缺的学校，他们的语文课改成功了，他们的溯本求源的校园文化、科学有序的养成教育、大课程观、家校联系、小组合作让我们心潮澎湃，久久不能平静，这不是我们一直寻求的吗？在刮目相看的激情中，情趣盎然地收获学习的累累硕果。

（一）文明习惯培养科学有序

1. 高雅从安静开始。孩子一下课就乱跑、乱闹和乱叫，这已成为司空见惯的学校一景。因为在许多人看来，这是挥洒孩子天性的自然行为。但李校长却给其贴上了"不文明"的标签。他认为，凡事必有规范，学生尤其应当如此。如果任其发展，孩子就会成为自然人，所谓的社会人、文化人，就会与其背道而驰。所以，他规定学生要"室内不跑，楼内不吵，注意听讲，路队走好"，"入校即静，入室即学"。就是写作业，也有严格的规定。不好的行为习惯一旦养成，改起来必然"难于上青天"。在自我控制中，感受安静所赐予的优质学习环境。但他同时强调，学生不能没有挥洒天性的地方，所以他将学校分成两大区。学习区就是学习的地方，正像西方发达国家的公众场合一样，是一个有着"规则"的安静之地。到了操场区，学生则可以无拘无束地尽展天性，跑、跳、喊、闹无一不可。

2. 没有规矩，不成方圆。坚守13年的路队管理，家长委员会成员的护导队，进入校门前整齐的两列路队；年级部主任负责制，年级轮流值周制度；路队行进中的挺胸收腹，强有力的摆臂，自信的步伐。每周升旗仪式上各值周年级对上周工作的及时总结与鼓励（纪律之星，卫生之星，路队之星等）；学生解散时强有力的音乐背景（121节奏明显）；学生课间如厕在楼道内的一字长队，彬彬有礼、大大方方、鞠躬问候"客人好"；课间的安静有序；学生课间操的精彩表演及展示……这样的一切让我觉得新奇，多么可爱的孩子！让我产生了深思：没有教不会的学生。当我在抱怨自己的学生调皮捣蛋不听话时，能否从这里的孩子们身上得到一些启示，在规范孩子日常行为时，能否向他们一样？

在李校长那里，教育，不是高悬空中的子虚乌有，也不是大而无边的空洞说教，而是具化成一个又一个小之又小的可以操作的点，触手可及，动手可做。真真正正的大处着眼，小处着手。譬如，爱国从孝敬父母开始，爱党爱社会从感受社会变化开始，培养民族精神从寻亲问祖开始，传承民族文化从培养人的爱好开始，人生教育从拓宽视野开始，诚信人生从自我控制开始，关心集体从理解他人开始，保护环境从个人卫生开始等。

正所谓"行是知之始，知是行之成"。

（二）课堂教学颠覆乾坤

1. 语文教学改革涉及的内容广泛、动作大，效果好。新中国成立几十年以来，我们的小学语文教学始终没能走出应试教育的怪圈。讲课文、做习题，把语文学习的主体变成了客体，完全违背了语文教学的规律，害了一代，甚至是几代人。基础教育改革近十年以来，虽然不时出现这样那样的教改典型，也只不过是隔靴搔痒，于大局无补。而乐陵实验小学开始进行语文大课堂改革实验，经过多年的实践与探索，跳出狭隘的课堂目标范畴，把目标直接定位于"学会学习，学会生活，学会做人"，形成了较为完善的大目标、大课程、大教材、大课堂体系。教材定位：文本＋生活。将传统的单一语文学科课程整理形成三大课程体系，即：基础性课程，文本性课程，实践性课程。课堂的构建，改变了课堂流程，实施栏目教学。

2. 新的课堂流程包括：①周目标导航，②前置性学习，③组织化合作，④成果展示。这样的构成，明确了师生的目标意识，调动了学生主动学习的积极性，培养了学生的自学能力和合作学习的能力，拓展了学习的空间和时间，提高了教学效率，也提升了学生的综合素养。

3. 与此相匹配，乐陵实验小学的新的课堂教学模式，对教师提出了新的挑战和要求：①教师必须先于学生进行前置性学习，②必须同学生一起设计周目标，③必须全程指导学生的前置性学习，④必须能有效驾驭开放的语文课堂。在完成目标的过程中，教师专业水平得到了提高，反过来作用于工作促进了学校的发展。通过听课，发现授课教师十分自信，对新课堂驾轻就熟，游刃有余，这正是学校实现可持续发展的保证，是源头活水，是宝贵的财富。

语文大课堂，使学生的视野宽了，行为习惯变了。在生活的大课堂中，孩子们的情感、态度、价值观发生了变化，"成才先成人"的理念渐入人心，在潜移默化中他们养成了质疑、倾听、守时、感恩的良好习惯。

语文大课堂，打开一扇窗，透过它，我们看到了以李升勇校长为核心的乐陵实小人大胆开拓的可贵品质，看到了课改天地的别致风景，为我们树立了一面镜子。把课堂当成教师生命成长的平台，而不是师生表演的舞台。

（三）用心做教育的掌舵人——校长李升勇

一所好学校，首先要有一位好校长。一位好校长是学校的灵魂，是教师团队的精神领袖。一所学校办学质量的高低，在规范办学、特色办学的路上能走多远，在很大程度上由该校校长的态度与能力决定。通过和李升勇校长的交流，我深为李校长的学识、眼界、干大事的魄力折服，这才是我心目中的大校长。能尽兴地施展自己的抱负，指挥几千人的学校于股肱之间，当这样的校长一生足矣。

做一个有思想的校长。教育的最大使命是让人们由无知走向睿智，从幼稚走向成熟。一个有思想的校长，应该深深地懂得教育的真谛，牢牢把握住教育的本质，充满教育的热情，肩负起"促进人的全面发展"这一重任。乐陵实验小学李校长熟读经书，把儒家思想、道家精神内化为个人品质，心里所想的就是如何"为学生终身发展奠基""为教师持续发展服务"，在学校中倡导"立己达人"。这样大气的教育追求呼唤着有思想的教师，在这样的育人氛围中，教师们也更新着对教育的认识，改变着自己的教育行为。

做一个有勇气的校长。李校长以广阔的视野，对教师进行了真正意义上的专业引领。立足于大语文教学改革，既汲取了先行者的经验，又在理论建构与实践方面进行了大胆创新，从周目标的引领到前置性学习，从小组互助到课堂展示，语文教改之大、范围之广都是罕见的，课改的成功令人喜悦，但是谁想到课改之初的艰辛。李校长面对层层压力，他认为育人目标不是阶段性的，也不是空泛的。既要解决学生眼前问题，更要关注他们的可持续发展和终身发展。所以他坚持甚至固执己见地选择了语文大课堂改革。

做一个有智慧的校长。急功近利没有前途，遵循规律才会取得成功。在事物发展过程中，有序稳步发展是它的规律，这种稳步有序的成长是事物发展的常态，是真正的力量所在。李校长努力寻求教育的规律，让教师在组织学习中发展，在课堂上发展，在课程资源的开发中发展。激情是一种强大的精神力量，让教师勇于面对课改，并积极参与改革。李校长最有办法，身先士卒，用持续不断、带有互动色彩的学习、让新知识、新方法带给教师工作激情。课改之所以能顺利进行，源自他有一支优秀的教师队伍，而优秀的教师队伍则是他这些年来精心打造和培养出来的。见到实效的每一个老师，他们无不把李校长挂在口头上，无论谈到学校的什么举措，开展的什么活动，老师们总是说："要不是李校长的引领，我可能……""李校长对我们太好啦，我们现在做得还不够，我们只有不断地学习、努力，否则就对不起校长了"。谈到老师，李校长总是发自内心地说："我的老师们太好了，只有尽我所能为老师们创造好的平台，让老师们不断进步，享受成长的幸福，享受教育的幸福。"

正因为他带领老师们不断学习，教师专业化水平不断提升，老师们有了丰富的教育理论，开展的课堂改革、课程改革才能卓有成效，众多专家学者给予高度的评价，这是符合教育规律的，是回归教育本质的改革。

一个校长，有了思想，有了勇气，有了智慧，才会有专业的"科技含量"，才可能会有高效发展的课堂。俗话说得好："世上无难事，只怕有心人。"作为校长凡事只要用心去观察，用心去思考，用心去感悟，用心去经营，有了这种精神，定能感染和引领师生自觉地去探索、去创造色彩斑斓的教育天地。

（四）不平凡的触动

乐陵实验小学带给我的启示和思考很多，但触动最大的是以下两个方面。

1. 校长的使命是对师生进行精神引领和思想指导。《山东教育》原总编陶继新称李升勇校长为"教育家"式的校长。的确，出身民师的李升勇校长确实是一个构建学校教育大厦的人，一个具有战略眼光的校长，他理念超前、行为创新、勇于实践和探索，他将素质教育和人文教育融为一体紧密结合。苏霍姆林斯基说过："校长对学校的领导，首先是教育思想的领导、业务上的指导，其次才是行政管理。"李升勇校长就是这样的校长，他把他的教育思考和办学理念，体现在学校的角角落落，章章节节，他亲自设计改革的蓝图，亲自参与教改实验，亲自听课评课指导，他先进的教育思想和精湛的业务给老师们灯塔似的引领，他厚重的思想积淀和敢为人先的改革魄力，使乐陵实验小学当之无愧地走进了全国课改一流行列，人本理念，已经深深地扎根于教师的心灵深处，并且延伸到学生中间。乐陵实验小学的教师们谈起课改，说得最多的是"李校长说""李校长的思想""李校长的理念"，可见，李升勇校长真正做到陶行知先生说的"校长是一个学校的灵魂"。

由此我想到了洋思中学的蔡林森校长、杜郎口中学的崔其生校长、行知小学的杨瑞清校长……他们有着共同的特点：有思想的校长，懂得教育的真谛，牢牢把握住了教育的本质，充满了教育的热情，肩负起了教育的伟大使命；有勇气的校长，当大多数学校背弃教育规律，眼睛只盯着升学率的时候，不盲从于现实，奋起改革，面对来自社会、学校内部层层的压力，不屈服、不折扣，坚守自己的信念，坚守自己的理想，将改革进行到底；有智慧的校长，努力寻求教育的规律，善于学习，勤于思考，勇于实践，聚众家之长，集众家智慧，构建自己的思想体系；有博大胸怀的校长，想大事，做小事，不只盯着课堂，不只盯着自己的学校，胸怀天下，把学校教育和社会的发展联系起来，和国家、民族的命运联系起来，从我做起，从细节做起。当校长只注重于行政事务，而不关心于专业引领，甚至游离于教学，游离于课堂后，学校就失去了方向，教师就没有了目标，最终的结果只能是带出平庸的教师队伍，管出平庸的学校，搞出平庸的教育。"给我冲"和"跟我上"其号召力永远不一样。

2. 打造一支优秀的教师团队是改革顺利进行的重要保障。无论是对教育的理解，还是对课堂教学的改革，都离不开教师，因为校长的办学理念要靠教师去落实，系统深奥的学科知识要靠教师去传授，学生创造性思维火花要靠教师去点燃，学生健康的人格、美好的心灵要靠教师去培养、去塑造。因此，没有高素质的教师，就很难有高素质的教育，更谈不上改革创新。为了打造一支改革的先锋队，李升勇校长按照"为教师持续发展服务"的思想，提出了"工欲善其事，必先利其器"。首先成立了"圣徒学社"，社员每人先交1000元风险金，在组织培训期间，如果请假一次扣50元，没有任何解释理由。由此选拔出了11位教师组成铁杆"改革派"，并对圣徒社队员提出了"三当、四要、五有、六做"十八项严格的要求。其中六做规定：做一个胸怀天下的大写之人，做一个远离世俗的高雅之士，做一个宽厚仁慈的谦谦君子，做一个学识渊博的清贫书生，做一个立己达人的教育圣徒，做一个开拓进取的改革先锋。后来又组织了"星光论坛"，每周一、三、五晚上五点到八点和周六下午为课改组学习时间，披星戴月，从不间断。由这样一支"铁杆"的改革队伍，开启了改革的序幕，掀起了改革的大潮，进而带动了全体教师，拉开了一场轰轰烈烈的改革大会战。整个改革的过程，有疑虑、有困惑、有争执、有痛苦，怀疑过、逃避过、抱怨过，甚至愤怒过，经过了恩恩怨怨、坎坎坷坷，一次一次地磨合，一遍一遍地打造，教师的观念变了，理念新了，信心足了，士气壮了，教育理论丰富了，实践能力增强了，整体素质提高了，改革步入了良性健康的发展轨道。应该说是教师推进了课改，也是课改推动了教师的发展，成就了教师的事业。

（五）心动还要行动

1. 认真学习研究乐陵实验小学成功的经验，深刻领悟语文大课堂的实质。首先学校业务组一班人要弄懂吃透。然后再组织全体语文教师共同学习，学会学通。最后再结合我校多年来的经验，经过广泛研讨，形成语文教学的新模式。要敢于大胆创新，敢于舍弃继承，以新的视角、新的思维来审视我们的工作，下大力气抓落实，以锲而不舍、咬定青山不放松的韧劲，搞好我校的语文教学改革。

2. 学习乐陵实验小学的有效教研。没有教师的发展，难有实质意义上的学生发展和学校发展。他们搞的"圣徒学社""星光论坛""车上教研"等形式，很值得我们借鉴与学习。今后在教师教研这方面，要敢于出重手，下死手，工作中不留一手，不虎头蛇尾，抓就一抓到底。此前的教训值得反思，一遇到阻力就止步、后退。长此以往，什么事也干不成。采取多种形式，积极开展有效教研，把教师专业发展当成头等大事来抓。

3. 静心经营，学一思一行，戒一定一慧。泰戈尔说："顺境也好，逆境也好，人生就是一场面对种种困难无尽无休的斗争，一场我寡敌多的战斗，只有笑到最后的，才是真正的胜利者。"只有和老师们在平凡的岗位上坚守，才能创造不平凡的业绩。

六、心静志高德播远

山东夏津县希望小学　牟桂青

最初认识李升勇校长是在德州市教育局的经验交流会上，同时在会上发言，会下没有什么交流，但是，李校长给我留下很深的印象。第一次了解李校长是在2009年的暑假，我县组织全体教育干部培训。当时他是受邀专家，我是听众。那次他讲的课，带给我的是历次听课所没有过的震撼。这是位有思想的，办教育有独到之处的专家。

2009 年 10 月，参加省里组织的第二届农村学校校长培训班。在培训班即将结束的那天，我意外的发现李校长也在参加培训，便主动上前做自我介绍。简单的交谈了几句话，李校长非常热情、直爽，我立刻产生了一种感觉：这是位值得信赖的校长；这是位有着"老家大哥"感觉的校长；这是位在教育探索中，可以引领方向的校长。当时给我印象很深的有两句话："做教育是做功德"和"探索小学素质教育的样板"。因为我的孤陋寡闻，对这两句话，当时理解的并不深刻。

2010 年 9 月 16 日，我第一次走进乐陵市实验小学。这次的感受是：李校长是践行仁义礼智信的山东汉子！他有自己独特的办学思想——为学生的终生幸福奠基，为教师的持续发展服务，对学生的培养从"正心"开始，而后"修身"，而后"为学"，再后"求智"。作为黄皮肤黄头发的中国人，出生在儒教文化滋养的山东大地上，他自己说，做教育是在"做功德"。这次我的理解有了这样的含义：他办教育已经超越了功利。落在墙上的、地上的、空间中的视觉文化，是他办学理念的凝练。在老师和学生层面践行着的是他的办学思想的内涵。学生行为习惯的训练与养成，课堂教学的颠覆和重建，教师群体的引领和发展，都和他的办学理念一脉相承。

随着对李校长和他的学校了解越多，越是感觉到其人格魅力的强大。和李校长进行交流，他的话语那么朴实，行为又那么真诚。在他面前你不得不把自己真实的一面，毫无顾虑地展现出来。

李校长说，暑假中他画了三个圈：一个山东现代学校校长交流圈，一个全国校长交流圈，一个世界华人儒家文化交流圈。这三个圈应该是李校长做功德的又一个具体体现吧。这三个圈是多么了不起啊。立足山东大地，以儒家文化为核心，去研究现代教育，研究现代学校。李校长要践行的是立足中国面向世界的大事业，把我们的教育文化推向全国推向世界。多大的气魄和胸怀啊！我的敬意油然而生。

关于将来的中国人，李校长有这样的描述。我们现代中国人没有自己的礼节，握手是西方的礼节。我们先人的礼节是鞠躬、作揖。现代有人做吗？没有。我们可以这样从小培养孩子们形成一种固定的礼仪习惯：怎么站，怎么坐，什么时候点头致意、什么时候鞠躬，鞠躬多少度表示什么礼数，等等。这才是做教育，难道这不是做功德吗？

随着对李校长的深入了解，我的压力也越来越大。我对我的学校能做些什么，面临的问题有哪些？靠我的力量，可以把希望小学带到哪里去？李校长对我的评价是比较高的。他说，我在山东的小学校长里面也应该是一流的，我说他是夸奖我，他说不是夸奖，是真的。我知道其实他是在鼓励我。因为我清楚地知道自己就是一位普通的小学校长。与李校长相比，看到乐陵市实验小学的改革，真正做到自己应该学习的东西太多了。现在真的处于迷惘之中。我们的学校管理有什么样的理论支撑？我们的课堂现状距离学生主动、有课堂生成的层面有多远？我们的教师呈现出的状态离幸福追求有多远？从哪里找到突破口呢？这需要深入学习研究乐陵实验小学的成功做法与先进理念，结合自身与学校实际进行大胆改革，真正做到像李校长那样用心做教育，用智慧开路。

要走了，李校长送给我一本书——《课堂教学的颠覆与重建》。书中既有李升勇校长对改革过程的叙述，也有他高屋建瓴的理论升华。有人说：这本书是关于学校改革特别是大语文教育的一部"写真集"。我真是如获至宝！这样我可以系统地了解李校长和他的学校团队了。

2014年12月23日，重回乐陵实验小学，重听刘德芸的语文阅读课，又见率真小伙路猛。熟悉的环境、亲切的面容、陌生的高度！语文阅读课没改的是流程、改变的是内容，新增的展示组与阅读组的互动更加充实，更显示了"平等的学生观"。五年前的小伙路猛，那时又犹豫又抱怨又活泼的小老师，那时为我提箱子的小老师，现在成了副校长，他站在全校课程管理的角度进行的介绍有板有眼、有理论有实践，很像那么回事了。李校长就更不用说了，依然那样执着、那样勤奋、那样霸气。他的"霸气"来自不停追问与思考的求真精神，来自广博学识与见闻的探索追求，来自越来越高平台锻炼的自我超越。他成功了，他把教育当成了做功德，广散功德，功德无量！

七、与李升勇校长共事，是我人生的宝贵财富

左淑琴

我是乐陵实验小学的一名退休副校长，转眼间离开实验小学已经四年半的时间了。这四年多的时间，我虽然很少回学校，但是，作为曾经的实验人，这颗心一直

牵挂着学校，关注着学校的发展，同时也感受着学校发展所带来的荣耀。

作为曾经的实验小学的老师，每当和人聊起实验小学的发展，我总会情不自禁地说："李校长真的很神奇，实验小学就是按照他当年的规划一步步走到了今天的辉煌。"真的，李校长是神奇的，让实验小学从一所普普通通的县城小学发展成全国知名小学；李校长是幸福的，他的成功让所有了解他的人明白，有梦想的人生才是幸福的人生，有梦想且为实现梦想努力付出的人才会有人生的幸福；李校长是超人，是用自己的智慧和汗水为原料炼成的超人。他让每一个了解他的人无不为之叹服。我也经常和我的孩子说："你应该常去和你李升勇叔叔聊聊，对你的发展会很有帮助。"李校长是我们周围普通人成功的榜样。

我曾经是实验小学分管业务的副校长，是实验小学成长的见证者，是李校长为实验小学呕心沥血的见证者。每当想起李校长带领我们走过的每一天，每一步，我都会感慨万千。实验小学的工作经历，是我人生的宝贵财富。但文笔笨拙的我，今天只能我笔写我心，虽少修饰，但力求道尽实情。

（一）我成了井底之蛙

1987年，我从乡镇中学调到乐陵市实验小学，成了一名小学老师。作为一名恢复高考后以自己的能力取得教师职业的我，在实验小学当老师，可以说轻车熟路，没有业务压力，没有职业危机，每天浑浑噩噩，当一天和尚撞一天钟，甚至还孤芳自赏。说起来，我是县城里的教师，不用住在漏风漏雨的乡镇教师宿舍，不用天天行走在泥泞的乡间小路上，不用愁孩子没有学校上学，更不用愁为买件衣服需要骑车十几里路去集市或进城。我过着安逸的日子，晚上看看电视，周日逛逛大街，谁见了都说这是实验小学的老师，听见后心里也美滋滋的。在实验小学，我有扎实的业务基础，灵活的授课技巧，出色的教学成绩，也让众多的家长以孩子在我班读书为荣。大家打铃上课，下班回家，不求上进，没有追求，也不知道追求什么。正值教师生涯的黄金时期的我，更不知道教师之路多么广阔，也没有为自己和学生的发展而去读教育名著，只是天天以《山东教育》《小学数学教师》《小学语文教师》之类的专业刊物为友。我看这些刊物，从不看名师成长之类的文章，只是着眼于所教专业的教研。自参加工作以来，我没有听过一场名师报告，没有参加过一次教育培训，都是闭门造车似的当老师，自生自灭似的成长，我认为教师一辈子就是这样子，没有什么可发展的。因此，在教师生涯的黄金岁月里，我却成了井底之蛙，没有理想，没有抱负，说混天度日，鼠目寸光一点儿也不为过。

（二）天边飞来一只雁

1999 年，李升勇从市教研室调任乐陵市实验小学当校长。他就像停在井口休息的那只小鸟（实际上是一只大雁，呵呵），利用开会展开了和实验小学师生的一场场"对话"。每周一开例会，他用他那善学好思而积累起来的取之不尽、道之不绝的教育理念，给老师们讲着一个个"外面的天有好大好大"的故事。每周至少一次，校委会成员听得就更多。但是这个群体的大多数人并不以为然，只是半信半疑。再后来，是一辆辆面包车连接起来的井绳把这些懵懵懂懂的人们送到了广阔的教育大世界，让我们实验小学的老师不再闭塞、不再平庸，开始了有梦的教育人生。到北京参加"教育之旅"，到青岛市听课学习；到济南纬二路小学、济师附小学习交流；参加济南"泉城之韵"、听众多教育名家讲座等一系列教育教学研讨活动，乐陵市实验小学的老师们开始明白了，原来这位李校长不是空说大话，外面教育世界的天真的很大，学校发展，教师成长的路原来就在脚下。人，特别是教育人、实验小学人必须有梦，否则，白来世上走一遭。不仅糟蹋了自己，也糟蹋了所教的学生。

（三）为了梦想而拼命

为了实验小学的发展，李校长为学校做出了三年规划，五年规划，十年规划，一年乐陵一流，三年德州一流，五年山东一流，十年全国一流。实验小学人的梦被李校长激活了。李校长就是实验小学追梦的领头雁。为了实现发展目标，他拼命地学习，玩命的工作。浏览全国所有精品教育刊物、杂志、报纸、书籍，细读众家教育名著，他办公室里每一张报纸，每一份杂志，都有李校长圈圈点点做出的不同标记，他在为实验小学的腾飞寻找营养。有一段时间，李校长累的脖子疼，不能伏案读书，竟然躺在地暖分水器旁边睡觉，为的是醒来看书方便。他自己说来似自夸，但我们听了很心酸。谁最辛苦，当属校长。

为了学校发展，李校长首先确定了语文课改之路。为了语文课改，学校创立了以李校长为组长的"星光论坛"。星光论坛，顾名思义，就是利用下班后的晚上时间集体学习。他每天都身体力行，带领老师们学习新课标，钻研新课标，谈理解，写感想，制订个人发展规划，制订周计划，确立语文课改模式。通过种种渠道，提高实验小学语文教师的专业水平和语文素养。为了教师的发展，李校长带头到《教育论坛》网站去发帖、跟帖。李校长带领老师们到外地学习，面包车就成了研讨会现场。他提出许许多多的见解，提问许许多多的问题供老师们讨论，回家后还要有书面的学习心得。为了节约经费，每次外出学习都是周末，且要凌晨出发，晚上半夜回来。为了教师的发展，李校长请多位由普通教师成长起来的优秀教师来实验小学传经送宝……两年的时间，实验小学的老师们从一开始到外地学校的腼腆无语，到后来与济南、青岛大城市教师的侃侃而谈，素养与能力得到迅速、全面地提高。实验小学教师外出学习，没有游玩时间，连晚上外出散步都是一个个讨论会。那段时间，在好多人眼里，这些实验小学老师都疯了，没有加班费，不能照顾自己的孩子，整天就是学习、学习，但就是这种以苦为乐、锲而不舍的学习，李校长把实验小学的语文教师打造成了课堂上的能手，理论上的精英，为实验小学语文课改铺平了前进的道路。

（四）教海中一座灯塔

李校长就像一座灯塔，让实验小学这艘满载着 2600 多名学生人生希望的帆船乘风破浪，不迷失方向。

教师以在实验小学工作为荣，学生以在实验小学读书为荣。实验小学师生有明确的人生灯塔，朝着正确的方向奋力前行。

（五）我最珍贵的经历

能和李校长共事多年，是我人生最珍贵的经历。他的人生观，他的价值观，他的教育观，他的好学善思，他的与人为善，无不让我佩服。

人活着，能做到伟大的不多。我们经常说做人平凡但不能平庸，而李校长已经从平凡走向非凡。李校长视钱财为身外之物，其超脱令人敬仰。

李校长的教育观念很超前，他认为生活到处都有教育契机。生活即教育，这点我感受颇深，也受益匪浅。学校搞的每一次活动，一般人看来是搞形式、摆架子，但是，李校长的教育理念让我深深懂得，任何教育都是附着在形式上的，没有教育形式就没有教育内容。升旗仪式会让学生懂得爱国，运动会、各种比赛会培养学生积极向上的意识和热爱集体的思想。下雪了，老师组织学生到院子里看看，会让学生在观察、了解大自然现象的同时提高观察能力，还可以为写作积累素材，也接受了热爱自然的教育，如此等等。过去我讲搞活动的效果是书面的，现在我说活动的效果是发自内心的，这就是李校长教育观对我的影响。

每一个和李校长打过交道的人都为他的人格魅力所折服。他处处为人着想，真诚对待每一个人。所以他欣赏一个班的班训"做好人，成大事"，这也许就是李校长做人的信条。

李校长把实验小学的办学思想定为：为学生终身幸福奠基，为教师终身发展服务。这是他教育观的中心体现。过去，我们认为学生终身幸福与现在有什么关系，但细想，没有今天的学习与教育，何谈终生的幸福。

衷心祝福我们的实验小学越办越好，衷心祝愿实验小学的老师们开心幸福！衷心祝愿实验小学的孩子们天天向上！衷心祝愿李校长健康快乐！

（现受聘于乐陵博洋学校小学部校长）

八、与李升勇校长共同走过的岁月

北京师范大学青岛城阳附校　郭英

天气渐暖，偶见高空一群大雁排着"人"字向北飞去，他们拍打着翅膀奋力前行，为了减少阻力，达到目标，大家齐心协力。在惊叹它们之余，心里顿时有些失落与孤寂，自己何尝不是一只离群的大雁呢？

或许在别人眼里我是幸运的，从偏远落后的小县城来到了美丽发达的青岛。但我知道，在得到的同时也失去很多很多——失去了师傅（圣徒学社的老师与李校长是师徒关系）的教诲、督促，甚至是"逼迫"；失去了同伴的相助与切磋；失去了前进路上的推助器、生命成长的催化剂。离开了团队的日子，没有了灯塔的指引，没有了团队的相扶相持，特别是在应试教育的强风下，自己迷失了方向，迷失了自我，路在何方？当迷茫、困惑、痛苦时我才发现与李校长及团队在一起的时光是多么珍贵！

难忘课改初期的艰难岁月——那段黎明前的黑暗。"星光论坛"的洗脑工程；课型的构建与完善；每晚到深夜的随笔……就是节假日也没有了休闲娱乐，只有披星戴月、加班加点。于是在多数人眼里我们成了异类，被称为"一个疯子带着一群傻子做着疯狂的傻事"。

其实，对于我们每个弟子来说，早出晚归，加班加点，学习教研，付出时间和精力，这些都不算什么。最痛苦最艰难的莫过于每晚网上的随笔作业了。上了一天的班，晚上忙完家务，安抚孩子睡熟后，再拖着疲惫不堪的身体坐在电脑旁，关键是大脑空空的，很多时候呆呆地坐着，一个字也写不出来，但还必须得写，因为是师傅留的作业，一个字一个字地硬憋，常常到深夜一点两点，真是痛苦至极！心里也曾经有过深深地抱怨：太难了！为什么这么折磨人？可是，正是那段被逼迫的痛苦日子，却留下了 12 万字的随笔，自己都崇拜自己了。总是在过后才明白师傅的话：成长蜕变的过程是艰难的、艰辛的，也是最痛苦的。现在更深深懂得李校长这份良苦用心和教育梦想，为教师持续发展服务，打造一支优秀教师团队，促使生命的华丽蜕变；为学生的终身幸福奠基，满足学生生命成长的需求，满足社会发展的需求；创造学校教育的品牌，为教育事业的跨越式发展贡献自己的力量！

在课改摸索前行的岁月里，虽然很艰苦，但有师傅的指导和关怀，弟兄们的真诚互助，内心又拥有特殊的充实和快乐、幸福并感恩。那段美好时光成了我人生长河里最留恋最难忘的岁月！

人总是在失去时，倍感它的珍贵。每听到乐陵实验小学在全国影响力越来越大的消息，内心总会充满了无限的自豪。在新的工作环境里，常常为自己无力去改变什么而苦恼，内心坚守的那点执着，也曾经在唯分数至上的大潮中摇摆不定，但我从不敢忘记师傅的教诲，自己的使命担当和价值追求，一叶扁舟在风浪中独自艰难前行。

如果说阅历是一笔财富，那么岁月留下来的便是沉甸甸的怀念和感恩了。离开师傅身在远方的我，一直在默默地思念并祝福着……

九、痴心地追梦　无悔地放歌

我曾经走进乐陵市实验小学，有幸和李升勇校长进行了长达 3 个小时的交谈。那个时候，我就惊诧于李校长的气魄和血性，他是条汉子，敢想敢做，敢作敢当，在那片贫瘠寂寥的土地上，痴心地追梦，无悔地放歌。如今，他被隆重地推向了前台，也许还有一些做法需要商榷，一些思想期待争鸣，但有一点可以确定，他是一个值得被关注的领路人。都说"心远地自偏"，李校长却是"地偏心未远"。祝福李校长，也祝福所有像李校长般驻守在贫血地带，却满腔热血，痴心不改的铮铮脊梁们一路走好。

——苏州大学博士　苏静

　　李升勇一个很"中国的"的校长，从他的思想到他的行为，从他的认识到他的见解，植根于中国传统的人文观与教育观，他实践的是一种取源于过往，却又指向遥远的教育理想。一个校长的思考往往决定了一所学校的风格与发展，这似乎是现实。另外值得关注的是，在偏僻之地，不依靠名气与造势，李升勇与他的教师们，执着于自己的信念。他们的办学是真实的，他们的教育是有效的，因为耐得住寂寞，因为没有被这个时代更多的浮华所左右。这样的学校也许并不少，也许不再多。唯愿他们能一直坚持自己，让更多的孩子受益。

——中国教育报记者　胥茜

附　录

一、近几年发表的专著

1.《课堂教学的颠覆与重建》	福建教育出版社	2010 年 8 月
2.《李升勇：大课堂 大教育》	首都师范大学出版社	2011 年 11 月
3.《让学生站在课堂中心》	福建教育出版社	2013 年 6 月

二、近几年发表的论文

"以人为本的另类思考"	现代教育导报	2005 年 4 月 4 日
"笨校长读书"	现代教育报	2005 年 8 月 29 日
"教育没有上帝"	成才导报·江苏教育周刊	2006 年 1 月 18 日
"学习的最终目的是做人、做事"	现代教育导报	2006 年 3 月 6 日
"忠义、诚信是修身立命之本"	现代教育导报	2006 年 3 月 27 日
"成才先成人，教育的过程是培育文化"	现代教育导报	2006 年 4 月 10 日
"重视亲情是提高民族凝聚力的重要途径"	现代教育导报	2006 年 5 月 15 日
"非志远无以致学"	现代教育导报	2006 年 6 月 26 日
"文以载道 教书是为了育人"	现代教育导报	2006 年 7 月 10 日
"人生是一张无法复制的单程票"	现代教育导报	2006 年 7 月 31 日
"推门听课与预约听课"	成才导报·江苏教育周刊	2006 年 12 月 5 日
"笨校长眼里的校园文化"	中国教育报	2009 年 3 月 31 日
"三封信的故事"	中国教育报	2009 年 4 月 7 日
"架设与老教师沟通的心灵之桥"	中国教育报	2009 年 4 月 14 日
"留人，还是留心"	中国教育报	2009 年 4 月 21 日
"方寸间能见大境界"	中国教育报	2010 年 8 月 24 日
"让教育回家"	中国教育报	2011 年 9 月 13 日
"教育现代化的追问与思考"	中国教师报	2013 年 9 月 25 日
"走出教育改革的迷思"	教育时报	2014 年 2 月 26 日
"策略教育理论在学校管理中的应用"	中国教育论坛	2003 年　第 1 期

续表

"让教师在激励中发展"	基础教育论坛	2005 年 第 1 辑
"一个小学校长的朝圣之路"做人篇	现代校长（连载 1）	2005 年 第 9 期
"一个小学校长的朝圣之路"做人篇	现代校长（连载 2）	2005 年 第 10 期
"一个小学校长的朝圣之路"做人篇	现代校长（连载 3）	2005 年 第 11 期
"一个小学校长的朝圣之路"管理篇	现代校长（连载 4）	2005 年 第 12 期
"一个小学校长的朝圣之路"生活篇	现代校长（连载 5）	2006 年 第 1~2 期
"一个小学校长的朝圣之路"管理篇	现代校长（连载 6）	2006 年 第 3 期
"学校文化的思考与实践"	中国小学教育	2008 年 第 3 期
"呼唤学校文化建设的理性回归"	教育文学	2008 年 第 6 期
"世间万物都是老师"	创新教育	2012 年 第 3 期
"我看三维目标"	校长	2012 年 第 5 期
"做有担当的校长"	师道	2013 年 第 6 期
"对当下教育热词的冷思考"	人民教育	2013 年 第 20 期